本书系西南民族地区社会管理博士人才培养项目建设成果

贵州省区域内一流学科·社会学学科经费资助成果

政府行政人员从执行者到行动者的角色嬗变

Zhengfu Xingzheng Renyuan Cong Zhixingzhe Dao Xingdongzhe De Jiaose Shanbian

乔姗姗 著

中国社会科学出版社

图书在版编目（CIP）数据

政府行政人员从执行者到行动者的角色嬗变 / 乔姗姗著. —北京：中国社会科学出版社，2019.4
ISBN 978-7-5203-4202-5

Ⅰ.①政… Ⅱ.①乔… Ⅲ.①国家机关工作人员—干部管理—研究—中国 Ⅳ.①D630.3

中国版本图书馆 CIP 数据核字（2019）第 048179 号

出 版 人	赵剑英
责任编辑	刘 艳
责任校对	陈 晨
责任印制	戴 宽

出　　版	中国社会科学出版社
社　　址	北京鼓楼西大街甲 158 号
邮　　编	100720
网　　址	http://www.csspw.cn
发 行 部	010-84083685
门 市 部	010-84029450
经　　销	新华书店及其他书店

印　　刷	北京明恒达印务有限公司
装　　订	廊坊市广阳区广增装订厂
版　　次	2019 年 4 月第 1 版
印　　次	2019 年 4 月第 1 次印刷

开　　本	710×1000　1/16
印　　张	19.5
插　　页	2
字　　数	291 千字
定　　价	88.00 元

凡购买中国社会科学出版社图书，如有质量问题请与本社营销中心联系调换
电话：010-84083683
版权所有　侵权必究

目 录

第一章 绪论 ……………………………………………………（1）
  第一节 选题背景与意义 ………………………………………（2）
    一 双重转型的社会背景 ……………………………………（2）
    二 研究意义 …………………………………………………（5）
  第二节 解释框架与概念描述 …………………………………（7）
    一 研究的解释框架 …………………………………………（7）
    二 核心概念的界定 …………………………………………（14）
  第三节 文献综述 ………………………………………………（16）
    一 行政人员的国内外研究 …………………………………（16）
    二 服务型政府有关行政人员的研究 ………………………（25）
    三 社会学视野的行动者研究 ………………………………（29）
    四 综合评价 …………………………………………………（34）
  第四节 研究内容、方法与技术路线 ……………………………（37）
    一 研究内容 …………………………………………………（37）
    二 研究方法与技术路线 ……………………………………（45）

第二章 作为执行者的管理型政府 ………………………………（48）
  第一节 治理体系中的政治与行政二分 ………………………（49）
    一 政治中的管理诉求：行政的萌芽 ………………………（49）
    二 主题的嬗变：政治中分化出行政 ………………………（53）
    三 行政的基本构成要素 ……………………………………（58）
  第二节 决策者与执行者的分离 ………………………………（62）
    一 政治与行政：决策和执行的角色 ………………………（62）

二　管理型政府的执行角色 …………………………………… (66)
　　三　管理型政府的职能 ………………………………………… (71)
　第三节　管理型政府对社会治理的体现 ……………………………… (74)
　　一　政府的"控制"与社会的"服从" ………………………… (74)
　　二　表达与回应社会治理模式的生成 ………………………… (78)
　　三　政府"执行"功能的失灵 ………………………………… (82)

第三章　作为执行者角色的行政人员 ……………………………… (86)
　第一节　官僚制组织中的行政人员 …………………………………… (87)
　　一　管理型政府的官僚制组织形式 …………………………… (87)
　　二　官僚制组织中的文官制度 ………………………………… (91)
　　三　行政人员养成执行者角色 ………………………………… (94)
　第二节　行政人员的"执行者"特征 ………………………………… (100)
　　一　职责的外在性 …………………………………………… (100)
　　二　支配关系的形式合理性 ………………………………… (103)
　　三　机械"执行"的行为模式 ……………………………… (106)
　第三节　行政人员的"执行"变异与政府职能的缺失 ……………… (111)
　　一　管理型政府与行政人员的"执行"之维 ……………… (111)
　　二　行政行为失范导致政府失灵 …………………………… (116)
　　三　行政人员执行者角色的非典型化 ……………………… (120)

第四章　后工业化社会的"行动"思潮 …………………………… (126)
　第一节　社会实践中"行动"思潮的萌芽 ………………………… (128)
　　一　后工业化社会为行动者提供了实践条件 ……………… (128)
　　二　面对政府失灵:社会萌发自治的行动意识 …………… (136)
　　三　社会自治行动的现实呈现 ……………………………… (141)
　第二节　"行动者"理论:社会认知范畴的转型 …………………… (146)
　　一　主体与客体社会的扬弃 ………………………………… (146)
　　二　主体间性的复杂化 ……………………………………… (150)
　　三　无主体的"行动者"范式 ……………………………… (155)
　第三节　行动思潮对社会治理模式的变化 ………………………… (160)
　　一　主客体论:权治的社会治理模式 ……………………… (160)

二　主体间性的多元化与法治同一性的悖论 …………… (164)
　　三　从代议制到合作制的演绎 ………………………… (167)
　　四　合作治理模式中的行动者 ………………………… (173)

第五章　从行动者视角看服务型政府 ……………………… (183)
　第一节　作为行动者的服务型政府 ……………………… (185)
　　一　政府与社会二元分立时代的没落 ………………… (185)
　　二　政府从执行者向行动者的转向 …………………… (189)
　　三　政府形态的转型：从管理走向服务 ……………… (195)
　第二节　服务型政府的特征 ……………………………… (200)
　　一　中心与边缘结构转向无主体结构 ………………… (200)
　　二　行政的价值中立到道德立场 ……………………… (203)
　　三　管理型职能向引导型职能的演变 ………………… (206)
　第三节　服务型政府的组织架构 ………………………… (210)
　　一　从线性结构到网络结构转型 ……………………… (210)
　　二　从部门界限到无边界虚拟组织 …………………… (215)
　　三　规范行政人员"自主性"的规则 ………………… (219)

第六章　行政人员行动者角色的形塑 ……………………… (225)
　第一节　服务型政府中的行政人员 ……………………… (226)
　　一　从属于服务型政府的行动者 ……………………… (226)
　　二　合作治理体系的生成 ……………………………… (232)
　　三　行动者对"他者"承认的诉求 …………………… (236)
　第二节　行政人员的"行动者"维度 …………………… (242)
　　一　自我反思与灵活应变的能力 ……………………… (242)
　　二　行政人员的行政责任内化 ………………………… (247)
　　三　"行动者"角色行政人员的道德感 ……………… (251)
　　四　行政人员的自律性人格 …………………………… (254)
　第三节　行政人员行动者角色的塑造路径 ……………… (258)
　　一　行政人员的德制构建 ……………………………… (258)
　　二　培育行政人员服务理念的规范性取向 …………… (262)
　　三　构建良性的行政生态 ……………………………… (265)

第七章　行政人员行动者角色的本土化 ……………………（272）
第一节　管理行政向合作治理转型的探索性实践…………（273）
　　一　管理行政逻辑中社会治理的本土化体现……………（273）
　　二　合作治理行动的发生 …………………………………（275）
　　三　合作治理雏形的实践探索 ……………………………（282）
第二节　行政人员行动者角色的现实呈现…………………（286）
　　一　容错机制：承认行动者的自主性 ……………………（286）
　　二　潜规则：非正式制度的异化形态 ……………………（289）
　　三　政治环境：非正式制度与个体社会偏好的
　　　　良性互动 …………………………………………………（292）

参考文献 ………………………………………………………（296）

结　语 …………………………………………………………（303）

第一章 绪论

随着人类社会进入后工业化的历史进程，后工业化社会的高度复杂性和高度不确定性特征日益凸显。为了适应社会的新特征，合作治理模式逐渐兴起，管理型政府向服务型政府转型。或者说，管理型政府是属于工业社会历史阶段的产物，管理型政府为社会的发展营造了井然有序的环境，工业社会在这种稳定的环境里创造了有史以来最为庞大的物质财富，民众的生活水平得到了最大幅度的提高。但是由于社会从工业社会向后工业社会的转型，管理型政府无法适应后工业化社会的治理诉求，为了符合后工业化社会的发展所需学者们设计了服务型政府。在管理型政府向服务型政府的转型中会涉及很多因素，其中，建设一支与服务型政府形态相匹配的行政人员队伍是众多因素中的重中之重。我们认为，服务型政府的行政人员重塑不仅仅是人事制度调整这么简单，而是一场行政人员角色转型的变革。进一步而言，行政人员需要从深层的自我认知价值理念层面，从管理型政府的执行者向服务型政府的行动者角色转型。从某种意义上讲，政府就是一个抽象的概念名词，政府的定义范围非常广泛。然而，只有组织内行政人员进行具体工作才能真正体现出政府的职能，行动者角色的行政人员才能够实现服务型政府所赋予其的职责。

管理型政府要求行政人员按照整齐划一的步伐来执行政策，当然这也符合工业社会的同一化标准。制度是静态的存在物，行政人员对既定制度、政策的理解和再解读过程就会存在差异性，当人的多样性遭遇到同一化的制度规则时，就会呈现出同样的制度却展现出行政人员形态各异的执行模式。随着后工业化社会中不确定性因素的增多，行政人员的自由裁量权范围越来越大，行政人员自主应用权力处理公共事务的机会越来越多，在制度尚未涉及的领域，行政人员就出现了公权私用的行政行为异化状态。由于行政人员将公共权力私有化，致使社会与政府的矛盾越来越激烈，虽然制度对行政人员的违规违纪行政行为惩罚越来越严厉，但是政府依然陷入了政府失灵的困境之中。因此，为了规范行政人员的自主性，我们需要重新深入思考行政人员的角色。为了实现服务型政府的建设，行政人员迫切需要一个全方位的本质性转变，而不再局限于渐进式地改革行政人员人事制度。

第一节 选题背景与意义

一 双重转型的社会背景

从珍妮纺织机到瓦特蒸汽机的发明，西方开启了第一次工业革命的大门。再到后来各地兴办工厂，地理上远洋航路的推动，技术的发展为工业社会的建立提供了实践支持。启蒙思想家为工业社会的合法性奠定了扎实的理论基础，最终于18世纪中期西方进入了工业化社会的进程。西方在大肆掠夺外来原材料的基础上，经历了百余年的摸索和探讨，终于创造出了人类历史上最为巨大的物质成就，并基本完成了工业化阶段进入后工业化进程。当西方在进行轰轰烈烈的工业革命时，我国却经历了一段漫长而屈辱的历史。准确地说，从1978年党的十一届三中全会作出实行改革开放的重大决策后，我国才开始步入从农业社会向工业社会转型的正轨。短短的四十年间，我国在既没有外援的原材料，也没有可供借鉴和学习的已有发展模式条件下，（由于西方建设工业社会时的背景与我国当时所处背景完全不同，所以我国的发展没有可供借鉴的现成社会治理模式）工业化社会依然得到了巨大的发展，总体而言，我国大多数地区仍然处在工业化社会的阶段。可是，在全球化浪潮的冲击下，我国仍然同西方共同进入了后工业化社会阶段。因此，立足于我国大多数地区的发展现状来分析，我国目前处于双重转型的社会背景之下：第一，从农业社会向工业社会的转型；第二，从工业社会向后工业社会的转型。

第一个是从农业社会向工业社会转型的背景。我国的工业化社会进程是伴随着改革开放而展开的，在这个时期，市场经济的发展极大程度地提高了民众的物质生活水平，但市场经济的核心思想与功利主义也使我们陷入物欲社会的泥潭中不能自拔。马克思曾在《经济学手稿（1857—1858年）》里，对当时的资本主义社会做了一个深刻的分析。虽然，我国从本质上与资本主义社会是不同的，但是在资本积累初期却与马克思所描述的当时的社会现状十分相似。"在这里表现为对于个人是异己的东西，物的东西；不是表现为个人的相互关系，而是表现为他们从属于这样一些关系，这些关系是不以个人为转移而存在的，并且是由毫不相干的个人互相的利害冲突而产生的。活动和产品的普遍交换已成为每一单个人的生存条件，这种普遍交换，他们的相互联系，表现为对他们本身来说是异己的、独立的东西，表现为一种物。在交换价值上，人的社会关系转化为物的社会关系；人的能力转化为物的能力。"[①] 即人与人的社会关系已经简化为用"物"的价值来衡量的地步，人们的追求就是为了获取"物"，从而丧失了人的本性。也就是说，我们生活在一个被彻底物欲化了的社会环境之下，人与人的关系异化到无以复加的地步，物质身躯完全决定了精神领域。我们看到，当前民众的生活追求总是在物质层次上徘徊滞留，社会以个体所拥有的经济能力作为主要甚至唯一的衡量人们生活质量的标准，资本社会的概念风靡一时，病态的价值观也被认同，人们的独立思考能力匮乏，导致民众精神生活的追求较为单一，自我实现的愉悦感被剥离。我们在工业化社会进程还没有完全完成的基础上，已经与全球共同进入了后工业化社会时期，在这种特殊时期的背景下，我们必须要敢于在理论上进行创新，才能实现社会的双重转型。

在工业化社会里，人们以"经济人"的理性假设来认识彼此，在这种社会气候熏陶之下，行政人员也不能免俗。我们看到，本应属于公共产物的权力，被部分行政人员视为私人物品。私利最大化的观念总在行政人员思想深处作祟，能否运用手中权力谋取私利成为某些行政人员在位时最高的"信仰"。由此引发的"权力寻租"，行政乱作为、不作为等乱象屡禁不止，行政人员却对此种现象不以为然，甚至部分行政人员还认同了这种严重扭曲的价值观念。举世瞩目、雷霆万

---

① 《马克思恩格斯全集》（第30卷），人民出版社1995年版，第107页。

钩的反腐行动，已经让官员成为一个"高危职业"，现实生活中，官员的"高危"往往集中在一些"高风险岗位"。① 由此可见，规范行政人员行为的人事制度虽然越来越细化和严厉，可是，最后取得的成效却总是不尽如人意。这使得我们的研究视线不能再仅仅停留在制度环节的修补层面，而需要提升到从社会历史背景的角度对政府形态进行综合而全面的考察，以新的社会形态和政府形式为背景，对行政人员角色给予全新的定位。

人类社会的第二次转型是从工业社会到后工业社会的过程，可能会有人提出这样的疑问，工业化进程尚未走完？怎么就进入了后工业化社会阶段呢？由于目前我国工业化社会所处历史背景与西方工业化社会所处阶段完全不同，我国的工业化社会进程处于一个高度流动性的背景之中，快速的交通工具、便捷的网络沟通方式加快了人们的流动性，流动着的人们使得社会里各种文化冲荡激烈，社会的不确定性因素逐渐增加，随着社会高度复杂性的特征日益凸显，我们正进入后工业化社会进程。况且，西方在发展工业化社会时所带来的生态环境恶化等一系列负面影响，需要全球同力解决。因此，在这种全球化的背景之下，我国在工业化社会尚未彻底完成的情况下，却随西方发达国家同步迈进了后工业化社会的大门。由此分析可知，我国目前处于工业化社会和后工业化社会的双重转型背景之中。因此，我国目前是面临了双重课题，一是农业社会向工业社会的转型；二是工业社会进入后工业化社会的转型。所以，我们既要解决工业化社会的问题，也要解决人类共同面对的后工业化社会的问题。其中社会治理模式的转变是最为亟待解决的问题之一，政府形态转型则是重构社会治理模式所需面对的首要问题。服务型政府是一种为了适应后工业化社会所需而产生的全新政府模式，虽然该概念提出了有近十年的时间，服务型政府建设的必要性和重要性也已经被理论界和实践界共同认可，但是还没有系统的理论构建供我们参考，实践界对服务型政府的建设也是处在摸索、探讨的阶段。"人"对于政府能否顺利转型发挥了决定性作用，所以行政人员是政府能否转型成功的最重要因素。一言以蔽

---

① 刘畅：《谁在监狱里聆听"贪的代价"》，《中国青年报》2014年8月10日第3版。

之,服务型政府的建设关键在于如何再造出一支适合新型政府形态的行政人员队伍。

当然,从数量上看,目前对行政人员的研究似乎已经浩如烟海,但是有一点需要澄清的是,大多关于行政人员的研究都是限定在工业社会背景下的管理型政府模式中展开的相关探讨。即借鉴企业的人力资源管理知识,以控制行政行为的导向为核心理念,对行政人员管理制度的绩效、薪酬、培训、招聘等环节中某一细节内容进行研究。这些研究内容促进了管理型政府行政人员管理机制的完善,可对于构建服务型政府行政人员全新认知的借鉴意义不大。即使有关服务型政府行政人员的研究,也只是从完善政府公共服务职能这一视角出发展开的研究,针对服务型政府行政人员的系统研究较少。但是,服务型政府建设又对行政人员的转型提出了迫切要求,所以,有关服务型政府行政人员的系统化研究亟待展开。

二 研究意义

马克思在讨论哲学研究时谈到,"人们是自己的观念、思想等等的生产者,但这里所说的人们是现实的,从事活动的人们,他们受着自己的生产力的一定发展以及与这种发展相适应的交往的制约"[①]。马克思认为,历史就是对"人"活动过程的描述,它既不是经验主义者所论证的完全客观事实描述,也非唯心者认为的完全主观心理活动组成。可见,马克思从历史研究的视角,充分肯定了"人"在社会科学研究中至关重要的作用。马克思的这一观点对于我们的公共行政学研究同样是适用的,在行政体系中,如果看不到人,仅仅关注体制、权力、组织结构等因素,或者说把行政体系抽象为一个机械系统,就不可能真正地理解行政体系运行中的各种具体的事件。所以,我们对行政体系的观察一刻也不能离开人,只有始终关注行政体系中的行政人员,发现行政人员之间的各种关系、行政人员行为的发生机制以及行政人员的价值观念和目标追求,才能说是对行政体系做出了准确的把握。

---

① 《马克思恩格斯全集》(第3卷),人民出版社1995年版,第29页。

对"人"的有关研究一直是社会学的主要任务，为了研究清楚"人"的行为逻辑，整个社会学从出现到20世纪一直都在围绕个体和系统的研究层次争论不休。个体研究以马克斯·韦伯为代表，他认为人是存在差异性的，因此，应该采用诠释主义方法论，研究个体的行动机理。帕森斯作为社会系统研究集大成者的代表人物之一，他认为只有制定具有普遍性特征的社会秩序才能有效规范人的社会行为。个体与系统的研究层次几乎主导了整个社会学的主要两种研究方法论，即诠释主义的定性研究方法和实证主义的定量研究方法。在工业社会对科学崇拜的影响下，实证主义量化研究方法的科学性几乎被20世纪所有社会科学领域的学者所公认。直到人类进入后工业化社会，人类的多样性和差异性因素越来越多，同一性的社会秩序越来越难以规范多元化的人类行为。面对这种场景，社会学的学者们超越了秩序和个体之争，提出了行动者的研究范式。行动理论家认为，行动者会根据他所处的境况反观自我，会进行批判性的自我反思活动。行动者既非完全遵守秩序，也非仅靠自我主观认识判断来行动。他是在具体的社会情境中，也就是在社会关系中做出理性的判断，并试图改变这种社会关系。也就是说，自我的价值观念和现实的规范，都会影响行动者的判断从而引发组织秩序的改变。康德把这种影响行动者的动机称之为实践理性，实践理性有别于纯粹理性，主导实践理性的意志是由行动规则与个人意愿共同生成的。

在后工业化社会的背景中，行动者角色的民众力量越来越强势，政府管理者与民众被管理者之间的地位势差被逐渐平衡，所以，服务型政府作为一种低姿态的行政体系被构建出来。在社会的合作治理模式中，服务型政府会以平等对话的态度面对社会，政府主要职能从管理社会转向引导社会自治职能。在这种新型的行政体系中，政府能否转型成功的关键就在于能否获得组织内行政人员的支持。从这个层面而言，行政人员的再造对推动政府转型，继而实现合作治理模式有着转折性的意义。总而言之，后工业化社会对服务型政府行政人员的重塑提出了新的挑战，因为，服务型政府的制度设计，交往思维都对行政人员产生了重大影响，我们需要以服务型政府的系统建设为定位，重新全面审视行政人员的行动者角色重塑。从理论研究而言，哈蒙和全钟燮两位学者开创了将行动者理论引入公共行政领域研究的先河，为本书进一步论证如何重构行政人员的行动者角色奠定了理论基础。但是，从行动者视角来探讨行政人员再造的相关研究资料却较为匮乏，从这个意义上来讲，本书的研究内容可以进一步充实公共行政领域内行动者理论的研究内容。因此，本书以行动者理论为框架来研究服务型政府的行政人员，既回应了服务型政府建设的现实所需又具备了理论研究意义。

第二节 解释框架与概念描述

一 研究的解释框架

人性是复杂而多变的，人们会根据不同的情境和自我经历做出特定的行动选择。在人性复杂的基础上，选取"经济人"作为人性假设的主要标准，并以此为根据制定统一的制度来规范行政行为，这是目前行政人员管理制度的核心理念。

当单一化的制度遇到复杂的社会关系时，制度对行政行为的约束力量就变得极为有限，甚至行政人员社会关系对他们行为的影响都超过规章制度对行政行为的影响。制度是约束行为的主要方式这种观点是毋庸置疑的，可是以"经济人"为人性假设前提而设计的制度就会忽视人的道德存在。相反，以人性的道德存在为假设前提设计的制度，则会激发出人们道德的一面。如见义勇为奖励的设置，就是通过制度来肯定人的道德行为，由此可见，人性假设对于制度构建非常重要，制度则决定了最终塑造出何种角色的人。基于以上观点，本书的研究框架主要包括两个方面，一是本书对人性的假设前提；二是在对人性完整认识的基础上，行动者理论对人的研究。

第一个解释框架是关于人性本质的认识。在农业社会的人们总是生活在温饱线之下，暴力的工业革命又对社会经济的发展造成重创，因此，工业化社会的主要任务就是发展经济，以满足人们的基本物质需要。在人类物质需要的驱使下，工业社会对人性的假设前提设定为"经济人"。有关经济行为者的描述有许多，一般而言，"经济人"的称号通常是加给那些在工具主义意义上的理性人的。追求利益确实是人性的一个主要方面，但不能以"经济人"的理性概括人性的所有方面。人作为社会关系的总和，具备社会复杂性的特质，"经济人"不可能涵盖人在所有社会领域中的特征。如在日常生活领域，可能感性就会成为人的主要行为动机；在公共生活领域，至少从理论上讲就排斥"经济人"的完全理性特征。况且，由于具体社会场景的不同，人性也会表现出不同的一面。"经济人"假设源于经济学，随着经济学的发展，也承认无论是客观条件约束还是主观认知条件限制，人们都无法做出完全理性的行为，也就是所谓的"有限理性"。在西蒙的满意人决策的模式里，"满意标准"代替"最优标准"选择决策方案，人们的决策受到社会偏好、情感、道德、规则等各种因素的综合影响。人的需求是多元而复杂的，马斯洛的需求层次理论就论述过，物质的幸福是仅仅停留在表面而不深入的快乐。钱学森说过"得到群众的认可是我最快乐的事情"。也就是"赠人玫瑰，手有余香"的价值理念，显然，人们在帮助他人的过程中能够获得快乐，人类这种"他在性"的性质就不属于理性人的认识范畴。因此，我们要从人性的饱满度出发，才能更深入和清晰地认识完整的人性。

由于本书是针对公共领域的行政人员展开研究，根据公共生活领域的性质本书把行政人员的人性假设前提建立在人的道德存在基础之上，如何发挥出行政人员人性中道德的一面就是本书试图解决的主要问题。政治本身就是在德性中得以诞生，康德通过实践哲学的视角阐述了政治与道德的关系。他认为，道德是我们行动所应服从的基本命令，这个观点不证自明。也就是说，当道德已经被作为一种无须论证的权威之后，那么无法履行道德义务的任何推辞就都是站不住脚的。特别是在以争取公众权利为立论基点的政治领域，在这个领域里对道德的追求就是其存在的元规则。如果仅仅把政治列入普遍的智虑学说，也就是以权术和计谋获取成功的领域，那么作为政治存在基础的道德都被抛弃了，政治也就丧失了其存在的价值。况且，人性本身就存在道德的一面，关键是能否在公共生活领域激活行政人员的道德存在。西方的基督教文化就是对人性中真、善、美的提升和完善，尽管不可能存在完全道德的人，但是人性中道德表现的残缺，并不代表人性中道德的缺失。道德生活应该是一种实践活动，它不可能离开行为而单独存在,道德需要在行动者的互动中产生,单独个人是不存在道德之说的。也就是说,人类社会从不缺少善良的愿望,只不过在过去的岁月中难以将这种个体微小的善良动机汇聚,当然也没有这种道德聚合的平台。但是随着互联网的出现,这一切得到了改变,我们本身就是社交性人群,互联网为我们提供了一种手段,可以直接地理解同情他人并感同身受。随着人类进入后工业化社会的进程,"经济人"的理论假设与公共行政的公共性本质的裂缝越来越大,只有把道德存在作为行政人员人性假设的前提,才能重塑与服务型政府相匹配的行动者角色的行政人员。

本书的第二个研究框架是行动者视角对人的研究,具体而言就是选取行动者理论作为分析行政人员视角的合法性,即以行动者范式来分析行政人员的理论依据。该框架主要包括两个方面。第一,以行动中角色对人性进行阐释。从近代社会领域分化的视角来看,近代政治基本上从属于一个以人的主体性为支撑的公共领域,西欧社会从13世纪后期到16世纪的政治活动奠定了现代性政治的历史基础。公共领域拥有对私人领域和日常生活领域的主导性,或者说,近代政治拥有绝对的社会治理权力。英国当代著名思想史家昆廷·斯金纳在其著作《近代政治思想的基础》一书中描述了国家这个概念在近代兴起的历史,他认为,由于文艺复兴和宗教改革的作用,使得统治者由个人所承担的理念慢慢不被人们所接受。统治型治理模式的合法性被非人格化的法治模式所取代,管理者所拥有的权力就是为了维护社会运行秩序。这种观念的兴起是现代国家起源的标志,因为,"在这个时期,从'维持他的国家'——其实这无非意味着支撑他个人的地位——的统治者的概念决定性地转变到了这样一种概念:单独存在着一种法定和法制的秩序,亦即国家的秩序,维持这种秩序乃是统治者的职责所在"[1]。从而使国家在独特的近代术语中得以概念化,国家被看作它的疆域之内的法律和合法力量的唯一源泉,而且是它的公民效忠的唯一恰当目标。这种观念在摒弃统治者专权的同时,也进一步肯定了国

---

[1] [英]昆廷·斯金纳:《近代政治思想的基础》(上卷:文艺复兴),奚瑞森、亚方译,凤凰出版传媒集团、译林出版社2011年版,第2页。

家治理权力的独一无二性，在这种背景之下，社会处在被动遵从的地位，民众基本上没有对社会进行治理的决策权。因此，在工业社会背景下民众扮演的是被动服从的角色，拥有意向性的行动者在这种环境里是没有生存空间的。

随着互联网技术的兴起，互联网改变了我们社会结构的每个领域，以往的技术涉及领域总是有限的，没有任何技术能像互联网一样影响着人们的生活，甚至从根本上改变了人们的生活方式。当信息突破了时间和空间的阻隔，它所携带信息的能量具有一种神奇的力量，可以凝聚共识、焕发情感等。网络导致沟通方式彻底改变，每个人可以与谁沟通也有变化，因此沟通的转变和对网络的需求，共同创造了一种新的社会结构。这种社会结构可以被描述为自组织，从组织的进化形式来看，组织可以分为两类：他组织和自组织。如果一个系统靠外部指令而形成组织，就是他组织；如果不存在外部指令，系统按照相互默契的某种规则，各尽其责而又协调地自动地形成有序结构，就是自组织。互联网结成的这种自组织的力量是一种可持续的力量，在这个自治组织中没有主体存在，只有行动着的人们。人类以一种全新的组织和连接方式，化合出无数群体行动。所有的信息都能以我们看不见的面貌，以我们经验不能体验的速度，创造出前所未有的时代动力。在网络技术普遍化的后工业化社会，具有自我价值认知特征的行动者诞生了，行动者面对高度复杂性的社会无暇预测，他们的行动意义要在行动之后才能确立。行动者的意向性与行为动机最大的区别就在于，前者的价值观念是多样化的，而后者的行为动机只局限在狭隘的功利主义。行动必须在人们开展互动的场域中出现，行为则是在制度框架内被动服从。由此可见，从行动者视角对人认识，恢复了人的完整性，即人类除了追求物质利益外，还需要诸如道德、精神等方面的深层次满足。也就是说，工业社会建立的背景是在物质极度匮乏的基础上，那么功利主义和理性态度就成为大多数人所接受和认同的价值观，并且成为人类追求的主要目标。伴随人类财富极度增长的同时物欲横流的社会所造成的严重问题已然出现，在这种背景之下，我们必须要深入探讨人类社会发展的进一步走向，具有自我判断价值能力的行动者由此产生。

第二,行动者存在的互动场景。本书认为对行政人员的职业行为管理不应局限在政府范围之内,或者说,无论是政绩制还是问责制均是在政府内部对行政人员的行为进行考核。即使目前部分政府部门纳入了第三方评估,一般第三方也是以专家身份出现,行政相对人纳入行政行为评价体系的研究还较为匮乏。

本书试图以民众与行政人员的互动关系、行政人员与同僚之间的互动关系为基础,构建一种新型的合作治理模式。在这种治理模式里,行政人员和民众都以行动者的角色出现,以行动者之间的关系为研究范式来寻找行政人员行动者角色的重塑路径是本书的研究重点。行动者之间互动关系的形成是对固有社会秩序的突破,或者说,行动者的互动场景与社会秩序共同成为我们新的研究框架。社会系统和个体是社会学由来已久的两种研究范式,前者倾向于宏观的研究层次,将客观性的社会秩序作为研究框架,而后者则以个体的主观能动性作为研究范畴。简言之,社会秩序又称为社会系统或社会结构,是稳定的社会客观存在物。通过社会秩序调节人们的行为,由于社会秩序的稳定性使人们长期在社会上扮演固定的角色,当个体和社会其他人都根据这个固定角色开展行为时,他们之间就形成了以社会秩序为支点所结成的社会关系网,这个稳定的社会关系网就是社会结构。个体行为的依据就是在社会结构中自我固定角色所应承担的责任,人们会按照社会对这一特定位置的要求来行动,同样,人们也期望别人按照他们所处的位置行动。由于整个工业社会都是以制度主义为主要研究导向,个体在社会制度面前总是显得那么渺小和微不足道,因此,极少有研究者选取个体作为研究范式。在社会结构的宏观研究层次里,个体的社会位置是非人格化的,个体的职位和社会地位由组织所决定。每个人都有其所归属的组织,在组织中的个体,会情不自禁地将自我的感觉、行动和期望集中于那些和自己相关的地方,位置从专业的角度来说就是地位,社会学家喜欢用"角色"来称呼。由此可见,同一性的社会系统决定了社会中人们的具体行为,个体在庞大的社会系统面前发挥主观能动性的空间十分有限,所以社会系统成为社会学研究的基本范式。

图海纳在20世纪70年代就对单一的社会秩序研究模式进行了批判,他认为,在固化的社会结构中,行动者的行动仍旧局限在制度主义和功利主义的框架之中,一切制度的假设原点都是人们的社会行为动机,这些动机无外乎都是为了追求自我利益最大化。在这种僵化的制度框架里忽视了人们行动的其他动机,从而使得行动者在行动中无法发挥意向性的价值观念。以制度控制为导向建构的社会无法为行动者提供生存空间,从而产生社会运动和冲突。也就是说,社会要求公民按照制度和规则行事,没有给予个体思考进而展开行动的空间。当个体对社会现实产生有悖于制度理念的自我的独特意识时,并且把这种意识付诸行动,行动者的行动自然就会与制度主义的社会相冲突和矛盾。吉登斯所提及的社会"自反性"就是对这种社会系统与行动者之间矛盾的现实描述,创建行动者生存的互动场景则是解决这种矛盾的唯一方式。特别是随着后工业化社会中个性化和多样化特征的凸显,行动者个体对社会结构的影响越来越显著。

这里需要特别注意的就是行动者的研究范式并不等同于个体研究范畴,因为无论是社会系统还是个体的研究层次都是不全面的。从类型学的视角而言,行动者的行动也并非完全受到其主观能动性支配,除了内生性要素的信念和期待影响其行动外,外在的规则所给予的机会也会影响行动者的行动。也就是说,由于制度、文化场域形成了社会关系,社会关系进而影响人的行为。反之,正是源于人们的行为常态和普遍文化道德认知,才充实了制度的内容。因此,行动的开展是在行动者之间互动的场景之中,在高度变化的后工业化社会,也只有在具体的行动场景中才能确定具体的行动。从这个意义上而言,社会科学的研究突破了系统与个体的研究范式之争,转向了行动互动场景的研究框架,行动者之间的互动是为了形成共识性的决策。在这个互动过程中,社会系统的观念作用于行动者,行动者的实践价值观念又影响社会系统,社会不可能完全依靠制度来运行。这就是所谓行动社会学的主要内容,行动社会学拒斥这种以系统来解释行动者的方式。相反,它把所有的情境视为那些文化取向及其社会冲突而定位的行动者之间关系的结果。社会中的行动者是对社会有自我认识的观点,而非盲从的主体。从某种意义上而言,行动者是个人发展与社会进步联系的个体或各种初级共同体。这里包含了一个转折性的观点,行动者参与到社会秩序的制定之中,民众不再仅仅只具有表达的权利和服从的义务。

社会是由人组成的，构建有序的社会就是要规范人的行为。在社会学领域，如何规范人的行为一直存在两方面的观点，一是依靠外在的社会秩序和制度，二是依靠人自身行动时所发挥的主观能动性自我规范行为。但是，个体与社会系统是不可能分离的，两者之间是辩证统一的关系，个体的观念转变影响了制度变化，个体的自主性行动也会考虑规则的因素。所以，在行动者与社会系统之间既非独立存在又非被动遵循，而是通过行动者之间的互动实现两者相互依赖的关系。社会环境影响了人的自主性发挥程度，人的独立创新性的发挥又在一定程度上改变了社会环境，所以二者是双向的互依性。由此来看，行动者之间的互动则是连接个体与社会系统的桥梁，也是取代两者的新的研究层次。或者说，行动者理论的出现为社会科学研究开辟了一个新的视角。行动者理论认为，人的社会属性使人的行动既受到客观制度约束，又受到个体主观能动性的影响。人具体会采取何种行动，则是在自我与他者互动空间中根据当时情况决定的。

总而言之，在行动者之间互动的条件下，行动者的行动才具有意义。为此，行动者就必须要考虑他者的感受，在互动中关注到他者的反应。在自我意识的条件下，通过考察他者的情绪来思考自我行动的价值就是反思，反思可以使行动者通过理性的思考来展开行动。我们已从行为主义的立场探讨了心理学，即我们已开始考察有机体的行动，并探寻所谓的"智能"，尤其是"有自我意识的智能"在这一行动中的地位。[①] 行动者不可能是孤立存在的，行动者存在于互动场景之中，为此，哈蒙以面对面的关系作为他研究公共行政的分析单位。哈蒙虽然已经意识到行政人员与执政对象的关系，但是还没有上升到社会自治的层面，自然也就不会对合作治理体系有所构建。本书以服务型政府行政人员的行动者角色为研究对象，借鉴哈蒙的研究思路，将社会合作治理体系作为分析单位，来探讨合作治理中的行政人员如何扮演行动者角色。即特定的行政互动场景是行政人员开展行政行动

[①] [美]乔治·H. 米德：《心灵自我与社会》，赵月瑟译，上海译文出版社1992年版，第286页。

的背景，在这种背景下如何塑造行政人员的行动者角色，他们需要具备哪些方面的特征就是本书探讨的主要内容。

二 核心概念的界定

本书主要有两个核心概念，一是服务型政府的概念，二是政府行政人员的定位。本书从历史发展进程的视角对服务型政府给予定位，服务型政府不仅仅意味着政府诸多职能中的公共服务职能，而是后工业化社会的背景下所产生的一种新型政府模式。本书采用了张康之教授对政府模式的划分思路，农业社会的政府模式是统治型政府；工业社会的政府模式是管理型政府；后工业社会的政府模式是服务型政府。面对后工业化的高度不确定性和高度复杂性特征，民众的社会自我治理意识已经开始觉醒，并且开始付诸行动，工业社会的管理治理模式转向后工业化社会的合作治理模式。管理型政府形态已经不适应后工业化社会的发展所需，势必会有一种新的政府模式取代管理型政府而出现，服务型政府模式是为了实现合作治理社会的模式而构建的。服务型政府发挥着引导民众开展合理自治行动的功能，引导型职能所包含的深层意境就是服务意识，拥有服务意识的政府才能扬弃政府本位主义，服务型政府才能成为合作治理体系中的行动者。至此，本书对服务型政府的概念给予重新定义，意指为了适应后工业化社会的合作治理模式，而出现的对管理型政府进行替代和超越的新型政府模式。其核心要义在于"替代"，而不是对管理型政府的"修改"。从根本上说，服务型政府就是在服务价值和服务精神的指引下，以公众为其存在、运行和发展的根本，以服务者的角色引导社会走向成熟自治，实现为人民服务基本宗旨的政府。

行政人员的内涵界定起源于威尔逊的政治与行政二分法，威尔逊从美国两党制的背景出发，认为随着政府工作越来越复杂，需要重新审视从欧洲引进的行政思想，创建从属于美国政治背景的行政理论，古德诺进一步明确规范了政治与行政的界限。由此，行政人员被界定为行政领域的执行者角色，马克斯·韦伯对这种角色进行了深入探讨。马克斯·韦伯认为，政治家和官僚虽然都是以权力作为他们的主要职业特征，但两者却有着本质的区别。真正的官吏，就其适当职责而言，是不能投身于政治的，在评价我们的旧政权时，这一点至关重要。他的适当工作应当是从事无党派立场的"行政管理"。采取立场、充满激情——"ira et studium"（好恶分明）——是政治家的本色，尤其是政治领袖的本色。[①] 由此看来，管理型政府的行政人员是指听命于政治官员的执行者，官僚制既在宏观上主张行政人员对政治家的顺从，又对行政人员在组织内部的等级从属地位上进行界定。在国外的多党制背景下，为了不因在野党的变动而引起社会的不稳定，势必会专门对政治之外的行政人员角色进行核定，确切地说，行政人员就是执行政策实现政治理想的事务性文官角色。在我国，政治体制是一种议行合一的体制，不能按照西方的标准而把中国的行政看作独立于政治之外的机构，行政人员与官僚的角色并没有完全分立，坚持共产党领导、坚持党管干部是我国目前对行政人员的主要指导原则。但是合作治理社会的模式已经打破了政治与行政二分的界限，其实从政府运作的现实看，政治与行政之间似乎不可能划分出泾渭分明的界限。因此，服务型政府行政人员的生存空间已经突破了公共生活领域，服务型政府行政人员是存在于合作治理体系中的行动者。综上所述，虽然管理型政府与服务型政府对行政人员认识的视角有所差异，但是都是把政府中主要从事行政职能的工作人员界定为行政人员，这些行政人员也正是本书的研究对象。

总而言之，社会学的行动者理论是本书的解释框架，服务型政府是本书对行政人员展开研究的基本组织形态；将人性的道德存在视为行政人员的人性假设前提，试图形塑出有意向性和自我反思性的行动者角色行政人员。也就是说，人是理性与感性的综合体，他既有物质需要也有精神需求，还存在有别于精神需要的道德存在，也就是说，人有三重存在形式。在具体实践场景中，人会选择不同的行动动机。在这个研究框架里，本书探讨随着政府形态的转型行政人员角色嬗变的原因和如何重塑服务型政府行政人员的行动者角色。

---

① ［德］马克斯·韦伯：《学术与政治》，冯克利译，生活·读书·新知三联书店1998年版，第76页。

第三节 文献综述

通过对书籍、中国知网、维普、万方、ISI 数据库对国内外有关行政人员研究文献资料进行查阅,近五年的相关研究有百余篇论文,公务员相关内容的书籍也有近百本。但是大多对公务员的研究停留在管理型政府行政人员的研究框架内,针对后工业化社会服务型政府中的行政人员再造的相关研究呈现碎片化的特征。本综述从对管理型政府行政人员的研究和服务型政府行政人员研究两方面进行了资料收集和整理。从某种意义上而言,服务型政府是我国本土化的产物,国外并没有真正意义上的服务型政府,所以服务型政府行政人员的国外文献就没有采用。故该文献综述分为三个方面的内容,一是对管理型政府行政人员研究资料的整理,关于管理型政府行政人员研究的资料较为翔实,主要集中在对行政人员角色定位、制度研究、行政人员能力及行政人员本身道德素养四个方面,本书对国内外的相关材料进行了总结。二是服务型政府行政人员的一些探索性研究,这方面的资料还较匮乏,只集中对国内相关研究材料进行了整理。三是全面梳理了社会学中行动者的研究内容和行动者引入公共领域的研究资料。

一 行政人员的国内外研究

目前有关政府行政人员(又称为公务员)的研究可谓浩如烟海,研究内容基本可以分为行政人员的定位、人事管理制度、行政人员的能力和职业道德四个维度。虽然,大多研究都没有明显提及管理型政府的研究背景,但是通过对文献材料的深度分析可以看出,学者们基本都停留在工业社会管理型政府的建构框架内对行政人员的各个方面给予分析,所以,本文献从管理型政府的视角对行政人员的相关研究给予综述。

(一)管理型政府行政人员的定位

在国内,由于政治体制特色,其实行政人员与官僚的角色并没有分立,坚持共产党领导、坚持党管干部是我国目前对行政人员的主要指导原则。我国规定，公务员（行政人员）是指依法履行公职、纳入国家行政编制、由国家财政负担工资福利的工作人员。按照公务员定义的条件，公务员的范围包括以下七类机关工作人员：（1）中国共产党机关的工作人员；（2）人大机关工作人员；（3）行政机关工作人员；（4）政协机关工作人员；（5）审判机关工作人员；（6）检察机关工作人员；（7）民主党派机关工作人员。① 从职业角度来看，自从西方的文官制度确定了专门的行政职业以后，行政人员就被看作一个专门而独特的职业群体。由于行政人员掌握权力的公共性性质，所以决定了政府行政职业的从业者不同于社会其他职业的从业者。或者说，行政职业与社会领域的其他职业有着本质的区别。行政人员在职业活动中不能以追求个体权利为唯一目标，而其他职业则可以。如德国和瑞典公共管理者在传统上被认为扮演着类似法官的角色。英国、加拿大和其他"盎格鲁与美利坚的民主政体"同样区分公共职业和私人职业，但没有从司法上加以理解，公共服务者的角色被认为仅仅是把工作时间全部奉献给公共服务的人。

还有学者从行政特征的维度来定位行政人员的内涵，行政人员不是亚里士多德定位的"政治人"；不是亚当·斯密定位的"经济人"，也不是具有同质性的法律职业者的"法律人"，而是"公务人"。② 行政人员具有以下特征：行政人员借助管理和服务的手段来从事公共性的事务，其目标是实现公共利益。也正是由于行政职业的专业性，所以，行政人员作为全职为政府组织工作的人员，组织需要向行政人员提供专门的薪酬。政府对其所有员工采取统一的人事管理制度，以行政人员的职责作为他们绩效考核的标准。由于行政人员只需要对职责负责，所以，决定行政人员是否合格的因素不是选民，而是其专业技能能否承担职责。在国外的多党制背景下，为了适应社会治理的需要，威尔逊首次提出了政治与行政二分的观念。关于政治与行政区分的研究具有代表性的学者还有德国的马克斯·韦伯，在

---

① 王家滨：《浅谈中国公务员制度与政党制度的关系》，《广州社会主义学院学报》2012年第3期。

② 郑钟炎、程竹松：《论公务员的角色定位和职业属性》，《上海大学学报》2004年第3期。

1918年他在慕尼黑大学所做的《政治：一种职业》的著名演说中指出，政治家与行政文官的本质是不同的，政治家拥有道德、激情和坚强的特征，他们主要负责确定政策方向。而行政官僚无论政策的价值与其个体认知是否一致，则以执行命令为其主要宗旨。随后大量学者深入探讨了政客与官僚的关系，官僚则是所谓的行政人员。阿伯巴奇概括了西方过去100多年的政治，提出了官僚与政客的区别。官僚是指那些通过委任产生的在政府行政部门工作的处理具体事务的和技术性问题的官员。政客是指那些由选举产生的以从事党派政治为职业或谋生的人。[1] 提出了官僚与政客关系的四种假设。第一种，"最早的关于政客和官僚之间关系的理论极为简单明了：政客制定政策，官僚进行实施；政客作出决定，官僚仅仅执行"。[2] 第二种，"政客和官僚二者都参加政策制定过程，但是，他们做出的贡献却有区别。官僚带来的是事实和知识，而政客带来的则是权利和价值观"。第三种，两种均对政治关心，但是政客代表广泛的社会利益，官僚只关注追随者的集中利益。第四种，"较高级官僚的地位和政治性职务与职业性职务的分界线已变得更加复杂和不稳定"。阿伯巴奇等把这种情况称为"纯粹混合"。[3]

有研究还原了这四种关系出现的场景。一般只有行政职位较高的官员才可能出现政客与官僚的角色混合，如内阁官员、部的内阁成员和立法机关的职员这样的职位。停留在中低级别的行政人员，政治与行政的界限依然清晰。即使在很多政治决策过程中开始闪烁着行政人员的身影。但是，政治与行政的分化依然存在，因为，行政人员的主要工作是执行任务，政客即使花费了时间去关注行政效果，但他的最终目的却是收集有利于政党选举胜利的素材。并且，行政人员即使参与了决策，也只是提供建议的咨询角色，最终的决策的合法权力仍然被政客所掌握。蓝志勇教授对美国行政官僚制度改革做了概括性的描述，并在此基础上定义了行政人员的概念。在其《行政官僚与现代社

---

[1] ［美］乔尔·阿伯巴奇、罗伯特·普特南、伯特·罗克曼：《两种人：官僚与政客》，陶元华、元强国等译，求实出版社1990年版，第1页。
[2] 同上书，第4页。
[3] 同上书，第7、10、21页。

会》一书中，他用通俗易懂的语言对美国的行政官僚改革历史脉络进行梳理。该书认为，从行政执行的角色而言，合格的行政人员至少要遵规守纪、服从上级命令，即使上级命令可能与政府目标或职业道德相违背，训练有素的行政人员即使有所质疑上级，但是具体行动时只能执行命令。从行政人员所在组织来看，行政人员需要深入了解他所在职位的职责所在，掌握基本的管理专业技能。明白他所在政府的主要追求目标，尽量提升行政效率。

（二）管理型政府行政人员制度建设

这方面是有关行政人员研究内容中最为翔实的一部分，甚至有大量学者对人事制度的招聘、培训、薪酬、绩效等具体流程的细节都进行了详细探讨，但学者们大多数都是以对行政行为的控制导向为核心展开研究的。我国在1993年8月14日，李鹏总理签署第125号中华人民共和国国务院令，正式颁布了《国家公务员暂行条例》并于同年10月1日起施行，标志着在我国开始正式建立公务员制度。2005年4月27日，第十届全国人大常委会第十五次会议审议通过了《中华人民共和国公务员法》自2006年1月1日起生效实施。内容主要包括三个方面：一是公务员的义务即公务员应遵守的工作纪律，共十六条；二是公务员的权利即公务员的法律权利和保障；三是公务员的管理即公务员管理的各个环节，如职务与级别、录用考核、职务升降和任免、培训等。截至2009年2月，国务院、中组部、原国家人事部、人力资源和社会保障部等部门先后颁布了《党政领导干部交流规定》《党政领导干部职务任期暂行规定》《党政领导干部任职回避规定》《公务员考核规定（试行）》《行政机关公务员处分条例》《公务员录用规定（试行）》《公务员奖励规定》《公务员调任规定》《公务员职务任免与职务升降规定》《公务员培训规定（试行）》《新录用公务员任职定级规定》等14项配套法规。

我国目前无论是教材还是研究型的书籍和论文都对目前行政人员制度体系进行了详尽的描述和探讨。自《中华人民共和国公务员法》正式颁布后，大量教材类书籍从行政人员人事制度的各个方面给予了描述。如大量学者从行政人员的运行原则、政府人事体制、职位管理、推荐选拔、考试选拔、职务任免、职务变动、退出公职、个人绩效评估、行政人员培训、行政人员奖励、薪酬制度、权利、权利救济、义务、责任等方面详尽介绍了目前我国的行政人员制度体系。比较有代表性的有武汉大学李和中的著作,该书总结了中外公务员制度的经验,并结合我国现有公务员制度的实施现状,预测了我国公务员制度今后的走向。作者认为,公务员制度今后改革的重点在于三个方面的创新:一是管理理念的创新,即从"权力导向型"转向"市场导向型";二是管理方式的创新,即从"指令性管理"转向"结果预算";三是管理机制的创新,即在选拔和提升中推行竞争机制以确保公务员的素质。[①]

学术类研究则对行政人员人力资源管理的每个环节提出了改革建议,大多研究基本集中在对行政人员考核、激励、培训、薪酬四个环节。如有研究集中关注了行政人员绩效考核环节,绩效是对行政人员工作能力的具体体现,可是这个对"人"考核的指标,却只重视量化的效率而忽视了其中"人"的存在和因素。为了解决这个问题,有学者提出绩效行政问责制的方案。问责制与行政人员的绩效考核要联系在一起,以通过内在和外在的双重控制,规范行政行为。"引咎辞职与责令辞职的法律化,对于增强公务员的责任意识,减少工作失误有着积极的作用。"[②] 还有研究从整体上探讨了如何完善行政人员制度,如以品位分类代替职位分类;封闭的录用制度转向开放性的录用方式;确保行政人员的透明、公正晋升的制度;行政过程与结果结合的绩效考核机制;公平的薪酬体系;行政人员人事制度的道德化等。

西方文官制度具体操作的核心价值或基本精神是竞争择优、职位常任、功绩制、政治中立和对公众负责等。这些核心价值或基本精神典型地体现在1854年英国《诺斯科特·屈维廉报告》和1883年美国的《彭德尔顿法案》《文官制度法案》上。[③] 具体而言,主要有三个方面的原则:一是考试透明、择优录取。政府的招聘岗位要向社会公

[①] 李和中:《21世纪国家公务员制度》,武汉大学出版社2006年版,第14、17、19页。

[②] 武志红:《中国公务员制度再发展研究》,博士学位论文,华中师范大学,2009年,第56页。

[③] 陈振明:《转变中的国家公务员制度——中西方公务员制度改革与发展的趋势及其比较》,《厦门大学学报》2011年第2期。

开，凡是可以达到参加考试条件的公众均可自由选择报考，通过考试进入政府工作。考核内容主要是参考者的专业技术能力，而非将具有政治意蕴的家庭出身、党派纳入考核范围。二是职位常任，即永业制。普通民众通过考试成为行政人员，就意味着他的工作就有较强的保障性，不能随意辞退行政人员。三是价值"祛魅"，行政人员的职责就是执行命令、落实政策，对于党派之间的价值对立、政策中的利益矛盾均不在行政人员的考虑范围内。还有许多学者详细考察了一些国外的行政人员制度体系。有学者考察了战后日本实行民主化改革，改封建官吏制度为公务员制度。随着《口水冈宪法》《内阁法》《国家行政组织法》《国家公务员法》《地方公务员法》的颁布，一整套有关公务员的法律规定，保证了国家管理的有效进行。公务员在日本不仅适用于资格任用制的公务人员，也包括公选任职的公职人员。在国家和地方的政府机关、公共团体中，凡从事公务者均称为公务员，类似我国所指的"干部"。[①]

还有研究阐述了美国行政人员制度的改革，其中包括职位分类和职位管理、公共人事管理的法律及其社会环境、公共部门的劳资关系、生产率管理、全面质量管理、人力资源的计划与开发等现代政府人事管理的重要问题。还有学者论述国外今后公共人事管理的趋势和走向，如对美国公务员制度展开探讨的。由于社会的变化性因子突增，行政人员为了履行政府所赋予的社会管理职责，他们必须随社会变化而做出调整。人事制度中对行政人员的步调一致的行为规范体系，已经不能适应现实。而是应该开发和安排一种能够适合任何情况，适合不同行政机构的不同使命、文化、雇员结构的弹性、灵敏、回应的公务员制度。还有谈法国公务员制度现代化改革的，从90年代初启动后，按照渐进发展的原则，连续从三个主题上展开：一是在政府内部职能现代化名义下的公务员分权式的非集权化改革进程；二是在现代人力资源管理模式下的由传统的"人员管理"模式向"人才资源开发性管理"模式过渡的改革进程；三是以确保公务员素质为目的，在公务员选拔和提升中推行竞争机制的改革进程。

[①] 孟伯荣：《日本实施公务员制度的主要措施》，《日本问题研究》1992年第2期。

(三) 管理型政府行政人员能力研究

许多研究是从行政人员能力的视角展开研究的,在国内,2003年人事部印发《国家公务员通用能力标准框架(试行)》,认为行政人员所具备的基本能力包括政治鉴别能力、依法行政能力、公共服务能力、调查研究能力、学习能力、沟通协调能力、创新能力、应对突发事件能力、心理调适能力。由于我国不是一党制国家,所以,行政人员还需要具备政治意识。这主要是由于大部分行政人员都有党员的身份,所以对政治意识有所要求。但是,除了级别较高的官员之外,一般级别的行政人员还没有到政治决策的层次,对于他们来说最重要的还是需要具备法制观念,拥有依法执行的能力。

有研究专门详细描述了公务员的能力,包括:强化政治意识、提高公务员政治鉴别能力,强化法制理念、提高公务员依法行政能力,强化服务意识、提高公务员公共服务能力,传承党的优良传统、提高公务员调查研究能力,树立终身学习理念、提高公务员学习能力,树立和谐理念、提高公务员沟通协调能力,坚持与时俱进、提高公务员创新能力,增强危机意识、提高公务员应对突发事件的能力和加强心理健康教育、提高公务员心理调适能力九个基本维度系统。[1] 总体而言,从大量对行政人员能力展开研究的资料来看,虽然各自研究视角不同,对行政人员的能力要求标准也不一致,但是,大多研究基本都是围绕行政人员的"德、能、勤、绩、廉"五个基本维度进行细化和具体化的研究。有学者按照行政人员级别和时代背景不同,进一步细化了行政人员的能力。对于从基层岗位逐步晋升到级别高的行政人员,他们的主要能力体现为丰富的第一手经验,但较为匮乏的则是理论知识和大局眼光。对于由于学历高等特殊优势条件晋升到领导岗位的行政人员而言,他们则缺乏实践对理论检验的环节,因此可能处理较为复杂的现实问题时应变能力较弱。对于新入职的行政人员,要对基本的职责意识、职位专业技能进行培训。对于长期在第一线工作但又没有较高级别的行政人员,由于其认为经验已经足够丰富,可能就会故步自封。所以,对于他们而言,最重要的是注入重新学习的理

---

[1] 张国臣:《公务员能力建设论》,人民出版社2009年版,第36—39页。

念，提高他们的创新能力和自我心理调节能力。还有研究从时代背景出发探讨行政人员所应具备的能力，由于政府组织的主要形式就是官僚制形式，这种组织形式下生成了文官制度。文官制度本身就是以控制为导向的制度，严密控制之下，行政人员只能被动执行任务。因此，前瞻能力成为后官僚时代公务员核心能力的主要构件。

国外一些国家对公务员的评价，从标准到程序都强调以能力、工作业绩为主。比如，英国在设计公务员评价体系时偏重于对人的条件的评价，其内容：（1）对工作表现的评估；（2）分析各种能力的高低，包括见解、洞察力、判断力、文字表达能力、口头表达能力、责任心、创造力等10多项。美国对公务员的考核，尽量突出三大方面：一是工作数量；二是工作质量；三是工作适应能力。总之，他们尽可能地把公务员的注意力引向人的进取心、创新能力上，并且始终尊重人的个性、独立和自我奋斗精神。为了使行政人员能力成为可供考核的量化指标，人力资源管理的技术被充分应用到了行政人员能力研究的领域。如麦克里兰和戴雷借鉴胜任力理论构建行政人员能力的模型，二人合作分别于1972年和1973年联合发表了《改进外交官员的筛选》和《评估用于测量优秀海外文化事务官员的必备素质的新方法》两篇论文，从胜任力角度深入论证行政人员的能力选拔。以PSG胜任力框架为基础，英国政府构建了全新的行政人员胜任力框架，通用专业知识作为横向能力的平台，而专业技术则是在平台之上的纵向延伸，也就是所谓的"T"型人才。为了培养出这种类型的行政人员，首先要建立"能力本位"的基本观念。其次需要设计配套的激励、培训机制，发挥制度的引导性作用，促使行政人员萌发自我提升能力的行为动机。最后提前与高校预定人才培养计划，或者说，从学校开始，就提前塑造未来行政人员的专业能力。大多数学者有关行政人员能力的研究，为了使研究能够具有可供实践的现实意义，采用了实证主义的定量方法对行政人员能力进行了详细分类，试图把行政人员能力具体表现出来，并且根据级别、岗位赋予这些技能不同权重，其最终目的就是希望能用于行政人员的绩效考核。

（四）管理型政府行政人员职业道德修养研究

有部分学者从行政人员个人职业道德修养出发展开研究。在实践界，2011年10月17日，国家公务员局印发了《公务员职业道德培训大纲》，要求"十二五"时期对全体公务员进行一次职业道德轮训。内容有公务员的责任、义务和纪律，世界观、权力观、事业观等，还包括中国古代如何加强"官德"修养的内容。在理论界，由于社会道德滑坡对行政人员职业道德带来的恶劣影响，大量学者也展开了对行政人员道德的研究。有学者从行政人员道德建设重要性方面展开研究。在所有的职业中，政府内部的行政人员职业是对公共性要求最高的一种职业。因为，行政人员的职责就是实现政府所追求的民众公共利益。正是由于权力的公共性，决定了行政职业的特殊性。使得其职业具有地位突出、角色多样、对象特殊、责任重大四个主要特点。[1] 为了使行政人员能够践行权力的公共性，行政人员职业道德显得至关重要，行政人员的道德水平甚至能够对整个社会风气产生影响。有学者对公务员道德现状做了实证分析。如沈传亮通过实证调研的方法对公务员群体的政治文化给予一个总括性质的图景描述，对公务员群体的政治认同、公共精神、政治行为进行调查问卷和深入访谈的定量现状描述研究。

还有学者从历史与现实、中国与西方、理论与实践等多重关系的复杂纠结之间对行政人员的道德内容进行界定。经过纵向和横向的比较，研究认为行政人员道德并非简单的社会道德，或者说，行政人员的职业道德内容领域与普通民众的道德要求是有区别的。有研究深入剖析了目前行政人员道德建设困难的原因所在。一是科层组织伦理传递的困境；二是行政人员受社会歪曲价值观的影响，导致职业道德缺失。[2] 还有一部分研究提出了改进行政人员职业道德的方案，比较集中的观点有三个方面。首先，培养行政人员自我个体道德理念和修养。其次，建构制度重塑行政人员的职业道德。最后，通过对行政人员的监督，加强对行政行为控制，以迫使其形成道德观念。

在 ISI 数据库查阅，以 The official morals 作为标题进行搜索，仅仅得出与本研究相关的 16 篇文献；以 The bureaucracy of moral 作为标

---

[1] 刘余莉：《高度重视公务员职业道德教育》，《长白学刊》2012年第2期。
[2] 胡琴：《浅析公务员的职业伦理内涵、困境及其培育》，《求实》2011年第1期。

题进行搜索，仅仅得出与本研究相关的4篇文献。比较有代表性的研究就是特里·L.库珀对行政伦理学的探讨，库珀把责任以主观责任和客观责任的形式进行了划分，并且充分肯定了主观责任的重要性。深入分析了由于角色、利益冲突导致的主观责任与客观责任不能一致，从而引发了行政行为失范。库珀试图从个人道德品质、组织制度、组织文化以及社会期待四个方面来建构其责任伦理体系。

有研究探讨了用制度来加强道德建设，主要集中在两方面的观点。一方面是从组织而言，要对官僚制进行改革，因为官僚制的价值中立已经将道德架空。美国学者彼得斯提出了四种模式来促进行政效能的提高，即解制性政府、弹性化政府、市场化政府、参与化国家。另一方面是从行政人员个体出发建立问责制。行政人员的问责使得他们不能把问题全部推诿给制度和体系，自己作为个体也需要担负一定的职业责任。并且问责迫使行政人员能够与民众沟通和对话。还有一部分学者提倡从传统文化中寻找行政职业道德的重构路径，第一种是探讨我国传统的儒学对行政人员职业道德的影响。他们认为，儒家思想是东亚主要国家独特官僚文化的主要论证理论体系。儒家文化里包括了制度与官员的关系、官吏所应具备的基本道德，以及如何通过教育影响官吏从政。儒家文化的集大成者孔子本身就是著名的教育家，而他的许多学生也正是在他的引导下成为道德高尚的官吏。这些行政人员职业道德的构建方式，可以借鉴并运用到今天的行政人员道德建设工作当中。在传统文化中，找到官员应该如何处理政治权力的方法。第二种是从宗教和文化的角度对公务员法律进行探讨。如有研究从塞勒姆女巫审判的酷刑备忘录开始，涵盖所有类别的法律、官员、法官及看守，广泛对具体问题进行具体分析。还有研究采用实证方法将行政人员职业道德具体化为几个指标，根据调查研究和数据分析提出对策。有从透明度和官员泄密两个角度对官僚道德判断进行分析的；有对俄罗斯的公共行政人员道德进行探索性实证调查的；有对公务员所应具备的道德责任进行归纳总结的。

二 服务型政府有关行政人员的研究

由于服务型政府是我国本土化的政府形态，所以这部分研究综述集中在目前国内的研究上。张康之教授首次从服务型政府不是完善目前政府的公共服务职能，而是政府模式的根本转型角度提出了服务型政府的概念，并从历史发展的视野对服务型政府进行了定位。他认为服务型政府是从属于后工业化社会的一种新型政府模式，后工业化社会是目前全球都在经历的历史进程，因此，西方不可能有超越历史的服务型政府的存在形式，服务型政府应该是在我国特定社会背景下学者们所提出的新理念。实践中，服务型政府的建设尚处于摸索阶段。我们只有根据后工业化社会发展的趋势，对这种新的政府模式进行构建。基于此，本书综述概括了有关国内的服务型政府研究内容。

关于服务型政府建设背景的研究主要包括四个方面：一是经济与社会进一步发展的必然要求；二是满足应对社会发展失衡问题的需要；三是群众要求和改进政府服务的需要；四是经济全球化和"新公共行政"思潮的影响。关于服务型政府研究的切入点有四个方面：一是从道德追求和党的宗旨的角度；二是从政府与社会关系的角度；三是从政府治理模式的角度；四是从政府职能转变的角度。关于服务型政府构建的理念研究有四个方面：一是落实科学发展观与和谐社会的重要思想；二是政府要"以人为本"的理念；三是政府要"以公众为中心"的理念；四是以"市场化"为建设导向。

实务届是在上海市于2001年提出了建设服务型政府的要求，2007年，党的十七大把建设服务型政府提到了行政改革的战略高度。对服务型政府理解的定位包括几种观点：从广义界定上看，服务型政府是为人民服务的政府；从狭义上看，服务型政府建设就是完善公共服务体系和相关机制的建设，是改善自身状态的一项重要工作，即理论界对服务型政府的界定，是学者借鉴西方学说最先提出，而实务界则把服务型政府定位于一项完善职能的工作。目前针对服务型政府行政人员的研究主要分为三个方面：第一个方面是关于服务型政府行政人员管理制度的研究；第二个方面是关于服务型政府行政人员角色定位的研究；第三个方面是服务型政府行政人员所应具备能力特征的研究。

第一，有关服务型政府行政人员管理制度的研究，最彻底地改变行政人员制度的思想就是直接摒弃官僚制，而不是在官僚制的基础上进行"修修补补式的改革";改变科层制组织形式,关键是"公民本位"要取代"政府本位"的思想。管理型政府也提出服务的概念,但它仅仅把服务作为政府众多职能中的一种。服务型政府则把服务作为政府的主要形态和模式,服务地位的改变增强了服务对象的重要性,由此,"公民本位"是服务型政府的建设基点。由于服务型政府是对管理型政府的取代,而不是在管理型政府基础上的渐进式改革。所以,政府须重塑完全以民众为主、信任民众和与民众互动的理念。基于此,可以建立政府服务行政的"公利机制""回应机制""整合机制"。

有的研究分析了我国公务员制度中与建设服务型政府不相容因素:在"以事为本"的理念下构建的行政人员管理体制,使得整套人事制度都忽视了"人"的因素,从而导致行政人员制度出现问题。录用、培训、激励、考核的重要人员管理环节,都呈现出了技术理性的特征,而完全忽视了人的主观能动性的发挥。体制性的约束致使真正符合标准的人才未被选入,而选入的人才又未能激励其职业热情。为了发挥行政人员的自主能动性,使其主动承担行政职责,可以把道德内容融入制度之中,就是所谓的德制。用道德的制度来规范和约束行政行为,道德不再是行政人员个体修养的事情,而是必须遵循的制度。那么拥有道德的行政人员就可以赋予自主性,而不再是被动的执行者。"公共管理者的职业人格是在他的职业活动中形成的,他的职业活动中自觉的道德修养可以使得他达到完善的公共管理人格的目标。"[①]

还有研究从总体系统的制度层面分析服务型政府行政人员管理制度,一是制定科学的分类机制;二是制定客观公正的考录机制;三是制定合理的考评机制;四是制定开放的培训机制;五是制定有效的激励机制。还有部分研究专门针对行政人员管理的某一个环节展开研究,如论证了服务型政府绩效评估与服务型政府建设的关系,试图构建一个包括绩效评估主体、绩效评估指标、绩效评估方法等要素在内的服务型政府绩效评估体系。还有从培训角度展开服务型政府行政人员的研究,通过对行政人员的现实所需调查,加强行政人员培训内容

[①] 张康之:《公共管理伦理学》,中国人民大学出版社2009年版,第352页。

的实战性。然而，我们可以看出，这些研究成果虽然都冠以服务型政府的名义，但是，实际研究内容仍然是在管理型政府框架内展开的。

第二，有学者从人格的视角对服务型政府行政人员特征进行探讨。在对服务型政府行政人员定位的基础上，有学者以历史研究方法对后工业社会的服务型政府行政人员给予角色界定。农业社会统治型政府官吏特色是权力的统治特征，工业社会管理型政府的行政人员特色是形式工具理性和制度依附特征，从属于后工业化社会的服务型政府行政人员则表现出独立人格"服务"特征。有研究进一步对行政人员的"服务"特征进行详细分析，行政人员服务特质的体现就是"公共人"，行政人员除了具备基本社会道德素养外，还要具备更高的道德水平。为此，还专门有学者论证了行政人的德性与实践，并认为德性行政人具有的美德是一个多样性的统一体，德性行政人是一个"功能性的概念"、一种实践性的理论预设，是追求公共行政内在价值的道德主体。[①] 那么具体而言，行政人员在工作时，所面临的道德冲突主要有三个方面：一是权力的公共性与私利追求的矛盾；二是私人领域的角色与公共领域角色的冲突；三是政出多头，无法判断应执行哪个命令。为了加强服务型政府行政人员的道德建设，应该厘清行政人员的职业角色，加强行政人员道德教育，完善道德监督机制。

第三，有学者界定了服务型政府行政人员的能力。有研究从政府转型引发行政人员心理调适角度，分析行政人员所应具备的能力。管理型政府向服务型政府的转型，势必会对行政人员固有的心理认知造成剧烈的冲击。他们需要对自我角色认同、工作风格等心理问题做出相应的调整和转变。为了使行政人员从心理层面能够较快地适应服务型政府，需要对适应政府转型的行政人员心理契约进行重构。行政人员的职业价值观、激励理念都需要重新定位。有研究对服务型政府行政人员所应具备的能力素质进行阐述，依据服务型政府所要实现的目标，在对目标进行分解的基础上，制定行政人员能力考核量表，再具体落实到每个层级的行政人员身上。有学者从政治立场、服务意识、责任意识、道德素养、驾驭市场经济能力、科学管理、学习能力上界

[①] 李春成：《行政人的德性与实践》，复旦大学出版社2003年版，第53、54、56页。

定了服务型政府行政人员的素质。① 认为行政人员应该把服务意识落到工作实处，以真正提高服务的质量。有的研究提出了提升行政人员能力的对策方案，改革公务员的考试录用制度、职位分类制度。最重要的是按照中国的实际情况来进行职位分类，这个分类需要把政务和业务分开，改革干部的考绩公开选拔。②

三　社会学视野的行动者研究

从社会学出现至今，结构与行动一直是社会学研究者无法避免的两个研究框架。由于工业社会对具有控制导向的制度主义的推崇，社会结构成为大多社会学研究工作者所采用的主要研究框架。然而，随着后工业化社会的个性化的兴起，个体行动的研究结构，又被人们重新提上议程。但是，行动者并非单独从属于某个特定的领域，行动者是既受制度影响又具备自主意识的人。随着后工业化社会的发展，行动者将成为社会科学研究的主要范式。

（一）结构和行动的二元对立

行动概念出现在哲学和社会学两个学科，尤其是在社会学，结构与行动的关系问题是欧洲传统的社会学理论争论的焦点问题，学者们从不同角度突出行动的概念。支持结构研究框架的社会学家们则认为，从纷繁复杂的社会现象中，提炼出的抽象而具有普遍意义的社会本质因素，是不能从单一的个体因素中获取的。因为，社会现象并非单纯地表现为个体的主观选择，而是客观的社会结构才能决定社会行动的具体方向。因此，社会学理论中的结构分析范式重视整体研究，主张摒弃个体和主观因素，从宏观的结构入手对社会现象进行客观的描述。另一部分社会学家则与结构分析范式的主张完全相反，他们认为从个体行动分析范式出发，才能真正了解社会现象的本质特征。因为复杂的社会现象最终都可以简化为个体的行动。在这部分社会理论学家的观点里，社会的结构、制度都必须借助于个体的行动才具有实际

---

① 程璐：《浅析适应服务型政府新型行政人员的素质培养》，《福建论坛》2010年专刊。

② 吴江：《服务型政府与公务员能力建设》，《中国行政管理》2004年第11期。

的意义，否则，这些词语只能作为一种抽象的概念停留在人们的思维层面。因此，行动分析范式的基本逻辑是，社会秩序和结构是社会行动的结果，行动的关键是个人的选择而不是宏观的结构情境。

社会结构相对于社会行动者而言，它具有独立性和约束性。也就是说，对于任何一个社会行动者来说，社会结构首先是独立的，因为结构是反映社会行动者关系的范畴，或者说社会结构是外在于社会行动者的。其次社会行动者在互动过程中，要受到既有的社会结构的制约，人们的互动行动镶嵌在一定的社会结构之中。由此可见，结构与行动是处于二元对立的角度。学者们认为，两种研究范式是不能统一的。结构是从社会系统的宏观角度展开研究，而行动则是从个体微观的角度分析社会现象。对社会结构研究比较有代表性的有塔尔科特·帕森斯，他开始把人的行动作为研究对象。最后帕森斯却转向了结构与功能的分析学说，帕森斯从整体主义的视角解释了社会结构，他认为，当两个以上行动者开始互动并产生社会关系时，这种关系结构就会表现为稳定的社会系统。社会系统不同于个体行动，它是由行动者根据自己的社会身份和适合角色与社会发生关系建构起来的。另一种较为稳定的社会结构单位就是社会制度。社会制度由价值观和规范构成，是围绕一定的功能焦点而组织起来的权利与义务的模式，是制度化了的身份与角色的复合体。一种制度可以出现在许多不同的集体中，在同一集体也可存在几种不同类型的制度。结构所形成的关系模式具有社会整合意义。

马克斯·韦伯虽然构建了非人格化的官僚制，但是，他本人却主张从个体的角度展开社会学研究，也就是社会行动的研究。马克斯·韦伯认为，"人的行动或社会行动包含两个基本因素，动机和目标。毫无疑问，这两者都是与人的内在状况直接相关的"[1]。因为个体在行动时，所具备的主观感受和动机的意向性并不能完全在数据上得以反映。统计学以量化的方式把行为动机和行为结果以因果函数的形式体现出来，这种数学逻辑关系是无法完全描述清楚意向与结果关系的。马克斯·韦伯为了解释个体行动的主观性和意向性，他选择了个体主义

---

[1] [德]马克斯·韦伯：《社会科学方法论》，韩水法、莫茜译，中央编译出版社1999年版，第14页。

而放弃了功能分析。他认为,功能主义可以构建完整而客观的社会系统,但是无法解释个体赋予意义的行动。马克斯·韦伯利用解释性方法论把社会行动划分为四种类型:一是目的合理的行动,即通过工具实现理性目的的行动,这种分析模式一般较为常用,功利主义就是从这种理论框架中衍生出来的。二是价值合理的行动,由于个体具有某些坚定的信仰、伦理价值等主观因素决定了他的行动,而不是为了某种理性的利益目标。三是情感行动,通过当时情境的感情状态来行动。四是由于某种习惯或习俗生成的传统行动。

在这四种类型中,第二种行动类型里行动者具有理性的主观意向,明白自我所追求的某种信仰或理念,但是不具备功利的理性成分,因为行动者就不愿以投入和行动后果来计算。第一种行动类型则是最合理的行动,通过行动者对投入和回报的计算展开的行动,也是所含理性意蕴最高的行动。但是,现实中不可能有任何人可以单纯归属为某种特定的行动类型,这种划分只是一种理想状态。在现实中的实践行动,大多是混合了几种行动类型的特点。近代欧洲生活的本质特征就是一切行动以目的合理为标准,这种目的合理的行动一步步彰显的过程可称为理性化过程。

(二)行动者的概念

我们认为行动者概念出现的理论背景,不是在结构与行动的二元对立时代,而是建立在两者统一辩证的关系之上,分析两者关系的典型理论就是结构二重性。也就是说,行动者的出现打破了系统和个体之争,为人们研究社会科学提供了一个全新的范式,吉登斯就可以作为其中的代表人物,他提出的结构二重性就是试图克服行动为取向的研究与以结构为取向的研究二元论。

从系统论的视角来看,由于社会系统需要保持与社会场景之间的互动,在互动过程中使得客观的社会结构具有动态性。由于社会环境的变化以及人的创造性的活动,社会结构必然会发生变化,从而使得社会结构具有动态性特征。[①] 社会结构的动态性则是由具有意向性的

---

① 郑杭生、赵文龙:《社会学研究中"社会结构"的含义辨析》,《西安交通大学学报》2003年第6期。

行动者呈现出来的，因为，社会互动的载体是人，根据社会具体局势，发挥主观能动性改变不合时宜规则的人则是行动者。只有行动者在互动过程中不是完全被动遵循规则，而是拥有再造新的社会结构的创新勇气和反思能力。由此可见，正是由于行动者的存在，从而赋予了社会结构以动态性。社会结构是为了调节社会关系而构建，社会关系在特定历史背景下具有一定的常态特征，因此，社会结构以制度化形式出现时，也会在较长时间内相对稳定。所以社会结构既具有相对稳定性，又具有动态性，也就是所谓的"结构二重性"，即"在这种关系的复杂性中，我们可以发现重要的是不能孤立地理解行动和结构，或者说，重要的是要抵制客观主义和主体主义的二元论"①。

有学者在书中概括了西方学者对行动者的认识，如吉登斯认为"结构"可以概念化为行动者在跨越空间和时间的互动情境中"利用规则和资源"。正是在使用这些规则和资源、利用结构特质时，行动者在空间和时间中维持、改变和再生产了结构。② 他从社会结构的角度对行动者进行了解读，他认为行动者身上的主动性和自主性使得行动者为了达到行动目的，他们就会改变社会结构。同时，社会结构也在不断地影响行动者的行动方向，或者说，社会结构制约了行动者的行动；反之，行动者又用自己的实际行动改变着社会结构。犹如，吉登斯而言，"我们在制约中创造了制约我们的世界"。可见，吉登斯已经充分意识到行动者在社会结构中的重要作用，社会生产已经不能局限在社会系统的解释范围之内，因为，所有生产的落实最终都是由行动者的具体实践来实现的。吉登斯进一步阐述了结构与行动者的关系，他认为，社会结构既是行动者展开行动的约束又是可以利用的条件，行动者在社会场景中的行动又维持和创新了社会结构。也就是说，社会研究要关注行动者的主观意向性，而行动者的主观能动性的发挥也要注意受到现实条件和规则的约束和限制。吉登斯认为行动者的行动至少受到三方面的约束，首先，行动者的行动具有历史限定

---

① ［英］安东尼·吉登斯：《社会的构成》，李康译，生活·读书·新知三联书店 1998 年版，第 435 页。

② 杨善华：《当代西方社会学理论》，北京大学出版社 1999 年版，第 222 页。

性；其次，社会结构既能为行动者提供资源，同时也约束行动者的自由性；最后，行动者的动机源自实现自我认定的意义，但是意义的确定却受到社会规则和权力的影响。

汉娜·阿伦特从美学的欣赏视角对行动者的主观性进行了详细探讨，她在劳动、工作和行动进行区分的基础上，提出行动其实是界定人的性质的根本条件。她认为，行动是人类发挥主观能动性的自发在社会场域下有创造性地去做一件事情，也就是说，行动必须在公共空间的人与人之间的关系构建基础上发生，而不是先对人的行为趋向有所规范的基础之上。行动与语言是紧密相连的概念，言行意指用语言来表达行动的方向。汉娜·阿伦特则通过对社会运动的观察，明确地提出了行动者概念。她认为，"行动是唯一不需要借助任何中介所进行的人的活动，是指人们而不是人类居世的群体条件"[1]。行动者在社会关系中，面对社会规则会拥有自己独立的思考，会根据自我价值观念和已有经验来判断现状。对于有能力正确评估现状的行动者，那么他们就是推动社会进步的行动者；反之，对于错误衡量现状的行动者，他们就是阻碍社会进步的行动者。从这个层面上讲，行动者已经被定位于有意识性的个体或群体。

综观社会学领域对行动者的探讨，大多数学者对行动者的定位和特征还是达成共识的。行动者是有意识性和自主性能够主动行动的个体或群体，行动者具有较强的意识动机。这种意识动机可以分为三类，即潜意识动机、行动意识和对话意识。潜意识动机是源自行动者自己都未曾感受到的元价值观念，但是这种动机却是行动者最基础的行动力。行动意识是行动者在具体社会互动场景中的某种意会，这种意会根据场景不同而有所转变。行动意识和对话意识使得行动者具有了反思的能力，因为，行动者为了能与他者开展良性互动，就必须根据现实反思自我的行动。行动者在行动中不可能完全理性和充分地思考问题，很多行动结果也难以预料。但是，行动者的这种主动认识事物本质的特征，却是行动者身上最为重要的因素。

---

[1] ［美］汉娜·阿伦特：《人的条件》，王世雄、胡泳浩、杨凌云等译，上海人民出版社1999年版，第1页。

可见在结构化理论中，人类社会本身是建立在实践活动之上的，实践既是人类行动者的存在方式，也是社会系统的基础；结构与行动不是固定不变、截然分离的两种既定现象，而是根植于人类实践活动之中相互渗透的两个层面。但是，在一个支配无所不在的工业社会中，行动者是没有立足之地的。工业社会的管理行政模式，需要适应机制而遵循规则的人，而不是独立思考拥有意识性的行动者。在行动者的视野里，社会制度不能完全依靠自我调整和改良，而是通过行动者的实践所产生的价值观念影响社会系统发生改变。这些思路显然不从属于工业社会，而是属于后工业社会的思维方式。

在社会学研究领域，从20世纪70年代开始，就有学者开始对行动者展开探讨。但是将行动者研究框架引入公共行政领域却在90年代左右，其中以哈蒙的著作《公共行政的行动理论》和全钟燮的《公共行政的社会建构》为代表。哈蒙在1993年出版了这本著作，当时互联网技术才刚起步，所以他尚且不能预测到网络技术的兴起为行动者之间大规模的对话提供了技术平台。到21世纪全钟燮所著的《公共行政的社会建构》一书中，则对这种电子技术给人们生活带来的具体变化给予了探讨，进而提出了通过民众与政府对话的形式来开展社会治理。可见，由于后工业化社会为行动者的归来创造了条件，学者开始把行动者的研究视角引入公共行政研究领域。

四 综合评价

有关行政人员的研究内容从三个方面展开述评，第一个方面是针对管理型政府行政人员的研究；第二个方面是针对服务型政府行政人员的研究。由于本书需要借鉴行动者的理论对政府行政人员这个群体进行分析，所以第三个方面是有关社会学的结构与行动的综述。

第一个方面，有关管理型政府行政人员的研究资料十分翔实，无论是行政人员人事制度设计，还是官僚制组织体系对行政人员的塑造，学者们都给予了详尽论述，学者们对管理型政府行政人员所具备的特点进行了细致描述。国外从政治与行政二分法起始，就对行政人员角色的定位给予了详细概括，最理想的状态就是政治决策、行政执行的泾渭分明的二元划分形式。但是，威尔逊等行政学的创始者后来也发现，其实在实践领域，对行政人员完全"去人格化"是很难实现的，由此，在对行政人员执行者角色研究之外，学者们又展开了对行政人员个体的职业道德建设的探讨。由于我国政党制度有别于国外的两党制或多党制，所以价值中立的原则不符合我国国情，而是以"党管干部"原则设定了行政人员的政治立场。但是无论国内还是国外，无外乎都以控制导向为主要思路来设计行政人员的管理制度，政府行政人员的执行者角色定位具有普适意义，行政人员主要追寻的目标就是效率，行政人员身上的工具理性特征明显、主观能动性被忽略，政府通过设置严明纪律制度的方式防止行政人员的公权私用行为。

有关管理型政府行政人员制度的相关研究是文献中最为充实的一部分。马克斯·韦伯设计了官僚制的组织形式，这种形式成为工业社会最主要的组织形式，尤其在公共行政体系，官僚制成为政府的基本构成形式，国内外均采用了这种具有科学理性特征的科层组织来构建本国的政府。企业的人力资源管理知识被借鉴到了政府部门对行政人员进行管理，政绩考核、培训、薪酬等环节均有学者做过深入的定性和定量的研究。但是，企业是在对员工给予"经济人"人性假设的基础上设计了标准化的管理体系，然而，公共行政领域的公共性本质注定行政人员受职业性质所限并适用于"经济人"人性假设。所以，我们看到在实务界，政府设计出许多细化而具体的行政人员考核体系和严明的监管制度条例，就是防范行政人员为了追求自我利益而滥用公权。

学者们关于行政人员素质能力的研究十分细致，一种是从职位、岗位分类的视角对行政人员所应具备能力进行划分，另一种是综合性地概括了行政人员所应具备的能力，认为有学习、心理等方面的具体能力，国内外的学者们都尽其所能地对作为一名行政人员所应必备的能力素质进行了详尽的描述。从这个意义上说，行政人员能力还引起了理论界和实务界的共同关注。然而，关于管理型政府行政人员职业道德的讨论内容就显得有些薄弱，这方面的研究较少，主要与行政人员的工具理性人格假设有着密切关系，行政人员既然都被"去人格化"了，那么道德也只能体现在行政人员的个人修养方面，很难设计出规范行政人员道德行为的相关制度。因此，关于道德的探讨也大多停留在社会普遍道德内容对行政人员的约束层面上，系统地对公共行政道德进行论证的研究并不多。

第二个方面，有关服务型政府行政人员研究的资料目前还较为碎片化。服务型政府行政人员的大多研究内容从西方早期的思想启蒙家那里借鉴了许多思想，尽管不是很符合中国现实实际和后工业化社会背景，但还是有很大的启发意义的。大多学者达成了对服务型政府行政人员价值沉淀的共识，从不同视角出发对行政人员建设进行了探讨。但是，可以看到有关服务型政府行政人员的研究虽然加了服务型政府的名号，却大多还是停留在管理型政府对行政人员建构的认知基础之上。并且大多研究停留在行政人员的道德主体的价值重构认知层面，虽然服务型政府行政人员的道德主体性构建是非常重要的，但是对于服务型政府的行政人员建设而言，道德也只是一个方面，我们需要树立全面而系统的观点，才能达到重塑行政人员行动者角色的目的。可是，这方面的相关系统理论体系探讨却较为匮乏。

第三个方面是行动者的相关研究内容。从马克斯·韦伯确定社会科学研究方法论开始，社会学就逐渐成为一门独立的学科并兴起，几乎所有社会学的研究都是围绕行动与结构的争论展开的。可以说，有关行动与结构的研究是从属于不同的层次，行动是从微观层次的社会个体出发探讨影响人的具体行动因素，而结构则是来源于宏观层面的社会系统建构中的概念，具体而言，就是指社会的规范、秩序。进入20世纪末，社会学家不再纠缠于两种范式的区分，而是开始展开对两种范式关系之间的研究。因为社会秩序不是一成不变的，会由于行动者的行动模式改变而产生改变，当然行动者的行动也不可能是完全从属于主观意向性的，社会规范、习俗都会影响到行动者的行动方向。随着后工业化社会的兴起，高度不确定性和高度复杂性特征的显性化，已经难以对人类行为进行准确的提前预测，所以，行动社会学的分析框架兴起。

总之，从政府模式转型的视角探讨行政人员塑造的内容较少，大多研究认为服务型政府就是要加强政府公共服务提供职能的建设，这种认识还属于战术层次，不能从政府整体转型的战略视野来把握问题的实质。因此，把服务型政府行政人员研究限于某项职能的角度提出对策性的文章较多，从政府转型战略视野下全面而深入对行政人员性质展开的研究较为匮乏，使得服务型政府背景的行政人员研究不够系统，已有研究资料呈现零碎化、不全面的特点。从行动者理论视角分析行政人员的材料也就为数不多，比较有代表性的就是哈蒙的《公共行政的行动理论》，他利用现象学方法论考察公共行政，提出公共行政应该在与民众进行互动的情境中开展工作。全钟燮的《公共行政的社会建构》一书中，也进一步论证了行政人员与民众展开真诚互动的必要性。张康之的《公共行政的行动主义》则深入分析了行政人员在扮演行动者角色时，所应具备的具体特质。综上所述，有关探讨服务型政府中行政人员角色转型的研究尚且处在起步阶段，以服务型政府为背景、行动者角色为分析框架，系统研究行政人员转型的文献则较为匮乏。

第四节 研究内容、方法与技术路线

一 研究内容

工业社会的管理型政府赋予了行政人员以工具理性人格，为了实现后工业化社会的服务型政府建设目的，我们不再排斥行政人员的自由裁量权，行政人员只能通过道德化的途径发挥他们的主观能动性。而本研究不是单纯地讨论行政人员的德性构设，而是以人的"道德存在"作为人性假设基点，揭示出行政人员对当今社会治理状态的不适应性，预示出服务行政的必然走向，进而在服务型政府背景中重构行政人员为了适应社会应具有新特征。由此，本研究主要以双向论证的逻辑展开，第一，为了实现管理型政府向服务型政府的转型，我们必须先塑造出一支具备服务型政府特征的行政人员队伍，再造成功的行政人员又反过来促进服务型政府的建设。第二，随着后工业化社会的到来，行政人员必须从执行者角色向行动者角色转型，才能担负起服务型政府的引导型职能，实现合作型社会治理模式。

沿着这两个逻辑思路，本书以具体行政实践场景为抓手，以动态的视角对行政人员进行分析，关注行政人员所生存的静态组织体系与动态行政行动之间的关系。本研究利用相对论的思维方式来分析行动者角色的行政人员，相对意义的把握体现在本书在对制度构成要素的基础上关注行政人员的行动。由于行动场景不同，行政情境和制度能结合成不同形态，不同的结合形式导致行政人员行动的目的和意义会改变，或者说，由于行动的过程造成了最终行动目的或意义的转变。也就是说，在开放性、流动性、个性化的社会里，从动态意义的角度上把握合作行动。从20世纪后期开始，人类从工业社会进入了后工业化社会，社会的高度不确定性和高度复杂性特征凸显。社会不确定性因素的激增使政府事务日益增多，随着政府职能的扩张，政府不再是有限的政府。从第一次经济大萧条开始，出于满足社会需求的目的，政府自己开始生产政策，从而弱化了议会的权力。但是政府制定政策面临了一个严峻的问题，政策在议会中产生需要经过"议"的民众表达过程以形成公共性的政策，政府则省略了关键的民主过程直接制定政策。因此，政府设定政策面临自我价值规范的问题，从这个意义上来讲，政府制定政策就意味着它具有了自主性，政府演变为拥有自主性的行动者政府。行动者政府需要服务价值理念的支撑，所以管理型政府模式向服务型政府模式转型。

政府模式的更替意味着政府的治理观念、职能特征、体制制度、行为模式等整体性范式的转换与演进，在所有涉及的因素中，政府中的"人"是实现政府形态成功转型的核心因素。因为，只有通过行政人员的工作行为，政府中的体制才能运转、政府职能才能体现；只有行政人员履行政府所制定的任务，政府中各个组成因素才具备实践意义。正因如此，有关政府行政人员的研究资料较为翔实，但对大量研究成果进行分析后，我们可以发现，大多学者采用实证主义方法论，从制度主义视角出发对规范政府行政人员职业行为的规则进行研究。本研究试图打破以控制行政行为为问题导向的研究模式，尝试采用规范性研究方法对行政人员个体的价值层面进行深入探讨。由于价值从属于抽象的概念范畴不便于分析，个体角色的自我认知是价值的具体载体。角色指个人在社会关系位置上的行为模式，它规定一个人活动的特定范围和与人的地位相适应的权利、义务与行为规范，是社会对一个处于特定地位的人的行为期待。也就是说，角色决定了个体应该承担怎样的社会责任，正是由于个体担负了某种社会责任他才拥有了自我的价值观念。所以，本书选取角色作为分析问题的切入口，对在政府模式转型背景下的行政人员角色嬗变给予讨论。

管理型政府的行政人员为了实现执行任务的使命，他们扮演了执行者角色。服务型政府行政人员为了实现社会合作治理的目的，则需要由具备自主性的行动者角色行政人员来承担政府职能。本书选择了行政人员从执行者向行动者的角色转型为研究主题。也就是说，服务型政府要发挥引导型职能，必须要有与政府模式相匹配的行政人员支持，管理型政府所培养的执行者角色行政人员俨然已经无法担此重任。执行者角色的行政人员具有服从命令的特征和工具理性的人格，他们只需根据命令执行任务即可。服务型政府由于职能的扩张，行政人员所需面对的公共事务越来越复杂，被动地执行已经不能担负行政人员的职责，他们需要面对具体问题具体分析，并且能够在自己独立判断的基础上提出新的解决方案。因为，高度复杂性的社会使得政策、法律不可能穷尽所有复杂性因素，行政人员必须具有独立思考和灵活行动的能力。高度不确定性的特征使得政策预见变得越来越困难和不准确，提前预测的情况与实际发生的行政情境出入较大。所以，为了适应服务型政府模式的职能需求，行政人员必须经历从被动的执行者角色向主动、积极的行动者角色演化的过程。

为了形塑行政人员的行动者角色，我们的视线不能停留在如何控制行政行为的思考层面，制度本身就只是一种手段而不是目的，我们需要突破制度主义的思路。我们试图展开逆向思维方式来解决规范行政行为的问题，即从对行政行为控制的导向转向赋予行政人员的自主性以合法化，我们的关注点在于如何在行政人员自主性画板上涂上服务性质的色彩。规范行政人员自主性需要放在服务型政府的框架内寻找思路，新的政府组织架构要取代官僚制组织形式。随着网络技术的日臻完善，人们的线性沟通方式变为四通八达的网络式互动，科层组织形式也随之转变为无边界的网络虚拟组织形式。在新的组织形式里，行政人员的行为被放在了更为广泛的合作体系之中，行政人员的行为不再仅仅局限在执行政策和服从上级命令的范畴内，他们的行政行为需要得到合作治理体系中社会他者的承认，这种他者的承认激励行政人员建构起个体的主观责任意识和自我反思能力。总之，只有通过建立完善的行政生态来重塑具有责任意识和道德感的行政人员，才能真正实现行政人员从执行者角色向行动者角色的转型。

本书试图在行动意义上建构理论，探讨行政人员的自主行动需要哪些构成要素，分析赋予行政人员自主性前提的一系列支持（如观念、道德上的支持）。在行动主义兴起的背景下，政府与社会的关系已经悄然发生了转变。为了适应这种关系，政府的管理职能向引导型职能转变，政府职能的转型自然牵涉政府内部构建模式的变化，官僚制形式下所形塑的执行者角色行政人员已经不能履行政府的引导型职能。公共行政的主要职能是社会治理，不涉及政治，而最能体现社会治理效果的则是行政人员最终行动所体现的效果。无论所设计的制度如何精细化、所制定的政策如何完美，最终以行动的实践效果才得以体现。本书不再把研究内容局限在宏观、单一的制度客观设置范围上，开始关注微观、多样化的实践领域。基于此，本书分了六个章节对行动者角色的行政人员展开论证。

本书第二章先分析从属于工业社会治理模式中的管理型政府，从组织的角度讨论政府作为"执行者"转型的必要性。由于政治中管理的成分越来越多，需要另一个部门专门从事技术性的管理事务工作，进而政治的主题发生嬗变：政治中分化出行政，政府逐渐成长为独立的行政的具体载体。因此，在公共生活领域，从事行政的政府从设立之初便担任了执行政治决策的角色，扮演执行者角色的政府要承担起管理社会的职能。从社会与政府的关系来看，政府是为了给社会发展提供稳定的环境而构建的。政府是社会运行中游戏规则的裁判员，政府是为了实现社会有序运行的目的而构建的社会管理者，因此，我们把工业社会的政府模式称为管理型政府。随着社会不确定性因素的激增，管理型政府在面对形式各异又层出不穷的社会新问题时，没有经验可循，总是显得反应迟钝、行动僵化。可见，管理型政府面对高度复杂性的后工业化社会已经疲于应付，社会转型的需求促使管理型政府形态转向服务型政府形态。

第三章阐明了与管理型政府相配套扮演执行者角色的行政人员。"人"这个核心要素是政府转型的充分必要条件。可见，社会生活中人的主体地位的重要性，当然，行政体系对人的主体地位界定就更为显性，政府能够体现出价值，关键取决于政府内部成员如何行动。从宏观层面而言，行政体系存在的价值是由行政人员的具体行政行为所体现出来的，从微观层面而言，行政体系通过制度规则的制定和政策颁布的形式对社会进行治理，但是这些制度的执行都是由行政人员具体落实的。因此，管理型政府形塑了与之相匹配的执行者角色行政人员。管理型政府认为行政人员就是会执行任务的技术官僚，他们不需要拥有自我价值判断能力，马克斯·韦伯对此总结道，"只要是一个人就可以成为一名文官"。可见，管理型政府是把行政人员视为工具，行政人员作为"人"的主观能动性完全被价值中立所替代。管理型政府在控制导向理念的指导下设计了标准化的行政人员管理体制，管理型政府赋予行政人员以工具理性人格。

其实，管理型政府的官僚制组织形式为行政人员养成工具理性人格提供了外在的制度支持，因为，官僚制设计的基点就是去人格化，这种理念与行政人员的价值中立特征是相契合的。行政组织构成了横向分工与协作和纵向命令与服从的体系，制定了行政人员的职责和权力内容，以严明的纪律和制度来规范行政行为。在这一系列完整而系统的行政人员管理体系作用下，行政人员最终被塑造成执行者的角色，他们用公事公办的行为模式体现了自我的执行特征。当管理型政府将行政人员塑造成执行者时，具备这些特征的行政人员同时也支持着管理型政府管理社会目的的实现。管理型政府以科学合理的理性形式控制着社会，追求效率是管理型政府的唯一目的。执行者角色的行政人员充分体现了政府的管理理念，行政人员为了达到管理效率最大化的目的，无论他们是否认同都会无条件地执行早已制定的政策和法规以及上级命令。执行者角色的行政人员被动地担负起政府管理社会的职责，行政人员逐渐成为只会追求效率的冷漠"工具"。随着后工业化社会的到来，行政人员照章办事的方式遇到的困难越来越多，有时可能会面对无"章"可循的困境，因为制度可能还没来得及生成落地。有时制度规则已经时过境迁，却还要僵化执行，引起民愤和社会的不满，执行者角色的行政人员举步维艰。由于行政人员不合时宜的行为引发了政府与民众的极大矛盾，民众对政府的信任程度逐渐下降。我们认为产生这种问题的根本原因就是行政人员执行者角色的非典型化,随着政府职能的扩张行政人员自由裁量权的范围也随之拓宽,行政人员拥有了大量自主性权力,自然就不可能再按照执行者的模式开展行政行为,管理型政府对行政人员自主性行为的管控无能为力,从而导致行政行为腐败现象频频出现。

第四章是对社会背景的描述,通过对社会行动意识兴起的分析来探讨政府行政人员角色转变的缘由所在。政府失灵导致社会的自治行动意识觉醒,或者说,社会民众不再满足于拥有表达权的权限范围,民众开始自发组成非政府组织对社会问题直接开展治理行动。社会从被管理者向行动者的角色转型,使得表达与回应的社会治理模式开始走向没落,管理者与被管理者的二元分化时代逐渐成为历史。随着后工业化社会的复杂性和不确定性因素的日益增多,提前预测的内容总是与现实大相径庭。为了适应这种变化,我们只有行动,在行动中调整方案和对策。行动意识极大地冲击了社会原有的治理模式,管理型政府对社会的管理是建立在准确预测的基础之上的,多变而复杂的社会经常使得这种预测与事实不符,从而导致政府对社会管理的失效。面对政府管理频繁失灵的现状,社会行动者展开了自治行动。理论界对社会行动者的归来也进行了深入探讨,行动者的社会范式逐渐取代了主客体认识论的社会研究范式。由于社会研究的分析框架发生了改变,新兴的合作治理社会模式开始兴起。因为,在表达与回应的社会治理模式里,社会是处于服从政策的地位,被动遵从的思想显然与行动的自主参与理念相悖,只有在彼此平等的合作治理模式中行动者才能发挥出自主性。在合作治理模式里,政府不再对社会展开管理,政府需要为社会自治行动的开展提供服务,由此,服务型政府必将取代管理型政府。

第五章论述了随着"行动"思潮的兴起,服务型政府出现的必要性。由于后工业化社会高度不确定性和高度复杂性的特征导致社会治理工作越来越困难,管理型政府已经难以担负起社会治理的重任。或者说,管理型政府是顺应工业社会发展所需而设计的组织机构,管理型政府通过制定社会规范来管理社会的方式已经难以奏效。因为,工业社会的可确定性因素相对后工业化社会而言比较多,政府可以采取管理主义理论来治理社会，即政府提前制定政策，民众被动遵守的管理模式以实现对社会进行有条不紊管理的目标。但是，随着后工业化社会中的不确定性因素越来越多，政府作为唯一的社会管理主体在社会治理过程中已经显得力不从心，公众对政府的社会管理能力产生质疑。此时，网络技术的发展又为公众参与社会治理提供了技术平台，民众拥有自治行动的实践条件，他们的自治意识被唤醒了。基于此，摒弃政府唯一社会治理主体身份的合作社会治理体系应运而生，拥有自治意识的民众自发组成组织投入社会治理的行动中，政府此时需要承担引导民众理性开展自治行动的责任。因此，为了适应社会的发展，政府的管理型职能向引导型职能转型，只有拥有服务价值理念的政府才可能发挥出引导型职能；只有道德伦理价值才是实现多中心合作治理的基石。也就是说，为了适应工业社会的经济效率而采用"科学理性"理念建立了管理型政府，为了适应后工业化社会的合作治理模式而采用"服务价值"理念设计了服务型政府，管理型政府向服务型政府转型已是大势所趋。

对于伦理价值统摄科学理性的服务型政府而言，人的主体地位被提升到了决定性的高度。因为，从管理型政府向服务型政府转型主要涉及四个关键的方面：政府的管理型职能向引导型职能的转变；政府从科学理性社会治理路径向伦理价值治理路径的转变；从属于非人格化的政府公共权力向从属于行动者的伦理精神的权力转变；政府行为从形式公共性向实质公共性的转变。政府实现这些转型的首要任务就是赋予行政人员的自主性以道德内容，构建行政人员自我的行动者角色认知。角色认知的改变势必会改变行政人员的人格特点，独立性人格的行政人员才能在合作治理体系里体现出政府的引导型职能，只有行政人员在行政过程中的具体表现才能让民众真实地体会到政府追求实质公共性的意图。

第六章提出塑造服务型政府行政人员行动者角色的路径，试图构建一支庞大的有"服务"共同价值信仰的行政人员共同体。工具理性人格的行政人员是从属于管理型政府的，他们与"伦理价值"主导的服务型政府自然不相适应。服务型政府的行政人员为了适应合作治理社会的模式，他们从向规则负责的工作模式转为向合作治理体系中"他者"负责的模式。与此对应，社会治理过程中的相关者对行政人员的行为不满意时，也不再采用消极被动的忍受或非理性暴力报复的处理方式，社会合作者应具备行动者的负责姿态与行政人员共同解决社会问题。服务型政府的行政人员负责的体现就是为民众自治创造良好的条件，为民众形成组织并开展理性自治提供引导性的服务。在社会治理模式转型的大背景下，行政治理体系内部行政人员对自我职业的认识理念需要转变，行政人员完成行政任务不再以单纯的政绩来体现，即使他的政绩指标并不显著，但是他的行动得到了社会合作治理体系中其他行动者的认可，那么他就是优秀的行政人员。也就是以行政行为动机、过程和结果结合的灵活考核形式，来考核行政人员被服务对象的认可度。合作治理体系中的行动者之间除了形成法律、权力关系外又形成了合作者之间的伦理关系。

我们试图采用设计德制和形成服务理念规范性取向两种路径，把行政人员的德性转化为现实的德行。在外在制度和内在组织气候的交互作用下构建出行动者角色行政人员生存的行政生态，在这种行政生态里，让行政人员不敢做出违背共同价值信仰的事情。在合作治理体系里，众多行动者让个体的违规行为无所遁形，即使逃脱得过法律的制裁，却逃不了同僚对其违规行为鄙视的结局。反之，如果行政人员以"服务"为价值信仰，即使物质奖励不是很丰厚，但是他者对其行为的承认也会给予他精神层面的奖励。长此以往，管理型政府行政人员的完全照章办事的行政行为方式就会消失，取而代之的是服务型政府行政人员的公平正义与人情伦理同在的灵活执行政务模式。总而言之，公共管理者的一切职业行为的前提都是对他应有的责任的积极认识，他认识自己应有责任的主动性和积极性程度也就是他的道德行为的标尺。[1] 服务型政府还原了行政人员作为人的"完整性"，而"完整性"的人最终推动了服务型政府的建设。行动者角色的行政人员会尽量发挥出他们道德存在的一面，他们去完成行政任务不再处于单纯的职业所需的目的，而是主动自觉地完成行政任务，贯穿公共管理体系的服务精神和原则，保证他与其职业之间的一致性。

---

[1] 张康之：《论伦理精神》，江苏人民大学出版社2010年版，第249页。

第七章在系统的理论构建的基础上，对行政人员行动者角色在我国的形成雏形进行了分析性描绘。理论从国内外行政人员的共性出发进行论证，试图勾勒出一幅政府行政人员行动者角色生成的图案。理论的建设源于现实的需要，由此选择最后一章对行政人员行动者角色的本土化呈现进行描述。其实，管理型政府中也存在着扮演行动者角色的行政人员，特别在管理型政府向服务型政府转型期，行动者角色的行政人员也随之逐渐增多。只是，扮演执行者角色的行政人员仍在管理型政府占据主流趋势，管理型政府的封闭性使得行动者角色行政人员没有生长空间。合作治理模式趋势的呈现是构建服务型政府的外在环境，本章选择在我国基层政府治理中分析合作治理趋势的生成，因为，综观我国目前的治理体系而言，顶层设计仍然属于精英治理范畴。可是，最高决策方案往往只是对宏观的原则性发展内容进行规范，具体执行的细节仍然由基层行政人员来决策。何况政策、制度的执行最终还是要在基层进行，所以合作治理模式也是基层行政人员的开拓性创新实践。合作治理模式是孕育行动者角色行政人员的土壤，行动者角色行政人员的核心特征就是对其自主行动的认可，2016年出台的容错机制就是对行政人员自主性赋予合法性的制度设计体现，虽然该制度仍在实验阶段但是这种趋势却已经不容忽视。容错机制实行的最大难点就是如何界定"错"的界限是否在可容忍范围内，或者说，行政人员的自主行动是否以公共利益的实现为目标而展开。我们认为这需要发挥政治生态环境对行政行为的影响功效，如果说，目前颇受诟病的潜规则是对政府非正式制度不良方面的解读，那么如果发挥非正式制度的道德内容，建立非正式制度与行政人员个体的良性互动关系，那么行政人员在自主行动的动机上至少会避免以权谋私的现象出现。

二 研究方法与技术路线

一般而言，统计数字、事例调查、访谈法属于经验研究方法的范畴，也可以称之为研究技巧，方法论考虑的是如何为科学命题及其体系的有效性提供一般的根据。本书属于规范性研究方法论的范畴，采用比较研究方法对服务型政府行政人员再造进行探讨。本书通过行政人员的行为表象来看待行政人员的特征，以后工业化社会为背景，从实际出发来分析服务型政府中行政人员所应具备的特征。比较研究方法在本书的运用是指把管理型政府和服务型政府进行对比，通过对管理型政府行政人员的反复揣摩，将之与后工业化社会的服务型政府行政人员进行比较，得出行政人员从执行者角色向行动者角色转换的论题。在对服务型政府行政人员的特征进行了推论和预测的基础上，设计出重塑行政人员行动者角色的行政生态。

本书主要由两条论证主线贯穿了全文，第一条研究逻辑是管理型政府所塑造的执行者角色行政人员已经不能再履行政府的社会治理职能，所以为了适应服务型政府对社会治理的需求，行政人员需要从执行者向行动者转变。第二条研究逻辑是服务型政府对其内部行政人员提出了角色转型的要求，或者说，只有具备行动者特征的行政人员才能支撑起服务型政府的建设，当然服务型政府的组织架构也为塑造行政人员的行动者角色提供了支持。这就是本书的论证逻辑，这一逻辑可以用研究路线图 1 表示：

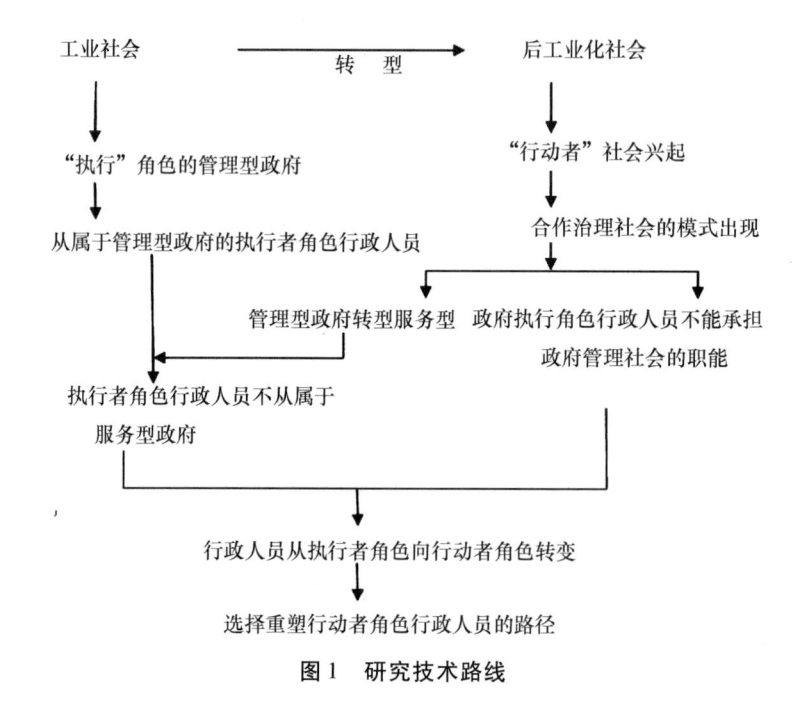

图 1 研究技术路线

总之，表达与回应的社会治理模式已经不能再满足后工业化社会的发展所需，合作治理社会的模式已经开始逐渐成型。在合作治理体系里的服务型政府是具有前瞻性能力的行政体系，服务型政府不再处于对社会问题被动回应的位置，服务型政府会主动、积极地参与到社会自治行动中，并引导社会行动者展开理性的自治行动。只有具有道德感和责任意识的行动者角色行政人员才能履行政府的引导型职能，当行政人员在处理具体工作事务时，他们会主动与社会治理过程中的相关者展开对话和协商，并且辅助社会各方行动者达成共识性的理性决策。行政人员在与他者的互动过程中，行政人员会自我反思自己的行动是否合理、是否符合规范性要求、是否能得到他者的承认。面对复杂的社会情况，行政人员会根据当时的情境灵活处理问题，他们不再以外在的政绩指标作为其工作的唯一衡量标准，他们会从内在生成自省的习惯，自我规范行政行为。当行政人员的行动者角色被重塑成功时，建设服务型政府的目标也就会随之实现。

第二章　作为执行者的管理型政府

在西方资本主义革命的背景下，宗教的特权思想与市场经济的平等观念屡屡冲突，神权国家已经阻碍了资本主义的发展。由于神权与俗权的矛盾日益尖锐，由权力引发的战争一触即发。思想家也为谁是掌握权力主体的问题展开了理论论证，直到美国建立了宪政国家，权力归属问题才算彻底解决，即主权在民的思想具有了合法性。人权概念在宪政国家的背景下逐渐清晰起来，只有在宪政国家的框架中人权才有意义，我们看到，民主一词占据了整个工业社会话语权的霸主地位。主权在民解决了权力归属问题，如何行使权力的主题便被提上议程。也就是说，如何将民主转变为在现实中可实践操作的方案成为学者和实务工作者共同关注的主流话题。如果说，权力归属问题从属于政治，那么权力行使则是行政的范畴，沿着这条逻辑主线，政治和行政分化则成为不同的学科。随着现代国家的概念逐渐清晰，社会场域开始出现。直到国家与社会的二元对立角色完全成型，工业社会的领域也逐渐分化。工业社会由农业社会一片混沌的模式分化为三个主要生活领域，即公共生活领域、私人生活领域和日常生活领域。在这其中，界限分明的政治与行政同属于公共领域的范畴，社会则属于私人生活领域，民众的个人家庭生活及情感生活归属于日常生活领域。公共领域中的政治与行政也形成了一种固定的功能性分工的关系，即政治负责决策和行政负责执行，公共领域与私人领域的关系则又呈现出另外一种逻辑。

政府作为行政的载体承担管理社会的职责，政府的行政使命是只需遵循政策法规照章办事即可，因此，从逻辑推演上看，真正掌握权力的是制定政策的政治主体。可是现实中，由于政治总是潜伏在行政后面的推手，调节私人利益的法律规则由政府出面执行。所以，经常与社会接触的是政府，政府便被赋予了管理社会的职能，政府利用管理主义技术来执行相关政策法规，以实现对社会行为进行有序管理的目标。从这个意义上而言，政府的存在价值就是为了管理社会，所以，从本质上分析，政府可以称为管理型政府。政府扮演着管理社会的管理者角色，但是这个管理的内涵仅仅是指技术层面，而真正掌握权力制定政策决策的则是政治主体。也就是说，从政治和行政二分的视角来看，政府成为重要而且唯一的行政载体，主要任务是执行政治决策。通过政府执行政策和命令，以实现政治对各阶层的社会利益进行调节的目的。政府在具体执行和落实政策时，充分利用了管理主义技术对社会进行了具体细节的管理。因此，从公共领域与私人领域的角度来看，对于政府与社会而言是管理者和被管理者的二元角色。对于公共领域内部而言，政治和行政则扮演着决策者和执行者的角色认知。

第一节 治理体系中的政治与行政二分

一 政治中的管理诉求：行政的萌芽

中国古代有一种哲理：国家之权乃是"神器"，是个神圣的东西，非"凡夫俗子"所能用。可见在传统农业社会时期，社会认为权力是神圣的，所以普通民众没有资格拥有权力，只有血统高贵、占据统治地位的王室才有资格拥有权力。正是由于哲学家们对这种掌权主体的合法性给予了充分论证，并且这种观念在民间得以大力推广并得到民众的认同，使得致力于平等人权诉求的资本主义革命不可能发生在我国。所以，在我国漫长的农业社会时期，只存在着"溥天之下，莫非王土；率土之滨，莫非王臣"的王权一统天下的局面，即使王朝更迭也未改变皇权统治的基本格局，只是更改了具体的皇室家族而已。因此，我国不可能出现权力归属主体之争的政治性问题，也就更谈不上政治与行政二分的问题。从这个意义上而言，只有西方的资本主义的社会才可能产生政治与行政二分的现象。

"国家"概念出现在现代化的话语体系之中，首次使用此词的是古希腊学者，他们把城邦内的共同体生活形式称作国家，国家的第一个概念就是指城邦中共同参与政治生活的场域。由此可见，国家的概念是经过历史的沉淀，才具有了现代化的概念。直到黑格尔对国家展开论证，国家才抛弃了感性的存在，演变为理性的概念。国家代表着政治问题，也就是权力归属主体的问题。西方从中世纪开始就对这个问题开始争论，主要体现在教会的神权和国家的俗权之争方面。因为，中世纪的教会拥有单独收税的权力，所以，中世纪王室的俗权是附属在教会神权的羽翼之下。即使可能会有俗权和神权勾结的状况，那也仅是王室企图分享教会的一部分权力而已。随着工业化、城市化进程开启，城市化造成了市民社会的出现，市民社会与神权国家形成了二元对立的关系。

在西方，因城市的发展和基督教的兴起，氏族团体已经逐渐瓦解。因为，新兴的市民为了实现利益最大化，就必须先实现身份的平等才能搭建市场经济的公平竞争平台。但是在教会以及掌权阶级的特权统治下，无法想象人人平等的理念。教会与国家发现彼此之间存在尖锐的利益冲突，这种利益冲突的根源就是对权力主体的争夺。为此，整个中世纪陷入西方历史中最黑暗的时期，为了争夺权力，教会与国家的和平关系表象被彻底打破，双方之间进行了一次次的激烈斗争和较量。教权与俗权的平衡互制关系完全被打破，他们为了夺取社会的统治权而展开了旷日持久的战争。掌握俗权的王室再也不愿遵循教会的规定，西方历史上留下了多次宗教改革的印记。王室的统治者经历了浴血奋战后，终于获得了回报，就是教会权力被严重削减，教皇和教会表面上依然风光旖旎，但是实质上的社会统治权却悄然发生了转变。法国思想家布丹对"主权在国家"进行了系统的理论证明，他认为不反抗学说是主权的逻辑上必然的内涵，而且进而认为绝对主权概念是国家概念的逻辑上必然的内涵。至此，神权国家转变为绝对国家，无论神权还是俗权都属于国家主权的范围，而所谓的国家主权就是君权。当路易十四宣称"朕即国家"时，权力的掌握主体由教会转变为独裁者的国家君主。

随着启蒙运动和工业革命的兴起，权力归属问题再起风波，体现在现实就是绝对国家向现代国家的转型。新生资产阶级通过"议会军"的胜利掌握了政权，在资产阶级掌握政权以后，就呈现出资产阶级的本性，即权力就是为了实现个人利益最大化的工具，他们需要创建一个和平的社会环境以发展市场经济。这时，教会与国家权力之争的问题已经彻底解决，下一步需要关注的就是同属世俗因素的"议会"和"贵族"的权力之争。启蒙思想家们纷纷提出了自己的构思，洛克提出了分权思想，孟德斯鸠创建了经典的"三权分立"学说。最终由美国建立的宪政国家将理论付诸实践，由于民主理念的大行其道，具有抽象意蕴的人权概念变得广为人知。可以说，天赋人权的思想为民主提供了证明的本体，同时，也只有在宪政国家中，人权的概念才被认可。也就是说，至此为止，现代国家的轮廓基本勾画成形，权力在民的思想解决了权力归属问题。

这是一个政治学的历史演进逻辑，16世纪早期，布丹开始关注国家的问题，由于权力实质认识的混沌，权力归属问题的不清晰，马基雅维利开始关注君主掌握权力。谁来开展社会治理，谁来拥有权力，权力的归属问题成为启蒙时期的主要探讨问题。晚近时期出现了主权的概念，人民主权的确定基本解决了权力归属主体的问题。可见，中世纪以前没有国家范式下的公共生活发生，如我国对国家的概念定义为"天下"，说明人们脑海中尚未有国土范围的概念，至于对国家主权的认识就更无从谈起了。在近代工业化过程中才出现了国家的概念，19世纪40年代出现了国家的含义。

主权在民的合法性得到了承认和认可，随后人们便要寻找保障人民主权理念得以实践的可操作性方案，这时，密尔的《代议制政府》提出了解决方案。密尔论述了"代议制政府"的必然性。他认为，在专制之下，民众对自己的命运没有任何发言权。统治阶级为他们的利益做出了安排，普通民众无法运用自己的意志来决定自己利益的追求。密尔做出了选举代表的设计，具体规划了代表选举的标准，即代表的性质就是代表民众的利益。通过代议制将人民主权转化成可以行使的实践方案，民主解决了权力是人民的理论如何在现实中发挥作用的问题。密尔的代议制围绕布丹和马基雅维利的问题做出了更深入的探讨，可以说，到密尔的代议制为止，理论上已经彻底解决了权力归属问题，政治的主要问题转变为通过何种制度设计来应用权力。

根据鲍曼的考察，18世纪革命者在革命的过程中首次引入了政治学这个概念，可见，政治这个词汇并不是学者和思想家首次提出，是革命者把政治作为标签来标示革命。19世纪中期，政治概念得到理论家的接受，这个过程之后，政治在某种意义上包含了另一重内涵，资产阶级革命完成了，学者考虑的是资产阶级应该做一些社会治理的工作，政治需要重新确立社会运作的秩序。至此，政府概念被赋予了管理的内涵，管理在政治母体里起初就是以一个细胞的状态存在。但是正是由于这个细胞的出现，促使政治学开始转向新的主题。管理的意思是如何行使权力，政治关注的是谁掌握权力的问题，掌权者和如何行使权力问题实质上并不一样。掌权的主题转移到行使权力这个问题，学者们围绕这个新的主题开始了研究、探讨。两个主题是相互关联但又有所不同，在这种背景下，威尔逊提出建立一个价值中立、科学的行政管理部门去行使权力，行使权力尽可能不受政治的干扰。这就是行政权最终转化为现实的方案，行政部门掌握并最终行使行政权力。

政治母体里包含了管理内涵的细胞，管理的细胞发育成熟后，政治容纳不了它，管理脱离了政治母体分娩而出，管理的主题被行政学的出现凸显了出来。其实从近代政治发展的角度而言，在俞可平翻译的社会治理的含义里，治理概念本身就蕴含了政治和管理的双重内涵，也就是说，在引入政治这个词时就包含了管理的内涵。随着政治里管理的成分越来越多，学者们便创立了包含管理内涵的行政学。从公共行政的概念出现开始，从某种意义上说，人类进入一个管理的时代。人类社会在很早就包含着管理的内容，但是管理并不是以前社会的基本特征，直到20世纪，才进入一个管理的时代。至此，行政管理概念出现，它排除了政治的内容。总之，正是因为政治本身就包含了管理的内涵，才让人们从中发现了管理的主题，在政府的运行中把管理的主题凸显了出来。政治与行政的分离其实是"议"与"行"的分离，在"行"之中，方式方法的有效性则被突出到了非常重要的地位，尽管"行"也有目标以及为什么而"行"的问题。尤其是市场经济的发展，向政府管理呈现了大量技术性的难题。如果说政治与行政之间存在着不同的话，那就是在行政从政治中独立出来并作为一个相对独立的领域而得到研究后，走上了服务于可操作性的技术建构。[1]

总而言之，为了适应资本主义市场经济的发展，掌握社会治理权力的主体终于落到了人民手里。权力归属问题解决后，政治学的学者们还在研究社会治理的工作，但是随着社会的情况越来越复杂，政治中的管理问题日益显著，行政已经逐渐脱离政治的主要议题范畴。政治学演化的逻辑，决定了如何行使权力的主题代替了谁来掌握权力的主题，第一个主题转化为民主制度和法治，第二个主题牵涉到技术性因素，这些超出了政治学研究范围，政治学无法解决这些问题，需要一门新的学科出现来解决这些问题，这就是行政学的出现。无论是理论演变史还是实践中的现实需要，以威尔逊的政治与行政二分为标志，行政学开始脱离政治学的母体，自成一门学科出现。

二 主题的嬗变：政治中分化出行政

在公共领域的范围内，从权力的视角来考察行政概念的出现，可以从国家的生成来考察行政的出现，即由于执行权力与决策权力的分化，行政从政治母体中孕育而生。而从概念史的角度，行政的概念也是源远流长，无论是汉语的"行政"、英语的"execution"或"administration"，都有着一定的历史内涵。行政的名称从未改变，但是却随着历史背景的不同而赋予了行政不同时期的内涵。在专业化的工业社会背景之下，效率、价值中立和组织行为成为组成行政管理画面的主要色调。这三个要素也成为历史上有关行政学的学术运动的基调，行政的主要目标也变成要提高管理效率。

18世纪后期，启蒙思想家提出了社会契约论，其目的就是把权力和权力意志分开，以发展出一条社会再造的方案。卢梭是社会契约学说的集大成者，卢梭认为，契约一旦订立，就意味着每个人把自己的全部权利都转让给由人民结合成的集体，因此个人服从集体的"公意"，也就是服从自己。人民则是这个政治共同体的主权者，卢梭声称，一个完美的社会是为人民的"公共意志"（公意）所控制的，或

---

[1] 张康之：《公共行政的行动主义》，江苏人民出版社2014年版，第3页。

者说，人民拥有权力意志，拥有权力的主体是人民。随后，他建议由公民团体组成的代议机构作为立法者，通过讨论来产生公共意志，政府则拥有执法权以实现权力意志。所谓的契约则是指，每个公民出让一部分主权，通过契约的形式组成了政府的公共权力。政府就是一个介于主权体和国民之间的中介者，在公意的指示下实施法律。政府是主权者的执行人，而非主权者本身。政府中的执政者只是受委托来行使行政权力；他们是主权者的官吏，他们的职能不是契约的结果，而是以主权者的名义行使被托付的权力。他们从主权者那里接受命令，并将命令转达给国民。主权者可以根据自己的意愿来限制或改变或收回行政权。

  到威尔逊所处的时代，随着经济和社会的快速发展，社会公共事务日益增多，政府的职能不断扩大，而且更加复杂、更加困难。威尔逊对此描述到，今日的政府职责变得越来越复杂，政府为了应付增多的职责，政府人员的数量也逐渐增加。由此可见，当初政治与行政二分的背景就是源于政府的职能复杂化，政治已经不能胜任管理的技术需要。古德诺则对政治与行政的关系进行了深入的探讨，他认为，两者之间更多的应该是一种协调关系。政府的职责由执行政治决定，在实际的执行过程中有时又会担负起表达国家意志的责任，可能这种表达仅仅体现在具体行政活动的细节之中，不过也仍然表现出政治的功用。从这个层面上而言，政府的定位是执行角色，可由于现实所需政府其实也具备了大量的制定法制、规章的权力。国家及立法部门，作为表达政治意志的主要机构，名义上只是负责表达国家意志，但是实际操作中它们有时也会执行政策、法规。在这里可以看到，如果说威尔逊是对政治与行政二分做了框架性界定的初步工作的话，那么古德诺已经把行政工作如何具体表达国家意志进行了细化的考量，也就是开始思考政治与行政二分具体化的实践路径。

  由此可见，政治与行政的分化是源于西方特定的历史背景而提出的，准确地说，是为了规范权力的运作而提出的解决方案。由于代表国家意志的政治已经掌握权力，如果再赋予其执行权力，势必会导致"绝对的权力导致绝对的腐败"。因此，行政作为单纯拥有执行权力的角色而出现。从历史演化进程来看，以权力作为分析问题的主线，我们可以看到这样一条政治与行政二分的线索。威尔逊提出政治与行政二分是为了解决党争过程中行政权力被滥用的问题,由于执政党的频繁更换从而导致社会的政策也随之变动,民众的生活会因此而变得动荡,社会因为党争而陷入不稳定的状态,所为,威尔逊提出了政治与行政由两支不同的队伍组成的思想。而"彭德尔顿法案"则是在解决"党争"问题方面做出了实践安排,威尔逊进一步对实践加以提炼,从而使其上升为理论。正因如此,威尔逊被冠以行政学开创者的荣誉,但是,威尔逊只是做了公共领域内部划分工作的开端,具体如何协调政治与行政的关系,则由古德诺进行详细的探讨。古德诺在威尔逊简单原理基础上做出进一步阐释,从而使政治与行政二分这一公共行政的理论前期得以确立起来。但是,行政在现实的治理过程中成为切实发挥作用的治理力量,则是源于马克斯·韦伯的官僚制组织理论对行政的实体性支持。

至此,学者们转移了对权力归属问题的关注视线,开始以如何行使权力的行政问题作为讨论的主题。20世纪初的政治与行政二分,把权力与权力意志分开诉诸文官制度的设立,执行权力由行政官员掌握,政治部门控制权力意志,但是由于工具理性、科学理性的限制,决定了权力与意志的分离走向了形式化,权力意志以另一种形式复活了。行政和政治的关系发生了变化,行政权膨胀导致行政权性质发生变化,政治决策只确定社会治理的原则性大方向,行政执行不能简单依据原则性的内容逐一执行,政府需要制定执行的具体环节。现实中出现了瓦尔多所言的行政国家的兴起,其实出现这种现象的原因归根结底还是行政与政治的关系,行政经历了由开始脱离政治,又回过头来向政治"求亲"的历程。

学者们从理论上试图解决这个问题,70年代开始的新公共行政运动就是对罗斯福新政之后的行政进行全面的反思,企图重新解决政治与行政关系的问题。新公共行政运动提出建立起高级文官制度,通过一个法案确定高级文官的地位,增强任命官员数量和民选官员数量,从量上来解决问题。可见,新公共行政运动提出的一系列具体的对策,都是对政治和行政的关系的重新厘定。在厘定新的关系中,忽视了政府如何面对社会的问题,在思想倾向上,新公共行政运动强调政治的方面，在公平与效率关系上较多强调公平的方面。从本质上而言，新公共行政运动企图解决让行政能够充分体现政治意志的问题，回到现实，就是为了解决回应性问题。面对复杂的社会情境，行政人员是被动的执行者，他们所履行的是政策对他的要求和规定，这样，行政人员在社会治理中就不可能承担起应有的日常的责任。对于整个社会治理体系而言，这种情况被称为回应性不足。政府明显回应性不足，那么新公共行政运动并没有提出完整的解决回应性的方案，只是提出一些措施，增加行政的政治控制，对二分原则提出质疑。二分意味着政治对行政的弱化，所谓在政府中增加民选官员和任命官员的数量，就是为了实现政治对行政的控制。

在福克斯和米勒的《后现代公共行政》一书中，描述了民主模式的反馈循环程序，而民选官员则是民主循环中上行的圈，选民选出代表，就是所谓的民选官员，从属于表达政治意见的上行的循环圈，政府则是从属于执行范畴的民主循环中的下行的圈。可是循环民主的系统本身就存在问题，福克斯和米勒说："程序民主理论——它开始于个人倾向，然后集中于大众意愿，由立法机构编纂成法典，再由各级官僚机构来实施，最后由专门的选民进行评估——缺少可信性。"[①]这个循环系统里本身每个环节就存在实施的困难，如政府执行者是否能够代表民众主权，行使行政权力，依靠制度约束政府行政人员行为，能否完全规范其行政行为取向。也就是说，循环民主模式本身架构就存在问题，那么仅仅依靠增加民选官员的数量，是不可能解决回应性问题的。

进一步而言，行政是"价值中立"的，政府没有政治意识，对于西方特定的政治背景而言，就是行政不参与任何党派之争，只考虑行政管理的科学和技术。增加政府中政治性官员的数量，目的是政府正确地履行政治意识。但是政府一旦有了政治意识就要考虑社会的实际要求，就要从政治的角度来看社会治理问题，而不再是单纯地根据政策决定行动，因为"照章办事"本身就是没有政治意识的表现。当政

[①] [美]查尔斯·J. 福克斯、休·T. 米勒：《后现代公共行政话语指向》，楚艳红等译，中国人民大学出版社2002年版，第4页。

府依据利益群体的协调等社会实际状况来解决问题，而不是单纯地按照政策执行，那么就已经违背了政府存在的价值，因为行政本身就不需要带有价值判断的政治因素参与其中。但是在新公共行政的思路里，在政府里增加的民选官员，就会反映选民的要求，就会解决社会的问题。现实中这个思路仅仅是一个臆想，是一个主观判断。因为，民选官员与技术官僚在共事过程中会相互影响，在体制不变的情况下，这些政治家到政府做官，是否会被同化，新公共行政运动没有考虑到。

况且，在西方，政治任命的官员实际是起到联络员的作用。在官僚体制中，政治性的民选官员是难以掌握行政具体运行中隐藏的秘密的，自然也就不可能保证行政能够完全表达政治意志。因此，新公共行政的解决方案是不可行的，仅仅增加政治官员的数量，并不能解决回应性不足的问题。但是，新公共行政主张的公众参与是具有积极性意义的，近代参与形式是政治参与，政治是民主的，而行政是集权的。这种架构与我国相反。在美国，由于其两党制的政治背景，所有的政治问题都是可以讨论的，但是民众是没有权力对行政问题发表言论的。因为，行政是技术官僚由模型和理论数据作支持，民众不具备这种技术能力。新公共行政运动开始关注民主行政的理论，行政方面的公众参与，实际上模糊了政治和行政的界限。因此，新公共行政的主要贡献就是提出了民众对行政参与的理念。但是，由于新公共行政在体制上并没有改变政府作为执行者的角色，所以新公共行政提出了政治与行政二分存在问题，但是没有解决问题。无法获得综合性的社会治理效应，作为一种理论形态是很有价值的，但在现实中尚显不足，因此新公共行政被新公共管理运动所取代。

20世纪80年代新公共行政走向了沉寂，新公共管理运动的时代开始兴起，同样是为了解决政府回应性低的问题，但是提出的路径是不同于新公共行政的。新公共管理运动无非也是在权力如何行使的问题上展开讨论，新公共管理运动利用了哲学的现象学方法论，即胡塞尔的现象学明确提出搁置形而上学问题，对某个社会现象进行研究先不去界定有没有意义，意义问题先被悬置起来。政治和行政的关系是一条主线，而新公共管理运动则先把政治这个问题悬置起来，把行政学问题中形而上学的有关价值的问题悬置起来，现实地对公共部门进行再造。也就是纯粹的经验性改造，具体方式为，引进企业家精神，赋予部门原动力。英国的学者胡德命名新公共管理，方案包括三个方面：一是政府中引进企业家精神。二是公共服务项目外包，在我国被称为政府购买活动。政府借鉴民营化企业的管理方式设立行政人员管理制度，政府的作用是掌舵而不是划桨。三是政府中引进竞争机制，顾客"用脚投票"决定政府部门的存在价值。在90年代，新公共管理运动中又成长起一种新的方法，就是绩效管理。新公共管理的这三项策略包括的共同的主题，就是为了增强政府回应性，试图将企业家精神中的灵活反应特质赋予政府行政人员，要求政府随时根据社会的要求来开展行政管理活动，决定如何开展社会治理。引入企业家精神的真实意义，就是为了使得政府能够对社会感知敏感，能够灵活地提供公共服务。公民"用脚投票"的含义在于只有公众才清楚政府具体部门存在的重要性，由公众的投票决定政府部门的存在与否；由量化绩效考核决定行政人员的政绩效果。

到90年代中期，新公共管理运动受到了尖锐的批判，一种是新公共行政运动再度兴起对其发起的挑战，另一种是后现代主义对行政的重新解读。新公共服务开启的是新的一波公众参与运动，公众参与必然削弱了技术的专业性和科学性，公众毕竟没有专业知识，新公共行政运动失去了解决问题的方向，其要解决的政府回应性问题被抛弃。在既有的体制下，公众参与是可操作的，所以公众参与的解决路径并不是积极的，意味着在西方国家，有关政府的行政改革在寻找出路方面已经陷入困境。正是在这种情况下，我们构想了一种新型的政府，即服务型政府。它根源于近代以来行政演进的过程。根据行政发展的逻辑，在对问题认识清楚的基础上，提出了服务型政府，这个概念是基于这个深厚的学术认知而提出的。

三 行政的基本构成要素

从上述论述来看，自19世纪末以来，学术界出现了围绕权力如何行使这样一个中心议题展开了理论探讨，其实也就是行政学的发源和兴起的过程。在理论上对行政权力的具体行使方式进行了一系列设计的基础之上,现实的行政体系从制度、体制、方式、方法、技术和人员的层面开始构建。迪莫克从行政过程的角度对行政体系做过总括性论述,政府行使行政权力的过程是为了满足政治的需求,而这个行政过程的具体体现方式就是,通过执行的方式采用具体手段以实现国家的政治诉求。迪莫克将行政过程分解成三个方面:一是确定政治层面上的目标,以为其执行提供合法性支持,计划行政方案,确立具体政策中政治与压力集团的所处位置。二是准备具体的行政执行的用具,一般包括行政人员、组织、财政等方面。三是行政过程的核心阶段,即行政人员以何种方式行使行政权力。也就是具体到行政人员处理公务的方式、方法。如以何种形式组织行政人员,如何保证政策实施中行政人员的权责分配,监督行政权力的实施,如何公平体现行政人员的奖罚分明,行政人员具体的人力体制怎样完善。也就是说,从行政过程的视角来看,政治已经确定了行政的价值选择,那么行政体系构建目的就是保障如何将政治确定的理念付诸实践,更深入一层而言,就是如何构建一个组织专门履行政治的任务,这个组织目前的载体为政府,政府内部应当确立什么样的制度体系,以促使政府里的"人"能按照既定政策执行任务。这里就涉及了两个问题,一是组织形式的构建,二是政府中"人"的行为规范化。

第一个问题是政府组织构建所需要解决的关键问题,就是防止行政权力的公权私用,也就是说,权力不能由行政人员意志所统领,权力意志只能以职责的方式体现出其公共性的本质。20世纪50年代组织理论兴起以后,把马克斯·韦伯的官僚制理论归属于组织理论的内容,但是,官僚制理论比组织理论的外延还要宽一些。政府在价值中立原则确立以后,马克斯·韦伯提供了解决组织问题的方案。马克斯·韦伯设计了非人格化的官僚制组织形式。马克斯·韦伯认为,"在诸如官僚制的国家里有其理性的法律,那种地方法官或多或少是一台法律条文的自动机器,人们从上面投入文件加上费用和手续费,让它从下面输出判决与多少能站住脚的理由"[1]。特权滥用源于受基

---

[1] [德]马克斯·韦伯:《经济与社会》(下卷),林荣远译,商务印书馆1997年版,第739页。

督教影响的现代政治传统,人性恶设定了权力的恶,所以权力要被制约和控制,权力和人的理性对立起来。正因如此,权力往往和权谋、暴力联系在一起,没有这些就无法使权力得到稳固。政治的权力规范,行使权力成为行政,因此,马克斯·韦伯在"价值中立"原则上,设定规则以规范权力,就是为了脱离人性以求权力的正常行使,或者说,行政的执行身份,本身就不需要具有自我的价值观念,只需要根据规则、政策办事即可。因此,权力和法律成为行政性规范和制度的基本框架。

可见,马克斯·韦伯的官僚制组织理论对政府的结构、权力运行机制、行政人员之间的关系如何构建做出了详细规划。马克斯·韦伯认为,纯粹官僚型的行政组织与一元化的官僚制由纯技术的观点来看,可能获得最高的效率。而政府存在的价值也正是为了追求效率,所以,就这点而言,官僚制组织形式的设计理念和政府目标是一致的。总而言之,在资本主义的羽翼下,市场经济的发展迫切需要稳定的、严格的、密集的、可计算的行政系统。反之,资本主义也为官僚化的组织形式提供了理性的经济基础,并使后者发展成理性的形式。特别是从财政的观点而言,资本主义提供了必要的金钱资源。

第二个问题是建立统一的行政人员行为规范模式,心理学的行为研究介入其中,最终催生了行为主义的运动。当今的规范理论可以追溯到19世纪新康德主义和实证主义的思想,他们严格划分事实与应当、事实与规范、规范与价值等概念。在学术研究中,并不能把泰勒的科学管理理论归类为行为主义,但是,泰勒的理论关注的实质还是行为的问题。如标准化、经济刺激等科学管理理论的内容,这些方式都是围绕着人的行为展开的。这种以外在制度来规范人的行为的方式,被行政人员行为管理方案充分借鉴。行政行为的规范模式围绕着行政管理主体及其管理工作开始建构,其主要内容就是组织、人事、财政等,它们既是公共行政实践的基本要素,也是公共行政学科的主要研究对象。三权分立提出以权力制约权力的方式,监督行政人员的权力使用,这种方式是对行政人员治理体系进行结构性分化的思路体现。但是,现实证明,由于权力掌控者之间的相互勾结,使得权力无法监督权力。随着这种行为规范方式的流产,通过岗位、职位责任制约权力的方案被提出。这种方案实施的基础建立在政治与行政二分的背景之下，这种分化从本质上不同于三权分立，属于功能性分离。政治与行政的二分使得行政权具备了一定程度的独立性，马克斯·韦伯在设计其官僚制理论时，也充分注意到了行政权的独立性，并且受到行为主义的影响。便发展出采用外在标准化制度规范行政行为的方式，即发展出了用岗位、职位责任制约权力的路径。

我们看到，在20世纪的官僚制理论出现时，从组织的视角提出了责任制约权力的思想，这种理论迅速转化为制度安排，也就是组织职位、岗位设置的可操作方式。职位、岗位被赋予了权力，与权力相对应的就是责任的设置，权责一致出现，不允许存在没有责任的权力，有责无权的状态也不容出现，权力和责任对等，实现了责任对权力的制约。在权责的思维路径中，由于从微观入手，理论付诸实践，发展成了"问责制"。但是，在职位、岗位确定的职责内容以外，行政人员的行为标准则再没有模式化的参照物。行政人员在职责规范以外的行为受其意志所左右，古典哲学中称这个意志是自由意志，中国政府则用"各自为政"描述这种现象。也就是在所谓的自由裁量权范畴内，行政人员以实践理性作为其具体行为的指南针。实践理性又称为个体理性，意指服从个体的自由意志。这种理性从某种程度上而言，从属于功利主义哲学，即利益追求成为一切行为的动机。功利主义的源头就是现代社会的"自我"概念，通俗而言，自我利益的理性追逐是行为的合法性动机，人与人之间的关系建构在一种相互利用的手段与工具的基础之上。

实践理性被行政人员带入了公共领域，就表现为所谓的伦理道德被行政人员的具体实践行政行为所抛弃，政治不再属于道德的范畴，而是通过规则制度来实现政治。在个体实践中，自我是一切的创意享有者，所有规范维护的都是这种自主性的自由，而不是伦理性的公共空间。实践政治反对在政治本身外添加普遍主义的基础，实践政治是在具体的情境中的判断与行动，而不是用外在的标准衡量行动的价值。在现实中，这种行政体系的理论构建模式纷纷被各国政府采纳并付诸实践。在英国，通过内阁对议会负责的形式实现了政治与行政二分的实践。美国人虽然没有对权力分离的思想进行过论证，但是却毫无保留地接受了这种理念，并将之完全付诸实践。宪法严明规定了行政人员的独立执行地位，在野党是无法对行政实施控制的。美国的两大党也认同并遵循这种政治与行政二分的方式，政党的任务就是表达国家意志，选举过程中有着浓烈的政治意味。即使政党与行政人员存在工作关系，那也仅限于协调的层面而非控制。

至此为止，行政学作为一门学科，基本构成的方面都拥有了。如果从理论的层面加以概括，行政学包含一个共同的东西：行政组织要造就的是一个科学的分工协作体系，它以价值中立为前提，从属于形式合理性，利用科学管理理论最大激发出效率。在科层制行政体系的建构逻辑中，为了降低各种各样的压力，科层组织就采用典型的方式将组织抽象为一套技术机器，包含相当标准化的装置，并服从上面的命令。在西方，无论何种形式的政治体制都深入贯穿了政治与行政二分的理念，在公共领域对政治和行政进行了划分。由此可见，具有集权特征的政府及其行政，恰恰是自由主义思想和民主制度发展的逻辑结果，是自由主义的思想逻辑引导着政治发展走向了建立以集权形式出现的行政体系。

第二节 决策者与执行者的分离

一 政治与行政：决策和执行的角色

上述分析了政治与行政二分形成的理论渊源，随着行政学科的形成和发展，在工业社会，政治和行政成为公共生活领域的主要角色。从此，在公共生活领域里，政治负责表达国家意志，所以，政治形成了决策者的角色。行政负责将政治的决策具体执行，所以承担起执行者的角色。可以说，政治与行政二分塑造了决策者和执行者，在工业社会的治理模式中，执行者角色由政府来具体承担。从政治的视角考察政府，对政府的衡量标准就是能否遵循国家意志、有效率地执行政治所制定的政策。由于工业社会的大背景是在和平的条件下谋求发展的，因此，一般而言，国家政治的普遍性诉求就是保障社会秩序，为经济发展创造良好而稳定的社会环境。这种政治意志转变为政府的具体执行落实，就是政府实现社会有效管理的过程，从这个意义上而言，工业社会的执行者角色是由管理型政府扮演的。

随着民主观念的深入人心，掌握权力主体的问题已经明晰化，人民是主权者已经无可争论，那么如何行使权力的问题日益凸显。出现行政学科的背景就是如何行使权力，从早期权力形成的历史来看，早期需要解决的是由谁掌握权力，三权分立对权力进行了分类，让权力从混沌一片变得清晰。权力有立法权、司法权和行政权，每种权力如何运行成为不同的学科加以探讨的问题，分化成不同的学科。从逻辑上而言，当如何行使权力的问题提出后，对行政权的认识就更加具体，具体到执行，行政权实际上被看作一种执行权。古德诺的政治与行政更多使用的是决策和执行的概念，行政权等于执行权，这是理论上的逻辑。执行不考虑决策的问题，立法部门负责制定政策，行政部门负责无条件执行已经制定的政策。当时，行政面临的最大问题就是党派之争，议会的特点就是"议"字，立法的特点就是商议、争论，各方利益诉求经过表达，各方利益的特殊部分被删掉，找到一个利益共同点。根据理论假设，现实应用呈现出这样一幅景象，在政策具体制定过程中，各个党派的利益诉求都要得到充分的表达，立案一再修改就是为了消除特殊利益而获得共同的利益，决策部分包含了公共利益。古德诺认为，为了让行政的执行完全遵循政治意愿，政党则需要对行政人员有适当控制。但是，行政人员的行政专业性和效率又不能被政治所影响，所以政治对行政的控制有范围要求。由此可见，古德诺已经清楚地认识到，问题的关键是要找出政治对行政这种必不可少的控制的恰当限度，以真正地实现政治和行政的协调。

有关政治与行政的关系，威尔逊曾做过这样的相关论述，行政与政治本质有异。二者的目标、所属层次、需解决的问题都截然不同，尽管行政与政治关系密切，政治目的的实现必须借助于行政的支持，但是，关系亲密并不代表行政与政治可以混为一谈。从分析层次上而言，政治从属于宏观而重大的国家事务层次，行政则归为社会政策具体执行和落实的微观层次。因此，政治的主体是政治家，政治家的工作主旨在于把握国家的普遍而重要的利益，行政主体则是技术性的专家。总之，虽然政治家制定完善的政策需要行政人员提供相关技术和信息支撑，但是，行政与政治的性质却是完全迥异的。行政与政治又是相互支撑的关系,具体的行政工作并不仅仅局限于单纯的技术之流,并且从理论上来讲,行政管理的理论与政治学的知识也有很多相通之处,甚至可以说,两个学科的很多理论都是一脉相承的。从学科出现时间来说,2200年前政治就是作为一门学科出现的,而行政则是近来才出现的概念,一般以威尔逊的论文《行政学之研究》作为行政学兴起的标志,该论文发表于1890年,那么行政学出现的时间也不过百年,因此,行政是从政治中孕育而生的。

厘清议与行具体的关系形成了不同的学科,简单而言,议就是决策,行就是执行。无论从理论设定,还是现实实践,从近代意义上谈,政治与行政二分,就是决策者和执行者的分离。从决定论和认识论的线性模型看决策者和执行者的建构,决策过程是先对社会状况的认识做一个理论假设,这是一个可以排除特殊或个别情况的对普遍性场景界定的过程,进而在对这个场景进行认识的基础之上,预测社会可能出现的问题,根据预测结果提前做出几个解决问题的备选方案,依照功利主义的利益最大化原则,或者说最大幸福原理为标准,选出最终决策方案。执行过程则让行政人员无论遇到何种情况,都只需根据具体情况针对问题在既定的决策方案内比照进行选择再照章执行便可,行政人员不能偏离这种普遍性的社会标准,如果控制社会思路出现问题,便又有矫正方案备选。但是,总体而言,就是不可偏离普遍性的标准路径。这是控制思维中的执行者形成逻辑思路,这种执行思维建立在场景可做假设的基础之上,场景假设可以根据排除思路,对理想状态的设定就是排除认为非关键性的因素,在工业社会的低度复杂性和低度不确定性背景下及技术日新月异的支持下,政府对社会场景的假设是可以实现的。

在政治与行政二分理论的支持下,从20世纪开始,许多单独属于行政的部门便被建构了起来。政府则共同具备了政治与行政的双重性质,政府即属于国家的一个部分,政府又要听从于立法部门。但是,由于三权分立的划分形式不可能再去解释政府的性质,特别是随着沃尔多所说的行政国家(the administrative state)的出现,立法部分已经丧失了掌控政府的力量。可政府毕竟是为了执行行政活动的目的而设置的,所以,虽然实践中立法部门已经不具备实际的控制政府的能力，但是，理论上立法部门在对作为政治部门的政府进行控制的时候，实际上也就影响着行政。在这里，我们可以看到政治与行政的纠缠关系，虽然理论上已经对政治与行政的二分做了明确界定。从三权分立的角度而言，政治从属于决策地位；行政是从属于执行地位的，或者说，两者就是公共生活领域分工的两个面向，但是它们之间却存在着千丝万缕的关系。为此，20世纪70年代的"新公共行政运动"的出现就是重新梳理政治与行政的关系。

新公共行政学的主要内容就是赋予行政以价值的内涵，新公共行政学认为，新的行政学较之传统行政的区别不在于前者拥有了比后者更完善的价值观，而是新行政学的行政人员除了关注专业、技能之外，也可开始注意价值观对行政事务的影响。由此，行政的概念首次被赋予独立的价值内涵。但是，由于新公共行政学的论证不够完善，又缺乏实践的可操作性，因为，价值作为主观因素是很难作为标准来衡量政府的工作成效的，因此，新公共行政运动犹如昙花一现，很快便消失了。随后的新公共管理运动则充分借鉴了企业管理的模型来解决政府的回应性不足问题，然而，由于政府与企业存在本质上的差别，所以新公共管理运动也即将衰落。

虽然，两次运动的结果均以失败而告终，但是也形成了行政学的基本特征，那就是效率的追求是行政学的最重要目标。道森和达吉做出了总括："传统行政学的研究者们认为，公共领域不应该吸收管理学内容，但是，管理作为一门提高效率的专门技术，已经开始充分影响行政学的建构成为不可忽视的现实。"从20世纪90年代后期开始，行政学的一些概念已经呈现出管理的意蕴。追求效率的目的势必会借助先进的管理理念才能实现，政府承担的只是如何按照政治意图完成任务的执行者角色。至此，在政治与行政二分的理念下，公共领域里形成了决策者和执行者的两种角色。在西方的话语语境中决策和执行的角色由不同部门扮演，如美国的政党分肥制，政治体制中总统先组阁，纳入自己信任的人，上一届政府的人员不可再用。一个新的总统自己重新组阁，这个政党就会把党的利益放在国家利益之上，这样一来，实际上是按照政治思维来运作。在我国，无论决策还是执行的前提都是要接受党的领导。

从理论上说，这种决策者和执行者角色的分离是合理的，但是当理论运用到实践中，则又呈现出另一种景象。首先，由于政党的政治主张、利益诉求不同决定了政党会把自己所代表的利益群体暗中替代国家利益。这样一来，政策执行就会变味。其次，行政权是日常处理社会问题的权力，行政人员直接接触面就是私人部门，私人领域是一个特殊利益相互竞争的领域，为了在竞争中获取优势，不仅需要占据把握人力资源、财力资源，还需要占据把握权力资源，从而导致"权力寻租"的问题出现。我们看到，立法部门制定的政策对某个竞争主体不利，政府可以通过延缓执行等拖延方式拒不执行，有利于政府利益的政策则可以立马执行，对于政府而言这样做是具有合法性的，立法部门对此种行为却无法规范。

二 管理型政府的执行角色

福柯从考古学的视角出发，认为劳动、语言、生命生成的是一幅科学的图景，在人类学角度上而言，有着自然生命和社会生命的原子化个人，考虑的是个人利益。由于个人利益是相互冲突的，学者开始考虑个人利益能否普遍化，如果把利益加以抽象，就可以看到权力，权力不冲突就可以普世化。天赋人权、自由平等思想的提出，正是为了解决权力普世化的问题，每个人都应该拥有基本权力。在启蒙思想家的认识里，个人是个抽象化的概念，只有还原为个人才有权力，一切权力属于原子化的个人，集体是没有权力的。虽然，人人都享有平等的社会治理主权。但是，第一，主权本身就是抽象的概念，无法具体体现和行使。第二，主权在民和执行主权则是从属于两个层次的问题。主权在民同代议制民主的形式，表达了民主的意见。民主的意见转化成可以实施的社会管理政策，但是，执行政策却由专业的技术官僚所执行。从这个理论逻辑上看，政府是为了执行民主表决的意见而产生的。但是，在实践执行时，政府却必须拥有比社会更高的管理权，才能保证民众听从政府的制度安排。

政府的概念是与国家的起源紧密联系在一起的，政府的存在是以国家的诞生为前提的。当前，虽然学术界对"国家的起源"尚存在争论，但是，一个基本的事实是现代意义上的民族国家起源于近代工业化的进程中，因而，政府也是一个现代意义上的概念。如果从现代政治学的角度对政府概念进行考察，可以对政府作出广义的和狭义的理解：广义的政府是指根据三权分立原则分设的立法、司法和行政机关的总称；狭义的政府是指管理国家具体事务的行政机关。[①] 本书从公共领域的视域对政府进行定位，即从政治与行政二分的视角，将政府定义为执行者的角色。

政府是存在于工业社会的概念，农业社会称之为衙门，衙门不同于现代政府，衙门的职能极其有限，尽管农业社会没有政府，为了行文的方便，也把衙门和朝廷称为政府，使用的是一个类比。如农业社会的治理体系称为统治型政府。由于农业社会还没有国家的概念，福柯认为，到清朝晚期，由于外强入侵我国才有了国家意识，此前人们拥有的是"天下"观念。天下是具有弹性的，国家寸土必争，每一寸领土都是神圣的。天下只要王朝稳定就可以了，对领土没有观念。从布丹开始对主权进行讨论，国家意识开始萌芽。从18世纪，国家主权、国家边界的概念才开始进入人们的认知范畴。在我国，20世纪民族解放运动以后，国家的神圣概念才得以普及，民族国家才兴起。可见，由于农业社会的政治与行政尚处于一种混沌的状态，所以农业社会的行政管理活动被称为统治行政，这种行政活动的本质是为了直接服务于阶级统治和统治利益的实现，属于统治阶级的行政。社会治理体系采用了统治者用权力进行管理的模式，所以，为了便于对社会治理类型的划分，称农业社会治理模式为统治型政府。

由此可见，政府是一个现代概念，18世纪初，创造了政府这个概念，从而引入我们的思考中来，引入学术讨论的话语体系。韦氏词典从词源学上考证政府概念的出现，government作为名词有7个意思。1. 管辖，统治。2. 政体；体制。3. 政府、政府机关，政权当局。4. （在英国等的议会制中）a. 内阁；b. 议会及其内阁。5. 支

[①] 郑家昊：《引导型政府职能模式的兴起》，中国社会科学出版社2013年版，第18页。

配，管理、控制，治理。6. 行政管理区域，行政区、省。7. 支配关系。① 鲍曼则认为今天的政府存在于我们生活中的方方面面，我们的任何行为和决策都需要和政府发生关联。可见，从严格的概念界定上而言，政府不仅仅是实体性存在。第一，政府以组织的形式作为实体性存在，或者是组织结构中的部门；第二，政府是由一系列的制度和规则构成的；第三，政府是由专门的职业化的人群构成的；第四，政府是由合理性的程序结构起来的一系列运行机制、绩效管理、薪酬、招聘、晋升等问题。政府有若干个层面的含义，但是政府在不同的层面使用概念是不同的。

管理行政则是建立在政治与行政分化的基础之上的，它的政治功能被隐含在对社会的管理活动之中，它在工具理性的原则下开展活动，实现了职业化和非人格化，所追求的是形式合理性，技术专家是行政活动的主体，通过科学化和技术化的改进去实现效率目标。至于行政的政治内容和伦理价值，都是在行政过程开始之前就已经确立了的，属于行政过程之外的东西，并不是行政活动所要关注的事情。为了让政府能够有效地履行它的执行任务，理论构建了行政人员的价值中立观念。这意味着行政人员在执行任务时，只需要对命令负责，至于当事人的利益之争等任何问题都可以不予考虑。为了论证价值中立的合法性，学者们赋予了行政公共性的性质。可见行政人员的价值中立是建立在公共性基础之上，但是在行政人员展开职业行动时，公共性在一切服从命令的观念面前只能是一块"遮羞布"。或者说，行政的公共性以形式上的程序来体现，公共性对实质的行政行动约束力极为有限。

工业的技术发展除了改造和认识了自然科学，还创设了一个法律占据统治地位的社会。只有具有法律典型特征的规定性规则体系，才能解决秩序与自由问题。法律最典型的特征就是非人格化，这种非人格化特征意指法律必须是一般性的、一致的、公开的，能够对所有人一视同仁地强制执行。这种具有普遍性意义的法制、规则被国家所制

---

① [美]斯图尔特·B. 弗莱克斯纳：《蓝登书屋韦氏英汉大学词典》，商务印书馆1998年版，第973页。

定，执行权则由政府履行。从理论上而言，政府执行权的最典型特征就应该是公共性。但是，现实中政府之所以具有私人团体的利益追求的特征，根本原因在于，政府作为组织是具有公共性的，而政府中的行政人员却具有"经济人"的特征。组织与个体是从属于两个不同层面的概念，如果混淆了这两个概念，就会得出政府也追求利益的误判。从社会需求的角度看政府产生的原理，政府的出现是为了解决市场失灵的问题。政府行为试图弥补市场的"缺陷"而非直接重新分配权力、财富以及获得知识的途径。政府在市场失灵的社会领域，以形式中立性的态度主导了资源再分配的工作，并且将政府对资源再分配的意愿以政策调节的方式，委托给价格体系那表面上的自动机制。如通过优惠政策的实施，影响市场产品的价格走势。也就是说，政府通过制定一些共同的制度规则平台，限制市场经济出现的一些非平等竞争的境况，如《劳动法》《反垄断法》的制定，以确保社会的平稳发展。政府做的这些细微调整性工作，还未上升到国家权力归属主体的政治意识考虑层面，所以，政府其实成为社会的实际管理者。因此，从社会的视角看待政府，政府也正是在扮演管理者的角色，为了社会的有序运行开展管理。

威尔逊的理论进一步证明政府在公共领域中所扮演的执行者角色，威尔逊在谈及行政学的主要研究内容时提到，行政的关键问题就是要解决政府怎样用较低的成本获得较高效率的问题。威尔逊显然把行政学放置在了一门技术科学的地位，换句话说，政府的关键职责就是如何加强专业知识、提升技术能力，以保证更好、更迅速地执行政治决策，实现国家意志。至于政策是否符合社会现状、是否能够有效解决社会问题甚至政策的执行可能会加剧社会问题的恶化等诸如此类的价值层面的问题，都不在行政的考虑范围之内，也不存在于行政的职责之内。根据政治与行政二分原则建立起来的政府理所当然的是一种纯粹形式化和专业化的行政机构，它的职能仅在于执行政治所确定的政策，这种执行政策的活动只有一个目标，就是效率。

在政府将效率作为其追求的唯一目标时，政府的公共性价值追求沦为形式化。登哈特认为公共行政组织理论首要的价值取向应该是关注公共性、回应性及有效性的研究，回应性是政府对社会诉求的回复，有效性是政府回应的效率，公共性则是政府回应的效益，即政府的价值所在。为了实现这种价值追求，政府构建了官僚制组织，官僚制的非人格化特征是为了保证政府权力公共性本质的实现，杜绝公权私用的情况，以制度约束个人主观行使权力的私利性。政府为了实现有效性目标而转向对技术化和专业化的追求，政府的价值"祛魅"加之对效率的追求，使得政府行动从表象上看，政府的价值问题被悬置，但实质上则是政府通过对社会行为的有效管理和控制实现公共性价值追求。但是这个理论逻辑与现实却南辕北辙，政府通过对社会服务效率的提升而实现公共性价值的终极目标追求，结果由于官僚制组织形式的设定框架，导致政府行动本末倒置，政府过于重视效率追求，公共性价值的目标反而被忽视。约翰·罗尔斯的《正义论》里就可以看出政府的价值问题已经被重新提上议程，罗尔斯在对西方日益没落的社会深刻反思之后对正义进行了深刻论证。

张康之教授在《行动主义》一书中精辟地对这种公共性价值追求形式化的状态进行了概括，工业社会尽管在实质上是服务于资本利润追求的目的的，却在形式上要表现出凌驾于社会所有构成要素之上的"公共性"，对社会实施着超越每一个利益集团的管理，以"价值中立"的形式去掩盖其服务于剥削利益的实现。可见，追求管理效率的社会治理体系已经成功掩饰了公共性价值的真实含义，这种公共性价值的追求沦为一种形式主义。社会治理主题需要转变，社会治理从追求行政效率的单一目标转向效率与价值兼顾的追求。进一步而言，行政不仅仅扮演政治价值执行者的角色，政府还要独立追求公共性价值的实质实现。这种主题的转变意味着，社会治理模式从制度主义框架中跳出，进入行动主义的建构。也就是说，社会组织时刻处在行动中，不是民主体制下的表达者，而是社会工程建设中的行动者。所以，在社会组织的行动之中，既包含了对官僚制及其效率追求的深入反思，也包含了对一种全新的社会治理模式的积极建构，而且，即将建构起来的社会治理模式也会突出行动的特点。

但是，将政府置于主客二元的理论设定框架时，追求管理效率为唯一目标的政府主体角色是很难被赋予价值属性的，只有重塑政府的行动者角色才可能使得政府的公共性价值得以实现。政府在从主体向行动者的角色转变过程中，社会治理的研究也随之从仅对宏观制度的关注转向对个体与制度互动的探讨。其实，当政府和社会都发现凭借政府一己之力已经难以胜任社会治理重任之时，社会组织不再满足于停留在协助政府治理社会的地位，社会组织开始主动独立承担社会治理的某些事务。社会组织为了寻求自主行动空间，势必会要求与政府建立平等的合作关系。这意味着社会治理的权力不再集中在政府单一主体上，政府作为唯一的社会治理主体地位被撼动，政府与社会组织共同构建了新型的合作、互动关系。为了构建这种良性的合作关系，政府的首要任务就是要取得社会的信任，政府的公共性价值重新回归。不仅以政府结构改革所体现，即以政府的制度、体制和运行机制的变革和完善来提升政府的公共性性质，这不是从形式上限定了政府行为的公共性，而是政府行政人员的每个职业行动都能诠释公共性。作为行动者的政府需要用实际行动来证明自己的公共性本质，除了通过静态的制度文本来体现，政府的公共性更是包含在每个具体行政行动中，是行动者的行动赋予了政府每个事项以公共性，并使公共性得以实现。

三 管理型政府的职能

早在威尔逊明确提出政治与行政二分后，就将行政学的主要任务界定为政府职能。他认为，政府的职能就是花费少但效率高地执行任务，实现对社会的管理。在这里我们看到，在对政府职能的界定之初就先设定了追求效率的理论假设前提，因此，管理型政府把追求效率作为其最重要的目的。从公共领域内部的角度来分析，管理型政府的主要职能就是如何将立法部门制定的政策落实到位，具体分析这个政策现实化的过程就包括了许多政府职能。在1946年弗里茨·马克斯（Fritz Morstein Marx）主编的一本影响颇为深远的文集式教科书——《公共行政的要素》的开篇中，维格（Jhon A. Vieg）列举了公共行政的三大要素："（1）与立法部门的有效关系（私人行政中是和董事会）；（2）行政首长及其幕僚将立法部门制定的政策转化为可执行方案的能力；（3）履行执行职能的人赢得下属支持，以有效实现政策目标的能力。归纳起来，这三大要素就是 execution、administration 与 management."① 作为行政的主要载体的政府，则需要承担这三个方面的工作，从线性思路分析而言就是，先从源头遵循政治上的既定政策方针，理解法律规章的具体含义，以便进一步贯彻执行，最后则是达到政策执行的具体效果。书中的这三个词可以说尽量概括了管理型政府的职能，尽管这三个词语的意思不是完全分立的关系，但是，它们彼此代表了不同的意思。第一个词语是指政府遵循国家意志执行的意思；第二个词语包含了行政人员具体执行所应具备的专业技术能力的意蕴；第三个词语则描绘了政府内部对行政人员管理的现状。通过考察政府的这三大要素，我们可以认识到，行政基本包含了政策执行的方方面面。根据这个概念的界定，甚至立法部门的具体操作过程也属于行政的内涵。但是，一般而言行政的概念就是描述政府的主要职能，即政府如何实施对社会的管理。

对于管理型政府而言，政府的职能已经明确定位，虽然没有无视司法的或军事的职能，但所理解的公共行政则主要是指文职机关在法定授权下执行分派给它们的公共事务的工作。概括地说，它涵盖了文职机构为了帮助国家达成其目的所做的或能做的所有事情。更准确地说，尽管没有忽视特定政府层次、项目类型或地理区域所独有的考虑或活动，但公共行政所关注的中心则是为所有或大多数行政机构所共有的组织、程序与方法等问题。也就是说，我们对政府职能的考察，其实主要还是集中在政府自身内部的组织构建问题上，而政府与立法部门的互动功效则被放置在了一个不重要的地位。由此，政府中隐含的政治色彩基本被忽视，政府在公共领域中的执行者角色很少被人关注，人们的主要视线基本都集中在政府如何对社会开展有序管理上，这种管理的绩效成为考核政府的一个主要指标。为了实现这个目的，政府所面对的主要问题不是如何与立法部门保持高度一致，而是如何通过对政府组织机构的构建，高效率地完成指派的行政任务。

由上述分析可知，公共领域内部的政府执行角色已经被淡化，而在公共领域与私人领域互动的视角下，政府对社会的管理职能却日益

---

① 张康之、张乾友：《公共行政的概念》，中国社会科学出版社2013年版，第141页。

第二章 作为执行者的管理型政府

凸显,其实,这也是将工业社会的政府命名为管理型政府的原因之所在。在这种背景下,管理型政府职能便主要是由其行政效率所体现。威尔逊曾这样界定政府的职能,所谓行政就是执法为公,也就是具体细化了的事务性行为。随着社会的发展,政府的触角似乎深入到了社会生活的各个方面,学者对政府"无所不管"的状态也有所探讨。迪莫克认为,政府需要面对民众具体的生活问题,如教育、医疗、住房、食品保障等具体而琐碎的问题。也正因如此,我们生活的所有方面总是到处闪烁着政府的影子,"有问题找政府"的观念童叟皆知、无人不晓。政府职能的完备性似乎已经让人们看不到政治的踪迹,甚至有了行政国家的说法。可以说,政府成为维持社会运作的必需品。随着社会发展的需要,政府职能也经历了一个变迁的进程。从最初的"守夜人",仅仅提供简单的公共物品,到最后无所不包的凯恩斯干预主义的全面复苏。政府保护职能和干预职能日益强化,就预示着政府的管理范围基本涵盖了社会生活的方方面面。说明社会的发展导致社会对政府的依赖性更强,管理型政府的职能范围似乎囊括了社会生活的方方面面。这向我们预示着,政府已经不可能再停留在单纯的执行者角色上,政府的执行者角色俨然已经无法承担诸多社会管理的职能。

市场经济要求政府角色得到重新定位,在管理型社会治理模式中,政府作为一个凌驾于社会之上的独立实体而存在,它没有融入市场经济之中,而是在市场经济之外对市场经济的运行施以控制。[①] 工业社会对人权的尊重,促使整个社会被要求尊重他人的私人权利,学会守时和遵循现有的纪律和规则。所以,管理型政府总是非常乐意鼓励兴办学校,通过学校的教育和培训,把这种遵循社会规则的思路转变为上进心、责任心和忠诚度来塑造学生。这时管理型政府的治理方式已经通过一种潜移默化的形式被社会所接受,至于管理型政府的控制性的社会治理模式和行为逻辑,则以一种合理化的形式呈现出来,而使得人们忽视了政府成为高于社会的管理者角色的现实,政府登上了高于社会的管理者的地位。

---

① 张康之:《公共管理伦理学》,中国人民大学出版社2009年版,第32页。

第三节 管理型政府对社会治理的体现

一 政府的"控制"与社会的"服从"

如果说政治与行政关系存在于公共领域,那么政府与社会的关系则意味着公共领域与私人领域的关系。从公共领域设计的目的而言,公共领域就是为了提供私人领域无法实现却又必需的公共需要而出现的,或者说,私人领域的变化决定了公共领域的走向;反之,公共领域的规制又影响了私人领域的变化。具体而言,政府是以组织、制度等实际形式存在的,但是,社会却是一个抽象概念,从概念上而言,两者属于同一范式。但是两者之间的"虚与实"关系影响巨大,抽象的社会变迁,影响了政府的行政模式。一个政治制度不仅要能拟定和进行决策,还必须要有适当的规模、能够统一社会分歧意见的政策,以正确的速度作决定,既能反映又能应对多样化的社会。工业社会的特征塑造了管理型政府,或者说,正是由于工业社会的本质特征,决定了政府在公共领域内的执行角色;正是为了管理的目的,政治与行政生成了二分的关系。由于行政模式与社会的契合,管理型政府为工业社会的发展发挥了不容忽视的作用。但是,由于人类进入了后工业化社会的历史进程,执行角色的政府并非从属于新时期的行政模式,从而导致政府与社会的关系日益紧张。从这个意义上而言,我们需要重新构造适应后工业化社会的行政模式,社会需求就是服务型政府兴起的本质原因。

在工业社会里,政府利用社会的"单一性"特征,制造形式上的共识,以实现对社会行为的有效控制,而这一切的最终目的是有效管理社会。在这种"控制性"行为思路引导下,使得工业社会的管理主义大行其道,管理主义所奉行的宗旨就是,制定细化的行为标准作为恒定标准,进而根据标准进行考核。通过这种客观标准的行为管理模式,我们创建了一个井然有序的社会,但也塑造出了整齐划一的单向度的人,他们在丰裕的物质生活背后,却丧失了人的独立思考的本性,整个社会折射出了服从的定性思维方式。从历史发展进程而言,尽管农业社会对人类行为的控制更具强制性和残酷,但是真正完全塑造出社会的服从思维的却是在工业社会。在农业社会，等级身份制遍布于整个社会的形态，等级间的流动十分困难，即使科举制的出现使得身份等级能够发生变化，但是，能够通过科举制而实现身份等级晋升的人却是寥寥无几。由于身份等级界限严格，把人分成不同等级，等级之间就有了权力。所以，由等级所衍生出的权力治理是农业社会对社会治理的主要模式，权力无处不在，社会治理依靠权力成为社会存在的要求。如中国的儒家文化就是为等级做理论证明，其顺势而治就是体现之一。

农业社会通过权力控制人的行为，但是对权力的监管却不完善，掌有权力的人可以随心所欲，因此，整个社会的人都必须对权力服从，一旦出现违反权力的行为，随之便会有残暴的整套惩罚模式启动。比如骇人听闻的五马分尸就是一例，在这种惩罚中，肉体不过是权力的载体，是显示权力的符号。这种暴力的惩戒行为，从表象而言，是对社会行为的强制性控制，但是这种通过肉体的痛苦产生恐吓以对人的行为进行控制的模式，却为人们的精神生活留下了空间。人们在权力的淫威之下，保留了独立思考的习性。如即使秦始皇焚书坑儒，但是敢于违抗皇权独立发表意见的人却仍然存在。权力的暴力统治从一定程度上控制了人们的行为，但是人们却能发现农业社会的被统治、被压迫、被剥削的本质。在农业社会，权力是维护等级社会的功能，权力观念、文化再造的治理体系从属于统治型政府的模式，即使所谓的"江山易主"，但是权力治理的本质并没有发生变化，整个社会依然依据权力而治理。

在工业化、城市化社会中，权力的物化形态被摧毁，革命改变了依据权力而设置的机构。农业社会向工业社会的转型的一个重要方面就是权力的治理模式向法律规则治理模式的转变，社会是基于人权建构的社会，但是"人人平等"只是一种理论上的抽象，平等、自由的思维被格式化，现实中的人权平等却难以体现。并且，虽然说工业社会是主权在民，政府是代民行使主权的角色，可是人民是一个虚有的主权者，相应地成为行政行为判断中抽象的主体。主权者的形象可谓一种意念和想象，主权者没有具体的载体，但是主权还是要行使的，根据委托—代理理论，政府作为民众主权者的委托者，也就成为了实际的主权行使者。由此，政府成为公认且合法的社会管理者，公然对社会进行控制，政府采用文明化的法制对社会的普遍性行为进行规范化管理。

通过政府对社会的管理和社会自身的组织等级管理，工业社会为我们呈现出了权治和法治共同规范社会行为的复杂景象。一方面，社会的平等，依靠规则的法治治理来实现。另一方面，组织的权治和法治又都存在于组织之中。权治不能突破法治的框架，法治离不开权治的支持，二者要处于平衡关系。社会需要借助组织才能开展活动，组织是社会的基本构成单位，组织是我们理解这个社会的重要向度。权力在组织中以另一幅图景呈现出等级化的存在，把人与人之间的等级转换成职位、岗位的等级，造就了形式化等级体系。但是，岗位、职位是静止的，它需要动态的人来承担职责，就这个意义而言，人就是职位、岗位的灵魂。当职位、岗位按照等级排列起来时，就存在了权力，权力退出了社会进入了组织，组织是以等级的方式建构的，组织遍布了社会每个角落，而每个人都在组织之中，所以每个人都在权力体系之中。我们看到法治表象的背后，政府对社会的控制无所不在。福柯对这个控制模式进行了深入刻画，现代司法制度变得越来越文明，其标志便是公开化。过去的监视是秘密的，现在则是公开透明的，被监视者知道是谁在监视自己，用什么方式、在什么地方监视自己，同时那些监视机构也被监视，受到全社会的监督。

这种全景敞视主义渗透到全社会，整个社会仿佛就是一座扩大的监狱，因为它的组织规则与监狱是一样的。社会如同监狱被分割成许多单位，如学校、社区、医院等，并且在其组织内部都建立了规范的科层制，科层制建立在抽象的人人平等的基础之上，却具有严格的等级划分，每个组织有着统一的行为规范和文化氛围。一个规训的社会就这样形成了，在这个社会里，通过各级组织、机构建立起来的严密监视系统，把什么是正常的、什么是不正常的，也就是把由权力确定的规范标准灌输给每个人——每个被监视者，从而把被监视者规训成一个驯顺的人——从肉体到灵魂，现代社会以一种文明和温和的形式对人的控制更加严厉。只有完全服从社会的规则才能成为合法的个体，全球任何地方都制定了标准的法律和制度，实施对人们行为的控制。肉体的控制是可见的，灵魂的控制却不易于被观察到。因此后一种控制是最可怕的，当人从内心深处完全适应了必须遵循标准的生活后，人们就不再具有任何反思能力，这个人也就成为一个思想的奴隶。在工业社会，无论是政府对社会的管理，还是社会基本构成"组织"的内部管理，都是在工具理性的思维指引之下。在理论假设之初，把人假定为完全理性之人，这些"人"只会理性地考虑经济利益以做出行为选择，因此，在对人的行为控制模式设计上，政府事先设定了规范行为的"正常"标准，再利用先进的科学技术设计出完善的规则制度体系。在这种思想和行为的双重严密控制之下，工业社会生产出丧失独立思考能力而完全服从的民众。

从农业社会到工业社会的历史进程中，虽然都是为了有效控制人的行为而设计的社会治理体系，但是，在农业社会为了实现对人的行为规范化的控制，以权力为工具靠暴力为后盾采用十分明显的方式规范社会行为。这种明显的暴力控制模式为人的独立思考留下了想象的空间，因此，农业社会中民众的服从思维只是停留在迫于统治权力压迫的行为层面，思想上还是有主观能动性的反思能力存在的。工业社会用组织规制对人的行为进行限制，"控制性"的社会管理思维中衍生了组织行为主义理论，在工业社会背景之下，这种通过微观视角进行研究的理论得到了完善和发展。如西蒙的行为主义研究起源于行为动机，或者公式、模型推演，场景预测，都是为了实现对人的行为有效控制，通过一系列标准化的制度体系以实现对社会行为的最终控制。控制的背后是被动服从的思维，社会的民众最终形成了具有统一性的思维模式，具有独立思考能力的人没有生存的空间。如当今社会大量的媒体通过大肆宣传来引导着人们的兴趣方向，人们把眼光集聚在眼前的工资收入等利益目标上，他们更加关注如何利用现有的规则以获取自我在组织中的成功，以达到社会所认可的统一的成功人士标准，而很少有人去思考这个社会运作模式背后的规律，这就是服从思维在规范社会行为中的体现。

无论在农业社会还是工业社会，人类都在建设规范和有序社会，农业社会采用权力治理的模式，工业社会采取严明的纪律制度规范行为的模式，但是，两者都依然遵循着决策与服从的思维定式来设计社会治理模式。这种控制导向的理念完全忽略了人的主观能动性，具有控制导向的治理模式旨在统一化人的思维模式，因为只有具有同一性特征的人才方便统治和管理。只是在农业社会还没有发展到完全对人的思维控制的层面，在工业社会的法治精神和组织权力作用下，则对社会中人们的思维也进行了控制，并且这种控制方式还是以一种"文明"的形式实现的。马克思提到，社会最终的发展是实现人的全面发展，人的全面发展是指能够成为一个完整的人，显然在具有被动地服从氛围的社会，是不可能有具备独立思考能力的完整的人存在的。总而言之，从权力的硬性控制到组织的理性制度控制，都可以看到社会中服从思维的深刻烙印。服从思维是对人的行为层次中最浅层次的要求，不管人们心里对这种制度承认与否，只需要在最终的行为上表现出服从的表象即可。这种控制导向的社会治理模式只能适用于较为简单的工业社会，这种思维面对高度不确定和高度复杂的后工业化社会时，政府就会显得反应迟滞和行动僵化。

二 表达与回应社会治理模式的生成

随着市场经济的发展，个人财产迅速增长，为了维护市场公平竞争的秩序和保障私人财产权，大量学者从理论上论证了个人私有财产神圣不可侵犯的合理性。如卢梭的平等观念就始终坚持建立在财产私有制的基础上，在《论人类不平等的起源和基础》里，他提出人们同意建立政府的目的，就是要保护构成他们生存要素的财产、自由和生命。在论《政治经济学》里，他宣称财产权的确是所有公民权里最神圣的权利，它在某些方面，甚至比自由还重要。由此可见，启蒙时期的思想家以保护个人财产权为目的而建立了天赋人权的原则。在这种情况下，需要保护个体财产权的组织出现，这个建构的主体有着高于社会地位的制约权，为了建构这个组织，学者们从理论上提出社会契约论的建构思路。社会契约论的思路认为，人们在缔结社会契约时，每个人把自身的权利全部转让给集体，由于每个结合者都这样做，他就可以从集体那里获得自己所让渡给别人的同样的权利，得到自己所丧失的一切东西的等价物，并且以更大的力量来保全自己的所有。人民是主权者就不会损害全体成员和任何个别人的权利。卢梭曾这样概括过社会契约的宗旨，每个公民出让一部分权利给政府构成了政府的社会管理权力，为了保障政府权力的公共性，公民与政府签订了社会契约。契约规定政府的存在就是为了保护个人私人财富的安全，这也是工业社会构建政府的目的之一。

由此，通过社会契约论而构成了现代意义上的政府，这样政府成为独立在经济交换关系外的主体，根据契约论，政府出现的首要目的就是保护个人财产权不受侵犯。因此，政府为了规范交换关系行为，独立于社会之外产生，也就是国家与社会的分离。政府是为了适应近代社会发展应运而生的，如果说，在农业社会时期，也存在可以称为政府的社会管理体系，并且从形式上看，农业社会时期对社会的管理模式与今天的管理形式也非常相似。在近代的农业社会中，也有可以被比喻为政府的社会治理体系，而且也有行政管理的内容。但是，传统的管理实质对于今天的管理体系而言却是不可同日而语的，农业社会的管理本质是为了维护统治阶级利益而开展的，即统治者需要才对社会展开管理行为。从某种意义上来讲，自从人类出现了利益分化和阶级分化以来，就有了行政管理的问题。在传统的阶级统治模式中，行政管理是附属于阶级统治的，是从属于阶级的需要和为阶级服务的。阶级是在农业社会根据身份等级而划分的，而在工业社会是根据利益和职业划分的阶层，所以在工业社会中的政府行政管理是为了实现社会有秩序的运行，而不是单纯地为了某个阶级而服务，即使管理背后存在着利益集团的指使，但这种统治也变得越来越隐蔽。因此，公众目前所见的基本都是政府对社会的管理，而这种管理以一种干预的形式表现出来，政府对经济领域、政治领域、文化领域和社会领域的干预，其实就是对社会的一种超强化的管理。由此，从历史发展进程而言，政府是工业社会的产物，政府是一种以管理模式为主要导向的社会治理体系。

工业社会是一个以专业化分工为特征的社会，工业社会的生活模式从农业社会时期的混沌生活模式中产生了分化，社会领域根据其所担负任务的不同产生了分化，理性追求个人私利最大化的私人领域，实现公共利益的公共领域，民众感性和理性交杂的日常生活领域。在工业社会时期，公共领域的任务主要由政府来承担，因为政府的存在就是为了调控人们的私人领域和日常生活领域，在此，我们将私人领域和日常生活领域统称为社会，可见，政府和社会的关系决定了整个社会的治理模式。由上述分析可知，政府是为了社会的有秩序运行而建构的，这里蕴含了两层意思：

一是从社会契约理论的建构思路出发，政府是作为社会的服务者，或者说是作为私人利益的保护者而设置的社会组织。但是，在现实的实践中，政府为了实现这一目的，却以高于社会地位的主体形式存在，也就是说，政府本身是社会为了实现其发展而寻求的"保姆"，结果却成了社会民众的"主人"，在做任何事情之前都需要得到政府"保姆"的审批。这时，政府与社会之间形成了管理者与被管理者的关系。

二是政府是在工具理性的观念下建构的，政府被作为维护私利的"工具"而存在。政府设计者的思维深处，蛰伏着深刻的工具理性的思想观念，人们是将政府作为一种具有利用价值的工具而建立的，政府组织本身也受到工具理性观念的深刻影响。也就是说，政府为了维持社会的有效运作而成立，政府的主要职能就是管理和行政，为了实现它的这个职能，政府也利用技术理性控制着社会的行为。这种思维的运用可以从政府的职能变迁历程中得到印证，政府最初出现的目的就是为提供一些简单的公共服务，故有"守夜人"之称。但是随着市场经济的深入发展，垄断、非正常竞争等现象出现，那只"看不见的手"已然难以自我调节社会经济秩序。公平竞争的市场平台，需要一个高于市场的主体出现，以制定市场公平竞争的规则和监督规则。从"守夜人"政府到凯恩斯的干预主义，政府成为那只调节经济秩序的"看得见的手"，政府管理社会的行政职能开始变得越来越重要。为了行使好管理社会的行政职能，政府开始制定一系列的法规标准，来规范和约束社会行为，而这套规则便是依据技术理性制定的。

为了制定一系列公平的社会准则，工业社会经历了权力主义、民主管理、集权管理、自由主义的阶段。其中最显著并为当今人们所津津乐道的就是民主管理，民主思想的萌生源于工业社会的个体差异性出现。因为每个人都有所差异，生活在共同体中的人们又有追求差异的自主性。每个民众都可以通过合法渠道来表达自己的差异化追求，这就是民主思想的起源。由此，民主思想的本质源于在差异与共存的基础上谋求共识，这套共识就是制定法律规则的自然法。但是，民众拥有了自由表达个人意见的权利，这套共识的最终确定权却在政府手中，只有政府对民众表达的问题给予了回应，这种差异才能整合成具有共识性的政策，在这种民主意识的引领之下，政府与社会形成了表达—回应的社会治理模式。

民主的外衣赋予了这种"共识"的形成过程以合法性，共识的形成形式也经历了从表达民主到精英民主再到协商民主的转变，这种转变其实就是体现"共识"的掌握主权变更。但是不难看出，无论从民众的权益诉求到社会技术专家界定需要处理的关键社会问题，还是协商民主中共同商议所需解决的社会问题，都无一例外地表明了一个共同的实质，最终决策权仍然由政府所掌控，社会民众总是从属于被动地位，而政府则始终处于管理者的主体地位。也就是说，无论表象上政府与社会的关系如何变迁，最终都没有脱离"控制性"思维逻辑模式主导，控制性思维要求政府借助严谨的技术制定详尽的秩序，在社会中形成严密控制体系进而对社会民众的行为进行统一规范。可见，管理行政模式被设计出来的时候，所遵从的是合理性原则，在制度安排、组织结构和运行程序上，都是可以实现科学化的，而且总是朝着理想的技术标准努力，即使由于社会现实的发展而使管理行政出现了不适应的问题，也总是可以在技术追求中得到解决。[1]

由此，民众表达诉求，政府以此为基础制定相应政策的这种表达与回应的线性链条便得以形成。但在现实操控中，这种程序过于烦琐，一般社会事务性的政策往往就由政府直接制定。因此实质性的社会管理权力被政府所掌握，民主的权力在一定意义上被形式化处理。这时的政府充分应用了工业社会"同一性"特征，通过公共舆论的"官方语言"宣传，个体实质的差异性早已被抚平，政府所认定的"共识"已经悄然植入民众的观念之中，使其丧失了个体独立判断性，一个连独立思考都缺失的社会是不可能存在真正意义上的个体差异性的。差异不存在，就没有了自由的追求，自由的思想就无法在过

---

[1] 张康之：《寻找公共行政的伦理视角》，中国人民大学出版社2012年版，第40页。

于"崇尚消费"的社会土壤里生存,由此,共识就已经不再是从个体的自由中寻求而来的,而是演变成为政府"制造"的共识,民主沦为形式的民主。社会的治理模式从属于政府打着"管理主义"的旗号以实现对个体行为的控制体系之下。总之,在工业社会"单一性"的环境之下,社会表达与政府回应的治理模式已经定型,政府与社会的管理者和被管理者角色已经得到了大多数人的认同和肯定。

三 政府"执行"功能的失灵

民主是在领域分化的基础之上,公共领域对于私人领域参与社会管理的一种现代观念。或者说,政治决策就是对民众意见的汇总和提炼,行政执行则是践行政治制定的政策方针。民主是民众参与社会治理、享有社会权利的形式,民主起源于希腊的城邦管理,指拥有公民权的民众对每一项社会事务都有管理权和决策权,这是古典民主的概念,是古希腊对于民主的解释。但是,在国家主义的社会治理模式中体现了民主的一种新的概念,意味着公民及其组织有权利要求和监督政府尽职尽责地管理好每一项社会事务,同时有能力追求权力、财富和承认等个性化的价值。[1] 在这种民主观念的认知之下,政府被视为理所应当的社会管理的唯一主体,政府对社会的管理体现为供给公共服务、提供公共物品、执行公共政策、市场监管等方面。

福克斯·米勒的循环民主提到,社会的问题先转化为政策问题才能进入决策,在复杂的决策程序中形成法案,成型的法案再交给政府去执行。在这个循环圈中,产生了社会问题解决的时滞性。不仅如此,还要考虑两种情况,第一种情况是并非所有社会问题都转化为政策问题,一般而言,问题比较严重或者具有较大范围的普遍性,才会转化为政策问题,然后进入决策者的视野,才为解决这个社会问题寻求政策方案。第二种情况是这个循环过程需要经历较长的时间,时间成本过大导致社会问题可能已经演化得较为严重了,社会为这个问题付出高昂的代价。单纯从政府与社会的关系而言,政府与社会的相辅

---

[1] 张乾友:《论政府在社会治理行动中的三项基本原则》,《中国行政管理》2014年第6期。

相成关系更多地体现为管理与被管理的状态，甚至还可能是控制与被控制的关系。从社会治理体系中来看政府，政府的行政权处于社会治理前沿，具有日常性的特征，每时每刻直接与社会打交道，立法权在背后，但是这个权力受到了严格的限制。而且政府、行政人员定位在行政执行的角色，往往专注于政策执行的效率，行政人员怎样才能更快、更好地执行政策是他们的主要任务。因此，主要关注政策执行的科学与技术的政府远离了政治性。政府没有政治意识，无论政策是否能够治愈现实问题，政府都会通过政策分析来领悟政策精神，按照政策规定准确地去执行。但是社会是很复杂的，政策要求具有统一性和普遍性，国家政策不需要考虑各个方面的差异，甚至要抹除差异。可是现实是多变的，形式化的政策文本的普遍性遭遇到现实情境的具体性，政府只能在政策框架内寻求解决方案，行政人员面对具体问题具体处理的主动创新性被有意识地规避了。

由于社会上存在各个阶层、群体、个体，其利益和偏好都有所不同，他们之间的矛盾甚至冲突时有发生。如果指望设计一套包罗万象的政策、计划、方针，就可以兼顾所有阶层、群体、个体的利益的偏好，化解他们之间所有的矛盾和冲突，不仅绝无可能，甚至会出现"恶法"的风险。例如，各地出台的拆迁征地标准、学区划分与管理方法等。特别是社会的复杂和不确定性因素越来越多，政策的可调控范围就越来越大。而具体调控的量度则掌握在政府手里，扮演执行角色的政府更重视效率的实现，从而可能导致社会的各个阶层的公平会被忽视。这样效率在宏观意义上也会受到冲击，效率和公平构成一对矛盾。政府在执行过程中很难兼顾所有阶层的利益，结果政府就只能疲于奔命，限于被动应付的局面，还引起了社会的不满，管理型政府在社会管理领域的缺陷暴露得十分明显。

特别是随着社会各方面不确定性因素的急剧增加，各类公共突发事件层出不穷，社会各阶层的利益矛盾冲突日益复杂化并且问题越来越激化，国家安全、社会稳定、人民安居面对着极大的挑战。面对这些民众最关心最现实的问题，仅仅依靠政府解决，必定收效甚微。事实证明，引发重大社会政治影响、造成损失巨大的突发事件绝大部分都是应用于私人领域方面的政策首先出了问题，再加上政府规制疏漏,从而导致了对社会造成极为恶劣影响事件的发生。"我们已经揭开了能源、科技、家庭生活、性别角色,以及世界性的传播,迟早会面临一个爆炸性的政治革命。第三次浪潮文明不可能容纳第二次浪潮的政治结构。"① 市场失灵由政府来全面参与管理,出现了凯恩斯干预主义,但是政府失灵了呢? 从公共行政运动到新公共管理再到新公共行政运动,学者们就是为了解决政府回应性过于消极的问题。无论是学者还是实践者都提出了一系列改良方案,最具有现实意义的就是新公共管理运动中的公共服务外包。奥斯本在改革政府中提到了政府外包方案,掌舵型政府以制定政策的形式给(公、私)执行机构提供资金,并评估它们的业绩,但是很少自己去发挥执行机构的作用。奥斯本为改革美国政府而开出的"药方"共有十几种,但其主要思路就是应用"企业家精神"克服"官僚主义"。可这种方案只能说缓冲了矛盾,并没有从实质上解决政府失灵的问题。其原因在于,政府是以维护和促进公共利益为行为导向的,它不能以营利为目的。盈利与市场经济是一体的,同样,非盈利就不可能与市场经济兼容。但在新公共管理运动中,政府把服务的民众视为顾客,那么就要引进市场的盈利意识,这显然与政府的存在价值相违背。况且,从性质上看,引进企业家精神和市场竞争机制还属于管理技术上的改进措施,并没有就政府的性质提出疑问。如果行政改革还是满足于技术上的追求,是不可能取得实质性意义上的积极进展的。其实,在政府出现问题后,几乎所有的目光都集中在执行角色的政府身上,政府的行政似乎成了万众之矢,而没能理智地反过来对社会加以思考。政府与社会是相互影响的关系,不能只看到政府的管理,而忽视社会变革对政府的影响。

　　社会已经从工业社会进入后工业化社会。后工业化社会的虚拟化特征呈现,典型的体现就是互联网所呈现出的虚拟生活,虽然互联网貌似仍然是实在世界的复制,但是从某种意义上而言,世界被虚拟化了。如网上银行、网上购物、网上的社区生活等现象的出现,不得不让我们重新梳理社会治理的方式。但是,政府仍然沿用了对实在社会

---

① [美]阿尔文·托夫勒:《第三次浪潮》,黄明坚译,中信出版社2006年版,第255页。

的治理方式，即法治和民主，这两种思想体现为"依法治网"的政策措施得以在现实中运行。可是结果不得而知，依法治网的方式总是显得反应迟钝和滞后。我们可以通过数据完全定位一个人的网络行为轨迹，进而监督和控制人类行为的管理型政府治理模式被完全复制到了治理虚拟世界的生活中。显然，虚拟世界和实在世界本身就存在着划分标准的不同，政府面对虚拟生活的治理困境频频出现。因为，面对这样一个变幻莫测的社会，政府的预测总是与现实发生的情况不相符。解决社会治理困境的方案必然要把私人领域的风险纳入公共政策的范围之中，那么就意味着，以政府为唯一主体的社会管理模式必须让位于多元主体的合作治理模式，即各种公共部门、私人机构、社会自发组织的协同治理。进一步而言，需要把政府变为主动的状态，那么管理型政府的根本模式就需要转变。管理型政府的本位主义要向服务型政府的他者承认理念转变，法治的社会管理模式要向行动者的合作治理模式转变，政府的管理型职能需要向引导型职能转型，只有建设成真正意义上的服务型政府，引导和服务于社会自治行动，社会治理才能按照正确的轨道行驶。

第三章 作为执行者角色的行政人员

在政治与行政二分的体系里，政治体现了宏观的国家意志形态，行政则是由具体面对社会事务的政府所承担。由于工业社会的特征就是同一性、普遍性，所以，政治家不可能根据单独的每个个体所需来制定政策方针。而是从不同地区、不同利益团体、不同性别、不同认知的人群中寻找出抽象的公共利益，制定能够普遍实行的公共政策。对于不同地区情况所存在的分歧，国家的决策者无视迅速变迁中的地方性需要。政府存在的目的就是提高执行效率，这个目标则由行政人员代为具体实现。因此，当政府作为维持社会有序运作的机器出现时，行政人员则是维持政府机器能够正常运转的零部件。为了使每个行政人员零部件能够根据机器需要发挥功效，官僚制组织形式被设计了出来。其本质就在于能够赋予组织成员努力完成目标的集体意识，在官僚制组织的形式里政府设计了行政文官制度，行政人员管理制度塑造了符合管理型政府需要的执行者角色行政人员。他们养成了非人格化、追求效率、执行政策的特征，可以说，正是由于政府的执行者角色，从而以组织的形式塑造了行政人员的执行者角色。

对于工业社会而言，由于民众已经适应了被动管理的角色，因此，行政人员执行权的合法性也得到了社会的认可。从这个意义上而言，执行者角色行政人员可谓既符合管理型政府所需，又被社会所承认，执行者角色的认知烙印到了行政人员内心深处。但是，由于后工业化社会的来临，行政人员所面对的形形色色的人和事变动太大，行政人员在执行公务面对具体情况时，面临计划照章行事却无"章"可循的困境。行政人员的被动回应的执行模式总是与社会快速发展的节奏不合拍。为了适应社会发展需要，行政人员已演变成非典型化的执行者，这样，行政人员陷入既非决策者又非执行者的两难境地，从而导致行政行为失范引发了政府失灵。也正是由于政府对社会管理的无效行为逐渐增多，一场新的社会治理运动正在酝酿之中。

第一节　官僚制组织中的行政人员

一　管理型政府的官僚制组织形式

官僚制是工业社会的主要发明之一，工业社会的组织基本都采用了这一形式。而工业社会的政府则把官僚制组织发挥到了极致，对近代政府影响巨大的文官制就是建立在官僚制组织形式的基础之上。也正是文官制的实施，才塑造了政府行政人员的执行者角色。"官僚制"是一个颇具歧义的词语。从词源学的角度来看，"官僚制"（bureaucracy）一词是由法文 bureau 与希腊文 kratos 复合而成的。Bureau 原意是指带有书写用折叠板的家具，后衍义为书桌，进一步引申为放书桌的办公室、官邸、办公场所；kratos 具有管理、治理、统治之意。[①] 这一术语自 18 世纪以来即被使用，本义是指实施管理的社会行政机构（的特殊形式）。但是，在翻译过程中，被译为了汉语的官僚制后，就成为一个贬义词，它往往成为低效率的同义词，它所强调的是该制度下产生的烦琐的公事程序、拖拉的工作作风及其泛滥成灾的各种公文和会议记录，所以人们常常把它和低效率的公共行政管理等同起来，意指政府行政管理活动中的问题与弊端。而马克斯·韦伯所谓的官僚制是指一种以分部与分层、集权与统一、指挥与服从等为特征的组织形态，亦即现代社会实施合法统治的行政组织。细究之，"官僚制"（bureaucracy）一词基本上属于中性词汇，在早期的英译汉中，这种翻译并非十分贴切，官僚制实质是指一种科层组织形式。然而这种科层组织形式影响了几乎整个工业社会的组织形式，官僚制组织可以作为工业社会的代表性组织形式，它的产生也是源于工业社会的解释范式，或者说，科层制组织形式集工业社会的最为典型特征于一身。

[①] 丁煌：《西方行政学说史》，武汉大学出版社 2006 年版，第 74 页。

马克斯·韦伯设计了官僚制组织形式，资本主义社会需要严谨可操作的法律体系。在法律面前所有的其他观念都可以忽视，官僚制组织中的严明纪律和非人格化的科层结构，则可以有效保障法律的绝对权威性。科层制组织最大的特征就是理性和支配关系的合法性，科层组织的技术理性可以促成近代资本主义发展的合理国家。或者说，现代国家就是以科层制组织为基石的。官僚制组织形式按照合理性设计，追求工具理性和科学的标准化管理，均是从工业社会的标准化追求框架中衍生而出的。在西方的管理发展史上，也证明了官僚制是为了适应资本主义社会而设计的。20世纪前期在官僚制的组织形式里，只用人所从事的职业进行管理，人职匹配理论就是这种观念的主要体现，即人只需要适应职业。到了20世纪60年代，美国经济学家舒尔茨和贝克尔创立了人力资本理论，哈佛商业评论首次提出了人力资本的概念，人事管理的重心转移，人成为可以增殖的资本因素。人力资本则是体现在人身上的资本，即对生产者进行教育、职业培训等支出及其在接受教育时的机会成本等的总和，资本投资的代价可在提高生产力过程中以更大的收益收回。70年代出现了人力资源管理，人作为可以开发利用的资源，才受到重视，而不是只关注人的职位。而20世纪前期正是资本主义的发展黄金期，由此可见，官僚制把人作为一个组织机器零部件的思想基本主导了所有的管理主义相关理论。

官僚制组织使用规则制度替代了人们的对话、协商活动，该组织运作的最大特征就是非人格化，一切事务按照制度和程序办理，从而避免了个人专制主义和人身依附关系。这是摧毁特权的必由之路，如果特权插手市场经济的资本面前人人平等的竞争秩序，市场经济就无法发展，因此在这种背景之下，马克斯·韦伯将官僚制组织体系作为了"标杆性"组织模式加以大范围推广。为了避免个人特权而设计了官僚层级制，科层制的理论假设前提就是把人作为机器运作上的"工具"，以"经济人"的理性对人性进行假设，在此基础上，对人的行为进行预测继而设置严密的制度体系以规范人的行为。在科学技术对人的标准化管理下，人们根据官僚制中预设的规则产生行为，这是社会普遍官僚制之下的执行思维。但是，归根结底，官僚制也是为了适应资本主义的发展。并且官僚制建立在人性最基本的"经济人"假设之上,这个假设正是资本主义社会对人性的基本认识。正是为了避免"经济人"的功利主义追求,官僚制才设定了非人格化的标准。官僚制组织体系里的成员被要求必须对强制性的组织体系做出合理回应,这个强制性的组织体系就是按照非人格化的特征设计的,组织内成员实际上屈从于群体和规则对个体的压力,说到底,也就是屈从于组织体系强加给群体的游戏规则。

当这种组织体系所贯穿的观念已经渐渐成为人们的常态时,人们对这种规则从潜意识中都会遵从,那么如果一种观念成为习俗时,要想改变就会变得十分艰难。

由上述可见,工业社会的资本主义是官僚制出现的第一个解释框架,行政学的出现和管理主义的崛起则是官僚制组织的第二个解释框架,或者说,资本主义是孕育官僚制的土壤,而政治与行政二分则为完善官僚制提供了合适的历史契机,管理主义为官僚制组织的实践提供了理论上的技术支持。威尔逊提出了行政应当与政治分开,应当把行政作为一个专门的领域来看待,但是,行政如何在现实中实现,官僚制组织理论则成为行政的基本依托。反之亦然,行政学的出现提出了构建新组织形式的诉求,官僚制组织理论则在这种诉求下产生了。从某种程度上可以说,正是马克斯·韦伯的官僚制组织才使得行政的执行理念付诸实践,科层制组织形式把行政的执行理念以制度的形式嵌入了行政人员的职业生活之中。

官僚制组织要求规则优先于自由裁量权,规则在自主性之上确定了行政人员的执行者角色,官僚制的组织体系养成了行政人员的执行者角色。"二战"以后,行政人员和行政部门就被简单看作执行者角色,他们在执行过程中是被动的。政府和政府行政人员在执行者角色上,没有积极性,不会主动面对社会对他提出的要求,等有了法律和政策才能开展行动,否则行动就没有依据,甚至是违法的。这时追求效率的企业管理理念引起了学者的关注,泰勒的科学管理原理和法约尔的一般管理理论使得企业有效提高了生产效率。基本与其同一时期的马克斯·韦伯也受到了这种私人部门管理思想的冲击,况且,行政已经被价值"祛魅",从某种意义上而言,政府追求效率的目的与企业是相同的。基于此，私人领域管理的可操作性技术具有了普遍适应性，从而能够被引入政府中来改善公共行政效率。当行政被作为一个管理过程而不是政治过程来看待时，也就决定了泰勒在管理原则、方法、过程等方面的研究成果都能够满足行政科学化、技术化的追求。显然，这种标准化的管理思想为官僚制组织理论的创设提供了理论素材，事实上，私人领域的管理理论和经验对公共行政研究作为一个学科的形成和系统化，都产生了重要影响。例如，曾任美国全国办公室管理协会会长的威廉·莱芬韦尔就率先把科学管理原则运用到机关办公室的管理中，泰勒的合作者莫里斯·库克（Morris Cooke）也曾成功地把科学管理原理运用到实证管理工作中。总体而言，公共组织可以表现为五种基本特征：层级（单向的决策）、协议或市场规则、选举、契约与共识。

制度主义是设计官僚制组织的核心思想，结构与行动一直是社会科学领域研究中的两大主要分析框架，目前，社会结构的框架被大多社会学研究工作者所采用，也就是所谓的制度主义。制度主义思想有助于实现公共行政的效率追求目标，因为，政府最行之有效的管理社会的方式就是制定普遍性规范，监督社会按照既定制度来运转，最终取得政府预期的管理目标。也就是说，政府作为拥有社会治理权力的唯一主体，为了使社会的运转拥有一定秩序，政府势必会以制度的形式统一规范民众行为。按照提前预设的规则来规范社会行为，个体的差异性特征在形式层面被消弭于制度的同一化特征之中。政府在开展具体行政事务工作时，行政人员只需根据具体行政场景，通过自己的主观判断从制度规范这个框里面挑选一个较为合适的执行即可，行政主体与行政客体的沟通环节被忽略。这种从个体差异化中抽象出同一性的内容，从而设定成制度以实行管理的方式，有助于政府面对社会形色各异的情况从而进行互动，根据行政情景拟定差异化方案的行政执行程序被规避，有效提高行政效率。由此，制度主义在社会治理中大行其道。

结构化社会治理模式因政府官僚制组织形式的构建得以实现，官僚制组织的自上而下、等级森严等特征省去了民主讨论、协商的烦琐环节，由此官僚制组织成为提高行政效率最行之有效的组织形式，政府也成为官僚制组织形式最为标准的模板。官僚制组织为了实现高效执行开始走向追求技术主义的道路,并且确实在一定社会阶段为开展良性的社会治理发挥了不可替代的重要作用。张康之教授对此肯定道,官僚制行政组织在工业社会取得了辉煌的成就,同样对于工业社会的发展也是功不可没的。在工业社会时代,对于社会一方而言,政府效率的体现就在于能够快速回应社会诉求,并能够将某种亟须解决的社会问题迅速转变为可供实施的针对性政策。后工业化社会的到来使得在工业社会时期从未遭遇到的问题频频出现,政府面对社会的巨变显得措手不及,学者们为此开始对作为社会管理主体的政府的治理行动进行反思,从公共行政运动到新公共管理再到新公共行政运动,学者们就是为了解决政府主体在管理社会客体时回应性过于消极的问题。从改革的性质上看,引进企业家精神和市场竞争机制还属于管理技术上的改进措施,并没有就政府的性质提出疑问。如果行政改革还是满足于技术上的追求,是不可能取得实质性意义上的积极进展的。

二 官僚制组织中的文官制度

西方在多党制背景下,行政很不稳定,文官制度就是对行政人员效率考察的体系,政治与行政由不同的群体所掌管。政府只负责执行,文官只需要掌握具体的执行技术和科学。威尔逊深入分析了这种层级制组织形式对行政行为规范化处理的作用,威尔逊认为,文官制度的改革必须得到相关制度的支持才能实现,人事问题的出现关键在于组织形式和制度出了问题。也就是说,组织架构的完善是为了实现政府中"人"的行为规范化。实践是检验真理的唯一标准,事实证明官僚制在工业社会里取得了巨大的成功,推进了人类社会的文明历史进程,并为社会创造了令人瞩目的物质成就,理论里的核心关键词"纪律化""非人格化""机械化""工具理性"成为政府设置行政人员管理制度的主要衡量标准。

公共行政作为一个相对独立的实践领域与研究领域的产生是以19世纪中期以来的文官制度改革为标志的。这是一场"去政治化"的改革运动,人们在改革中所希望达到的都是"使政治远离行政"的目标，而达到这一目标的手段，就是推行与扩展功绩制这一企业原则。① 文官制度就是现代公务员制度的原始状态，19 世纪 30 年代，英国初次尝试了常任文官制度的改革。文官不属于任何党派，并且以专业水平通过考试来获取文官的资格，文官长期连任，以企业绩效考核的方式来决定文官的职业升迁，这时的文官制已经初具现代公务员制度的雏形，只是尚不完善。

自 1776 年至 1828 年，美国政府的官员任用实行的是"个人徇私制"，在这种制度下，政府任用官员完全凭长官意志，凭与首长的关系亲疏，并没有法律规定，也没有专门的人事管理机构，政府用人的优与劣，取决于首长个人的良知和品德。1829 年至 1883 年，美国盛行政党分肥制度，政府的职位大都是政治性任命，总统把政府职位作为对竞选支持者的一种恩赐，分配给其支持者。1829 年美国第七任总统杰克逊提出"敌人的赃物应当属于胜利者""官职应当属于选举的胜利者"等口号，实际上是公开实行政党"分肥制"。在"政党分肥"制度下，选举中获胜的政党，把官职作为"战利品"分配给本党的支持者，选人用人"唯党""唯派""唯亲"，忽视知识、才能、成绩和能力，使一些没有真才实学而善于投机钻营者占据政府机关要职，而一些具有才能才学者反而得不到重用，甚至被排挤到政界以外，从而造成政府机关冗员增加、政绩低劣、效率低下、官员腐败。同时，由于执政党或总统更迭，加剧了权势争夺和互相倾轧，政局动荡，政府官员实行大换班，从而影响政府工作的连续性和稳定性。由此引起了社会各界的强烈不满，威尔逊也正是在这种背景之下提出了建立政治与行政两套队伍的方案，而官僚制组织形式则使二分理论形成了现实中的文官制度。1883 年，美国国会通过了《调整和改革美国文官制度的法律》，也就是著名的《彭德尔顿法》，也称为《美国文官法》。《美国文官法》的颁发，取消了"政党分肥制"，实行考试录用制度和功绩晋升制度。《美国文官法》规定：（1）政府文职人员实行面向全体公民的公开考试录用制度；（2）凡是通过考试被录用的人员，不得随意被革职；（3）政府文职人员在政治上应当保持

---

① 张乾友：《公共行政的非正典化》，中国社会科学出版社 2014 年版，第 66 页。

"中立";(4)实行考绩考察制度;(5)公务员被录用后实行试用期制度;(6)考试内容应当联系实际,着重于实际工作需要的知识和才能。以此为标志美国正式建立了联邦公务员制度。

在我国特定的政治背景下,"党管干部"取代了西方的"价值中立"原则,然而,政府公务员的管理模式是与西方文官制度通用的。在1980年8月,邓小平在《党和国家领导制度的改革》的这篇讲话中,尖锐地指出了干部的官僚主义、权力过分集中的现象与西方文官存在的问题是一致的。邓小平精辟地总结道,我国公务员制度没有完善的人事管理体系。政府内部实行平均主义,从而使得政府行政人员的激励体系匮乏。再加上层级林立、人浮于事的职位又多,机构臃肿势必会引发官僚主义。邓小平此时已经开始萌发建立公平招考、严格考核绩效的公务员制度的想法,并对具体的公务员选举、晋升、退休等细节问题做了深入考虑。在邓小平的重视下,从1984年11月起,由中共中央组织部、原劳动人事部组织社会科学院、人民大学、北京大学、外交学院等单位的15位同志开始起草一部国家人事总法规,直到1993年4月24日国务院第二次常务会议通过了《国家公务员暂行条例》。同年8月14日以中华人民共和国国务院第125号令的形式正式发布,并规定从1993年10月1日起实施。公务员制度实施从启动到1998年年底,已经全部到位。至此,中国公务员制度从酝酿,到实施到位,经历了大约15年。根据制度要求,各级行政人事管理机关必须依法对公务员进行管理,目前已经形成各种专项法规和办法40余个,涉及公务员考试、录用、考核、轮岗、培训、回避、工资、晋职、任职、辞职退职、退休、纪律处分、人事争议、申诉控告等都有了具体的规定。由此可见,对行政人员的具体行为规范是十分细化的,随着社会的发展,还逐渐呈现出行政行为规范逐渐细化的趋向。如某地方政府在整治形式主义、官僚主义、享乐主义、奢靡之风的"四风"问题时,对收受购物卡额的上限有明确要求,并查处网络电子钱包,总之,对多样化的行贿受贿方式进行了详尽描述和明确规定。由此可见,对行政人行为规范的细致程度可见一斑。

无论是西方的政治与行政二分原则下构建的文官体制,还是我国在党管干部原则下建立的干部人事制度，中外的政治体制虽然不同，但是政府的行政人员制度方案却有着惊人的一致性。究其深因，我们认为，现象学方法论在政府行政人员制度的构建中被充分利用，政治价值先悬置不问，或者说将价值置于公共领域的政治探讨范围内，在公共领域中划分出了行政的独立范围，行政的存在载体就是政府，政府不需要拥有价值观念，只需要追求效率和公共性。在这里公共性已经不再具备价值判断的功效，政府的行政人员只是负责完成指派任务，履行政策任务即可。在这种背景下，企业人力资源管理的入职培训、绩效考核等环节被稍加改造后，引进了政府对其行政人员进行管理，这部分具有"价值中立"普遍特征的行政人员就是我们的考察对象。在行政人员的管理制度里，制度的规则优于行政人员的自由裁量权，遵循规则的执行者必须价值中立，否则会导致执行的政策变形或走样。可以说，在如何行使权力主题下，为了解决执行权力的问题，建立了公务员制度，使政府超越党派之上，在哲学上被概括为"价值中立"的原则。就是超越不同党派的意思，所谓价值中立就是在政治上不偏不倚，到后来价值中立概念发生了变化，公共行政的概念在瓦尔多和西蒙的论战中，价值中立的概念也随之发生了变化。早期，政府及政府中工作人员秉持"价值中立"原则，这个原则反映到马克斯·韦伯那里成了"公事公办"，围绕公事公办马克斯·韦伯将官僚制组织体系定位于技术合理性的基点，要求行政人员及其行政行为具有"非人格化"特征，要求组织活动及其功能祛除价值"巫魅"，满足公共行政的要求。

三　行政人员养成执行者角色

脱域化使得人们走出了千年生存的地域，人们纷纷从家庭作坊中被解放了出来，遇到了一件令雇用他们的人深感困惑的事情就是工作技能的获取。一般而言，组织希望劳动者具有一定的工作技能，但却不希望他们具有复杂的能够让他们独立的工作技能。与以往那种劳动技能由父母或师傅言传身教和个人自学而来的不同的是，作为工业社会典型组织形式的官僚制组织则要求成员越来越多地接受专业化的工作技能教育和培训，使他们具备在组织中工作的专业技能。然而，我们看到，在工厂里，工人们接受的培训和教育不是有关科学知识和制造运作原理的内容，而是如何使用和操作机器的技能，以及如何适应工厂组织生活的基本素质。同样，行政人员在政府所接受的培训不是如何为公众服务的知识，而是如何服从上级命令、如何遵循组织纪律以实现政府的执政效率，以完成执行政策的任务。也就是说，政府的官僚层级组织无法培养出具有自主性和独立价值判断力的行动者，只有被动、消极的执行者角色才是属于管理型政府的。但是对于管理型政府的建立背景而言，塑造行政人员的执行者角色则是大量学者和实践者孜孜以求的梦想。如威尔逊就认为，为了使政府这部机器有效地运转，就需要文官成为政府机器运作的工具，只有接受规范技术训练的人才能担负起文官之责。这段描述中威尔逊公然把行政人员比喻成工具，对行政人员技术官僚的特征描述得可谓淋漓尽致。可想而知，工具除了被动的利用外，是不可能具备人的主观能动性特征的。

虽然在政治行政二分后，也有关于自由裁量权的讨论，认为行政人员存在一定自主性的空间。但是这个自由裁量权的空间是极其狭窄的，根据各国法律，自由裁量权事前是需要审查的，只有法国是事后审查的。在自由裁量权的应用又需要审查等复杂程序的情况下，行政人员即使有一定的自由裁量权，但是都不愿冒风险去行使。所以，行政人员理所当然地成了工具理性人格的执行者角色。每个政府机构都拥有对政府行为的参与者（诸如官员、机构、民间领袖、市民等）进行控制的权力，这种政府权力尽管有限和专门化，但最后都被应用到决策领域。通过标准化、部门化和任务专门化，组织结构的传统功能已经加速了劳动的分工。通过等级制、正式化和社会化，组织机构实现了对工作的协调。我们暂时不用考虑那些情势紧急的事情，比如说界定官僚机构的权限，使官僚机构和其他组织的关系正式化等。公共管理的一个中心任务就是：在某种程度上，通过协调、功能运行、工作流程和结构要素之反复重组，来设计、维持有效的组织。[①] 这段文字试图厘清在科层制组织中权力和规则之间的关系，权力和规则的

---

① ［美］简·E. 芳汀：《构建虚拟政府》，邵国松译，中国人民大学出版社 2010 年版，第 47 页。

一个共同目的就是实现对行政人员的有效管理。既然要在组织内部对行政人员的行为实行管控，那么政府希望能够面对什么样的管理对象呢？是遵纪守法的执行者还是拥有自主判断力的行动者，答案显然是前者。在完备的制度和严明的纪律管控下，行政人员既要服从上级领导的命令，又要遵守组织内的规章制度，一个栩栩如生的被完全控制行政行为的执行者角色呼之欲出。可以说，官僚制组织形式的两大特征：服从命令和遵循制度，已经完全决定了行政人员执行者角色的本质特征。

官僚制组织形式是控制体系的典型范本，特别是对于一线的行政人员而言，对他们的行政行为控制更为严格。在这种高压控制组织里，基层行政人员在平时工作中，主要关注点是能否完全按照他的量化工作指标完成任务，至于政府的公共性本质、政府的服务职责则早被抛诸脑后。结果就是行政人员的绩效提升了，但是政府的公共性目标却没能实现，甚至可能还会出现与服务民众职能相违背的现象。究其深因，就是在官僚制组织中，组织成员往往被改变为简单的工具，行政人员无条件服从命令按照政策照章办事，至于组织目标的界定，则是与他们无关的。官僚制组织注重组织的整体性，而忽略了行政人员的个体性。因此，政府组织有着明确的目标。但是，至于这个整体目标是否被执行的行政人员所认可，组织目标是否完全符合现实情况，这些问题却不在官僚制组织的考虑范围之内。至少，在执行者的理解范畴内，不管执行结果如何，只要照章办事就是合格的行政人员。结果，就会出现艾赅博所描述的行政之恶，典型的事例就是执行纳粹大屠杀的行政人员，他们都是通过法制化的公共政策来执行任务的，可他们的执行却带来了残忍杀戮的后果，但执行者一直认为自己的行动是合法的，从未对自己的行为所带来的恶果产生过负罪感。行政之恶属于这个连续渐变中的那个部分，在那里人们犯下或者帮助犯下恶行，却不自知其恶。[①] 其实，今天城管与小贩的紧张关系也是这个原因，城管并不能充分理解城市管理的整体目标，城管也不能完全

---

① ［美］艾赅博、百里枫：《揭开行政之恶》，白锐译，中央编译出版社2009年版，第75页。

把握其执行的目的。其实城管作为个体独立存在时可能并不反感小贩的存在，结果城管一旦被赋予了行政人员的执行者角色后，他们就会因为要完成既定的任务，而不再顾忌现实的行政场景就采取机械的执法模式，从而使得城管与小贩之间产生了激烈的矛盾。

目前，政府的行政行为主要受到三个方面的严格制约：一是要严格遵循代表社会普遍利益的立法机构制定的各种法律规定；二是司法机构对行政机关的违法行为根据需要做出立案、调查、判决的处理；三是行政机关的各项工作要认真贯彻落实执政党的政策意图。[①] 虽然，目前也有媒体和民众的监督，但是这两方面对行政行为的制约却由于信息不对称，而不能成为约束行政人员行为的主要力量。这种规范行政行为的方式是建立在这样一种逻辑之上，即在要求行政人员价值中立基础上，设计一系列严明纪律制度及考核奖惩方式对行政人员进行管理。从行政人员的职业角度认识，只要对相关职位和职务的职责界定清楚，继而对担任该职位的人所完成绩效进行考核决定奖惩，便可对行政行为进行约束。结果，由于从行政人员内心角度出发的自律设计较为缺失，导致外在设置的制度纪律及职责义务在行政人员主体身上呈现出压迫的性质。当行政人员个体的自我价值观念严重排斥外在职责时，文官制度对行政人员的管理就难以奏效。行政人员不但没有遵循纪律制度，反而采取隐蔽方式抵抗这些外在的规章制度。但是，总体而言，由于工业社会的可确定性因素较多，行政行为总体还在可控范围内，所为，执行者角色行政人员的弊病尚不明显。

官僚制组织形式及政府的主导职能固化了行政人员对自我的执行认知，形成了需要服从命令的执行角色行政人员。也就是说，在标准化的规范管理体系里，执行者角色行政人员没有自主性存在的空间，他们的信仰就是以规则作为行政行为的标准。以行政服务中心大厅的工作人员为例，政府对大厅的工作人员做出这样的标准化管理，对他们服务过程中的每个细节都给予标准化的定位，甚至规定热线服务电话响铃4声后必须有相关工作人员接听。可见，这种行为规范化已经细化到每个行动的环节，行政人员的自由裁量权空间在这种制度规范

---

① 靳凤林：《从传统行政伦理到现代公共管理伦理》，《道德与文明》2012年第6期。

下已经被压缩到极其狭窄的范围。可是这种控制方式只能针对较为机械和简单的工作，脑力复杂的工作就很难用这种方式来约束行为了。也就是说，管控导向的制度主义可以适用于低层级别的行政人员，但是这种方式对行政级别较高的行政人员的约束力则十分有限。总体而言，政府的官僚制组织形式和文官制度为执行者角色的行政人员营造了生存空间（如图2所示），行政人员在管理型政府中又形成了执行者角色所独具的特征。

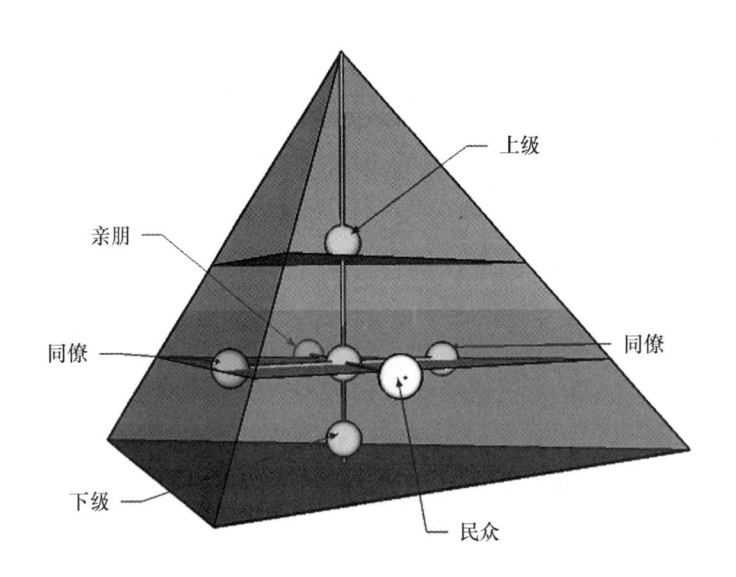

图2　执行者角色行政人员的生存空间

如图2所示，官僚制的职权体系是行政人员所依存的政府组织形式，依照职位、岗位对权力进行分配，整个等级形式犹如一个"金字塔"模型。每个行政人员个体可比拟为这个严明体系内一个分子球体，众多分子球体在严明体制规范下组成了这个牢不可破的"金字塔"组织，通过专业化的分工每个行政人员的职位、职务都井然有序，他们只需根据规定各司其职、各尽其责即可。由此，行政人员成为维持政府这台机器运转的一个零部件，他们丧失了人的主观能动性本质，养成了遵规守纪的工具理性人格，也就是说，执行者角色的政府行政人员形成了公事公办的普遍特性。

但是无论制度再严明也不可能把所有行政行为都纳入管辖范围内，行政人员不受制度约束的自由裁量权存在，在可以自主行使权力的范围内，大多数行政人员选择以功利主义作为行政行为的标准。况且，行政人员的工作性质较为复杂，难以将他们的工作绩效全部制定成可以量化考核的指标。因此，在实践操作中，行政人员的自由裁量权不容忽视。行政人员滥用自由裁量权难以纳入绩效考核范围内，上级对下级能力的认可成为影响官员仕途的决定性因素，结果政府内部出现了个体依附状况。成为上级的掌权者也需要充分回报下级的这种"个人忠诚"，他们选拔自己的亲信和亲属到关键职位，长此以往竟然形成了一个稳定的政治人脉圈。在这个政治人脉圈里，行政人员平行的同僚关系也是十分重要的环节之一。他们利用公权谋取同僚私利，构建起同僚间的交易性关系。这种政治资本有个显著的特点，同僚之间的关系基本都是以功利为目的建立起来的，行政人员之间形式平等的人际关系已经演变为级别关系、身份关系，个别甚至超越了正常的业务关系。① 在这个关系网里，部分行政人员受到狭隘团体主义影响，可能连他们的亲朋也涉及权钱交易的行为中。我们可以看到以一个行政人员为中心，以其权力实质影响力为影响因素，在他的周围建立起了疏远亲近不同层次的关系网。联系到整个行政人员群体，每个行政人员的网络纵横交错，便形成了错综复杂犹如蜘蛛网般的网络体系。官员对这个精心编织的复杂利益关系网给予了高度信任，一些行政人员甚至以这个潜伏的关系网作为行动指南。

总之，规则约束行政行为的理论是建立在行政人员只拥有执行权的假设之上，因为，只有对行政人员进行价值"祛魅"后，才能对行政人员的考核集中在执行政策效率方面，进而通过奖惩机制来规范行政行为。可现实中的行政人员是不可能完全脱离政治范畴的，特别是高级别的行政人员对社会资源分配方案具有一定的决策权，或者说，至少在很大程度上影响了政治上的决策。在决策或参

---

① 刘元旭、翟永冠：《转作风亟须破除三大行政文化积弊——专家建言新型行政文化建设》，《决策探讨》2013年第2期。

与决策过程中，行政人员是无法做到价值中立的。追本溯源，对行政人员进行价值"祛魅"就是为了防止行政人员在工作中呈现出理性"经济人"的一面，由此可见，行政人员管理制度设计之初就对行政人员给予了"经济人"假设。那么一旦行政人员面对制度无法约束的自由裁量权，他们就会充分展示出"经济人"的一面，他们会建立隐蔽和复杂的利益关系网以实现私利最大化的目的。至于执行者角色对行政人员所界定的秉公办事特征则被抛到一边，从而导致了行政行为的失范。

第二节 行政人员的"执行者"特征

一 职责的外在性

目前，政府主要以制度、纪律作为工具来管理和约束行政行为，通过制度将行政人员的职责固定化。职责是对职位、岗位所做的普遍性规则要求，职责成为对行政人员考核的主要依据。但是，这种普遍性规制忽视了微观层面的具体行政人员的差异性。也就是说，在官僚制组织里，只要行政人员的行为符合组织规制的形式合理性，那么他的行为就在组织的预测范围之内，组织也会根据既定目标运转。为了能够使行政人员遵循统一的组织规制，就需要抽离行政人员的个体差异性，因为，标准化的规则只能对同一性的行政人员生效。这个摒弃行政人员个体异质性的过程，就是对技术官僚进行价值"祛魅"的过程。行政工作本身就是为了追求效率，那么没有专业技术的人是不可能有能力操作官僚机器的，由此，管理型政府中行政人员主要是由拥有专业知识的技术官僚组成的。通常而言，专业人员的意见将会有绝对性的权威，在价值中立的前提下，依据组织目标设定职位、岗位和职责，个体一旦选择了行政职业，就意味着要遵循根据契约确立的科层官员的义务和职责。

规范行政行为的方式是建立在这样一种逻辑之上，同一性的制度规范行政行为，科层制的行政人员以职位晋升、绩效考核作为其行为动机。由于从行政人员内心角度出发的自律设计较为缺失，导致外在设置的制度纪律及职责义务在行政人员主体身上呈现出压迫性质，所以这种理论上合理、技术上精确的职责制在面对现实中价值多样性的行政人员时，往往会产生与预期效果相反的结果，行政人员不但没有遵循纪律制度，反而采取隐蔽方式抵抗这些外在的规章制度。唐斯认为，"假设个体官员被自身利益驱动，同时也被他们正式规则中的组织利益所驱动。可每个官僚组织的正式权威结构都关注职务、职务角色，以及相关的正式规则，不关注处于该职位上的特殊个体。然而，起源于官僚组织正式规则的非正式关系就比较关注该职位上的个体特殊性。事实上，官僚组织中的大量非正式结构与正式的组织权威存在紧密的联系"[1]。

对行政人员事务性工作的具体内容的体现形式就是职责，为此，政府建立了责任机制，所有的行政人员都必须按照职责的规定来开展行政工作。从行政人员的执行者角色来看，行政人员还承担了政治责任，就是将国家意志贯穿到政策执行的过程中，政治责任是需要行政人员承担的一种主观责任。从公共领域与私人领域的互动视角来看，社会认同行政人员的管理者角色，管理者负责的是提高管理效率，承担的是技术责任，这种责任则从属于客观责任，客观责任显然具有更为明确的判读标准和追究机制。因而，尽管政治责任也非常重要，但在社会生活日益专业化和复杂化的前提下，对行政人员的职责规范则更倾向于技术责任。弗雷德里克就对行政人员身上专业技术能力的重要性给予了充分论证，政策已经充分反映了民众的意志之所在，但是在具体执行政策时，仍需面对众多现实的技术性问题。想要好的解决方案落实，就必须依靠具备专业素养的行政人员通过执行来落实。因为，社会的分工越来越细使得各个领域的专业门槛越来越高，行政人员只对政治完全忠诚，但是他们没有相关领域的专业能力是不可能执行好任务的。反之，也只有具备良好专业素质的行政人员，才能真正履行职责。行政人员的具体职责考核也就以量化地完成行政任务的数量来体现，客观本身就是一种外在性的存在形式。也就是说，行政人员在完成自己的工作任务时，不需要具备自我的价值判断观，即使有

---

[1] [美]安东尼·唐斯：《官僚制内幕》，郭小聪译，中国人民大学出版社2006年版，第66页。

相关创新的出现，也只是限定在技术操作的层面。比如，如何具体提高行政办事效率的方法，而不是效率背后的为民众服务意识体现的思考。

官僚政治提出了这样一个定理："你站在哪儿取决于你坐在哪儿。"一个决策者"坐"的地方不仅仅是他或她的利益，而且他的决策也受到他所处组结构的位置所影响。进一步解释而言，就是一个行政人员所处的具体职位和岗位，决定了他的具体想法和行政方式。按照官僚制对行政人员的要求，作为个体的行政人员在执行任务时是不能存在自我独立的价值判断观的，他的行为方式标准与其所在职位的职责要求完全统一。无论这个职责在他本人看来是多么的不符合现实情况，或者与他本身的世界观、价值观存在巨大的冲突。但是，只要这个行政人员是在执行公务，那么他所扮演的执行者角色就决定了他必须按照规则办事。所以，从行政人员自身认知的角度而言，职责是存在于行政人员心理层次之外的一个必须无条件遵循的因子。

在官僚制组织中，责任制约权力的存在前提是权力、责任都能加以明确界定。职责作为量化考核的依据，成为衡量行政人员优劣的主要标准。这种职责外在性的特征体现在政府人事制度的方方面面，绩效考核、薪酬水平、激励机制都由执行者能否有效完成职责为最终考核目标，但是，至于职责是否能够内在化则不在考虑范围之内。总体来说，行政人员的职责就是能够较好地执行政策。由于官僚制的生存背景在低度复杂性、低度不确定性的工业社会，可以制定详尽和细化的职责规范，因此即使职责与行政人员个体的价值理念是完全相悖的，仍然可以通过制度强制行政人员必须履行职责。

随着人类社会进入高度不确定性、高度复杂性的后工业化社会，权力和责任较难加以明确界定，规则无法控制行政人员日益增长的自由裁量权空间。特别是随着社会变化性因素的增多，政府职能不断扩张使得政府承担的责任和拥有的权力都与日俱增。没有任何机构能够有如此强大的预见能力，清楚地预测到行政行为中的每个环节，以制定完善的行政行为规范，在这种背景下，行政人员的自由裁量权范围日益扩张。如果职责仍然从属于行政人员的外在附属品，即行政人员没有从自我认知层面承认职责的合理性、合法性，而是迫于外在制度压力而履行职责。当制度无法管制到行政行为时，由于行政人员从内心深处并没有意识到自己的职责所在，或者说，职责并没有内化成他的主观责任，行政人员在行使自由裁量权时极有可能有意或无意背叛自己的职责。

二 支配关系的形式合理性

官僚制组织形式的特征被政府发挥得淋漓尽致，从宏观的角度上看，政府的组织框架是等级森严的"金字塔"模型；从微观角度考察，组成政府的行政人员是一支价值中立、服从上级命令的具有合理性特征的训练有素的专业技术官僚队伍。在马克斯·韦伯设计官僚制之初，就先对官僚制组织内的支配形式给予定位，支配是指特定的一群人服从于某些特定的（或所有的）命令的可能性。在历史上所有的支配方式中，官僚制所建立的支配关系是理性的。与其他形式的组织相比，官僚制组织具有明确性、稳定性、纪律的严格性的优势。官僚制的非人格化特征决定了其必须具备的可预测性，无论组织内的成员如何变化，只要还存在这种严明的组织制度体系，那么组织的行动结果就可以量化计算。

马克斯·韦伯倾毕生之精力设计了官僚制组织形式，为了论证这种组织形式中支配关系的合理性特征，马克斯·韦伯还采用历史分析法，专门对历史上的三种支配权威类型进行了分类阐述，并认为官僚制中支配关系的合理性权威是最具效率的。马克斯·韦伯对不同类型的组织进行了区分，他认为有三种合法的权威，由此出现三种不同的组织形式，即源于"超凡魅力"的"神秘化组织"、基于世袭制的"传统的组织"、权威基础是组织内部各种规则的"合理化—合法化组织"。只有这种与合理合法权威相适应的组织形式才是"理想的官僚制"，即这些组织好像一架进行设计的机器，旨在执行某些功能，而机器上的每一个部件都为机器发挥最大的功能起着它们各自的作用，这是马克斯·韦伯备加推崇的组织形式。[①] 因为，第一，合法权威建立在非人格化的法律基础之上，组织成员只需服从规则即可，这

---

① 丁煌：《西方行政学说史》，武汉大学出版社2006年版，第74页。

一点保证了组织存在的稳定性。第二，为了让组织成员完全遵循组织制度，他们被赋予工具理性和价值理性的观念，他们就会顺从任何既定制度。第三，下级服从上级并非服从上级那个"人"，而是服从非人格化的秩序。也就是说，任何人只要在特定职位之上，那么下级都会服从他。这就避免了个人依附关系的存在，实现了法制面前的平等理念。总之，马克斯·韦伯对合理性权威构建的支配关系充满了自信，认为这是一种最佳模式。

科层制构建的政府通过专业知识的支配形式体现了其支配关系的合理性，形式上合理性也成为行政人员之间关系最基本的写照。行政人员服从命令的根本原因在于精密的等级制度对其行为的提前设定，行政人员的职务、职位决定了他的等级，职位晋升的获取则是由技术官僚的行政效率所决定的，也就是所谓的政绩考核。因此，至少从形式上和理论上而言，技术性的知识本身就足以保证正常的权力地位。在政府中处于支配者地位的行政人员，由于其职位原因，可以接触到更多事件的真相，并且得以接近许多只对他们开放的资料。所以这部分高职位的行政人员也积累了更多处理具体行政事务的经验和知识，以此增强其支配的权威性。试图在政府组织内部建立稳定的职位支配关系，除了个体的经验、信仰等主观性条件支持外，还需要更重要的元素支撑，那就是对合理性支配体系的完全信任。这种合理性在马克斯·韦伯这里其实就是指法制化的程序，职位、岗位赋予职责的形式。

采取"服从"的态度意味着，服从者的行为基本抱定了如下的宗旨：命令的内容被无条件接受并成为行动的基础。而且命令被接受此事实仅仅与外在的义务有关，并不关涉行动者本身对于该命令本身的内容有无价值所持的态度。行政人员个体的主观能动性被客观设置的支配关系所摒弃，官僚制行政体系中的支配力量是一种没有热情、没有恨意的非感情化因素，因此，从形式上而言，支配关系的形成从属于合理性性质。他们在对社会行使管理职责时，每项具体的行政事务，都尽量避免掺杂私人考虑的有关感情因素，对执政对象都以形式上的平等对待，贯穿他们整个工作过程的是职责的责任观为主导的规范，这也是理想的行政官员处理其公务的精神。

在传统文化中，从普遍的意义上而言，权威属于守护者的领域，对于这一点，马克斯·韦伯谈论的不多。在这种情况下，那些拥有权威——或实际上"就是"权威——的人之所以如此，是因为在当时人们的认知之下，这种权威是一种生成现象，也就是所谓的"神授"。传统领导权的稳定性更多地依赖于能获得使这种必要的"光环"永存的符号，正是由于这种不需要监督而天然生成并存在的权威，一旦转化成权力，统治者对这种绝对权力的行使方向只能依靠自我的个体道德修养和能力来把握。正是在这种情况下，马克斯·韦伯在对比传统权威与现代式权威时特别关注"理性与合法"权威。换句话说，专家的支配在很大程度上被等同于官僚世袭制的置换。在理性支配关系建立的背景之下，专家特指专司其职的官僚职员，也就是说，官僚职员是拥有处理相关管理事务技术的专业技术人员，官职成为一种职业的现象出现，而不再具有和某个人相依附的特性。反过来说，为了管理这些专家性质的行政人员，马克斯·韦伯构建了理性的支配关系。在这里，个人忠诚的重要性下降了，正当的法律程序和正式的手续显得更为重要。基于此，"理性与合法"权威的基本制度成为官僚机构中，约束和控制行政人员行为的核心要素。

从官僚制的理论论述上看，组织对行政人员的管理是依赖于非个人化的规则，官僚科层制组织内部，对这些规则的合理性都持认可的态度。从形式上而言，在规则的约束下，组织内部的支配权只有在规则的范围内才能生效。规则是根据分工后具体职位所应承担的职责确定的，规则就是将行政人员个体进行普遍化和抽象化，也只有这样才能制定出标准化的管理规章。根据规则，政治组织内的行政人员都被安排到了特定的职位之上，但是这种支配等级的权威性毕竟还是附属在作为"人"的个体身上才能实现，支配合理性设置的前提是把行政人员作为"人"的主观能动性悬置。在这个过程中，官僚制提供了许多将其自身权力正当化的方式，从而可以使其权力看起来具有莫名其妙的中立性与超越政治性，同时也为它抵制主要政治统治者的侵犯以及其他社会群体的诉求提供了许多途径。但是，正是这个从形式上看似合理性支配关系的组织，其实质的支配关系并非纯粹由规则所决定。在农业社会的阶级组织语境中，统治阶级对其他阶级行使支配权力是阶级社会的本质，在统治阶级组成的社会统治体系内部，这种本质也得以彰显，为统治阶级效忠的被支配者也能够清楚地意识到这一点。官僚制组织的构建从形式来看，确实避免了阶级冲突的问题。因为，支配关系建立基点就是非人格化。可从现实来看却并非如此，人不可能成为工具，也就不可能完全具备工具理性的特征，当个体长期在某一职位时，这个人的观念可能就取代了职位的价值，新的人身依附关系也就逐渐形成。

在公共领域之外，行政人员在其私人领域还从属于某个特定的阶层。具体而言，在其家人或朋友面前，行政人员会表现出不同于其工作时的另一面，也就是说，他们在公共领域、私人领域和日常生活领域中扮演了不同的角色，角色冲突带来了人的碎片化特征。但是人毕竟具有完整性的特征，即使个体清晰地知道他在不同社会情境需要赋予不同角色，可社会的阶层组织影响着工作事实上的被分配方式，以及在官僚政治性制度以内被经历的关系。即使行政人员个体了解作为特定角色的占据者而相互影响，他们有着明确的技能，而且明确知晓需要他们来完成的行政任务，在实然的行政生活中，仍然存在依赖某个个体行政人员、自我经验构建工作关系的状况。而这种行政人员之间构建的关系，与支配关系的合理性显然是相悖的。在官僚制体系中，不管是规则的创制者还是适用者，都要求在相互竞争的价值之间的政策判断与选择。在官僚政治中被制度化了的角色原则，也可能是要么屈服于阶级原则，要么战胜它。但是，即便阶级与角色之间的争斗被克服了，那也依然存在非个人化规则之理想与个人依赖的经验之间的冲突。

三 机械"执行"的行为模式

工业社会的官僚体系培育出了执行者角色的行政人员，他们不需要拥有独立性和自主性，越没有独立性和自主性的执行越准确。官僚体制的组织体系本身就是为了消除独立性和自主性，如对行政人员要求非人格化，从而造就他们的工具理性人格。马克斯·韦伯认为，"近代官吏团体已发展成一支高度素质化和专业劳动力，经过长期的预备性训练后各有专长"①。文官的职责就是按照上级命令，运用自己的专业知识来忠实地执行命令。这生动地说明了官僚制所蕴含的唯上意识和组织稳定的至上性，甚至来自组织和上级的命令是不道德的或有意的不恰当的，下级行政人员也几乎没有反抗的理由和能力。功绩考核制作为行政人员管理体系的核心制度，它是为了实现行政人员执行模式的制度保障。政绩的内容只关心行政人员是否如期完成了既定指标，或者说，绩效体现的只是行政人员的执行效率。至于具体的执行效果是否为民众真正的所需，则完全不在行政人员的考虑范围之内。关于相关人员的绩效考核标准，一般很少有相关当事人参与讨论和制定，在对行政人员的具体行政行为进行考核时，除了按照技术上的量化标准走完考核程序外，实质上是很难对行政人员给予公正、客观、合理的评价的。

但是规则是一种防止人际关系出现麻烦的保护，这一推论也适用于领导层面和高级干部，他们更喜欢统计数字和非人格化的规章制度，而不喜欢一种更负责的行动方式中所包含的那种冒险。在各个层次上，行政人员所接受的教育的类型，尤其是他们在漫长的职业生涯的各个阶段中所学到的东西，强化了他们的墨守成规的常规行为模式。政绩考核制度给予了行政人员一个明确的行为导向，或者说，完成绩效指标就成了行政人员的主要行为动机，而完成指标的过程就是执行模式的典型体现。

绩效指标是衡量行政行为的第一项标准，那么完全服从上级则是行政行为的第二项标准。虽然组织的大多数成员都明显地厌恶自己被上级支配和控制的处境，但是支配关系合理性使得行政人员必须服从在其职位上的官员。行政人员在执行公务时，仅需服从上级或规章制度而不需自我价值的判断，行政人员身上凸显的工具性使其成长为擅长执行任务的技术专家。此时，行政人员价值被"祛魅"了，照章办事和外在监督从理论上消除了行政人员公权私用的机会。由于工业化社会的确定性因素较多，高新的科学技术还能够预测社会发展走

---

① ［德］马克斯·韦伯：《学术与政治》，冯克利译，生活·读书·新知三联书店1999年版，第67页。

向，可对未来的社会现状进行科学测量，以制定出相应的规章制度，行政人员不需价值判断只要照章行事便能维持政府对社会的管理功效。至此，政府为了适应工业化时代背景的社会关系赋予了行政人员工具型人格。按照绩效指标和上级命令展开行政行为的方式，淋漓尽致地体现了行政人员的执行行为模式。当行政人员可以选取多种方案执行政策时，理性和价值决定了其自由裁量权的选择方向。在这里，理性是一种理解能力的体现，具体而言，是指行政人员对具体制度、规则、政策的领悟和认同程度。价值则代表另一种意志的能力，它是自我对社会善恶分辨的一种价值观认知，当然，这种自我价值观里也包括了欲望的成分。行政人员选择自我行动的方向，则就由他们自行判断哪些原则是应该在行动中被绝对坚持的。偏好乃是一种倾向于某些特定种类之欲望的性向，一种倾向于某些能够满足它们的欲望的事务或者状态的性向。

现在我们设想一种关于理性之职责的不同观点，假设智慧预设，如果解释行为的方法也解释目的，那么它就不能单纯满足于陈述形式上的一般性，并且它会把那些通常被限制在私生活领域的问题带入公共讨论的舞台之上。行政人员在执行的理念指导下，所考虑的问题无非有两点。一是如何通过技术使得行政行为完全符合标准并且能超额完成量化指标；二是如何寻找制度漏洞然后规避，再实现自我利益的最大化。现实与理论的差距越来越大，行政人员既没有理想状态的价值中立，又不可能将公共生活和个人私生活完全分开。由于行政人员个体的价值观与行政职业事实的背离，使得行政效率每况愈下。角色就是在社会分工中的一个位置，一个角色的占据者往往都被期待去从事某些特定的任务，对于他们所具有的特殊技能与才智来说，这些任务是适合的。正如工人阶级或者公务人员，父亲或者孩子一样，人们作为他们所属之不同团体的成员而占据某些角色。市民社会理论这样解读角色扮演，市民是与国家对立的合法追求私利性的抽象性概念设定，市民在社会中扮演着形形色色的角色，他们就以不同的形式追求自我利益。执行角色的行政人员被政府赋予了形式理性，但是行政人员个体除了担任公职外，也在市民社会里扮演着各种类型的角色，个体的任意欲望却与这种形式理性发生了矛盾。也就是政府赋予了行政人员形式的公共性存在，执行者行政人员个体却以私利追求的自我理性作为自我价值观。

面对高度复杂的后工业化社会，政府规制变得越来越模糊，行政人员已经能够很娴熟地实现形式理性。行政人员的实质行为模式除了满足制度的泛泛要求外，更多的是被所处社会群体的风俗习惯所支配。或者说，行政人员应然与实然的矛盾太大，应然是代表公共利益的执行者，实然则是根据他们自我的感觉来行动。由于行政人员应然与实然的大相径庭，使得他们常常处于困惑的状态。行政人员为实现公共利益，可能需要损失部分自我私利的追求，那么他就无法扮演私人领域的"经济人"角色。当他们试图去摆脱规约的束缚并且在没有明确角色的情况下随心所欲时，他们将会遭受自我之统一性的瓦解。同时遭受放弃与蜕变，已经成为道德生活的平常情形。管理型政府基本受到技术理性所支配，即先把组织目标分解，再把小目标转化成每个个体的职责，通过要求个体完成职责而实现组织目标。结果，个体就被塑造成了单向度的人，人的完整性被碎片化所取代。因而，也就不再以道德主体的形式出现。在政府对社会进行管理过程中，行政人员基于技术理性去承担组织中的岗位责任。典型的事例是，纳粹大屠杀的管理和执行方面的意蕴，国家权力与现代新的技术—理性行政实践相结合，是这一起行政之恶的范式性案例得以执行的关键因素。这些致命的官僚程序的性质与动力并非纳粹德国或者纳粹大屠杀所独有，而是和现代组织与行政的技术理性方法完全一致的。[1] 也就是说，执行者角色的行政人员在例行公事时，只会简单地根据政策法规照章办事，以追求管理效率为最终目的，现实的执行场景和执行对象的情况则一概不在行政人员的考虑范围。当然，其执行结果体现的是邪恶还是善良的价值则更无须行政人员负责，但是，如果没有照章办事擅作主张处理行政事务，那么不管结果的好坏，则需要行政人员承担不按政策执行的后果。或者说，对行政人员的优劣界定标准就是

---

[1] ［美］艾赅博、百里枫：《揭开行政之恶》，白锐译，中央编译出版社2009年版，第152页。

能否不走样地执行政策,执行政策产生的结果优劣则不需要行政人员关注。

总之,科层制组织形式塑造了行政人员的执行者角色,由于等级森严、法规明确的制度,养成了执行者角色行政人员的独特特征。古立克这样定位行政官员的角色,他认为,行政官员在于理解和协调政策并向具体的行政工作机构解释和说明政策指令,行政官员不根据政策作最后决定,他们在政策地位上既不成功也不失败,技术专家一般只考虑"技术问题"。① 由此可见,机械科学定律在政府组织设计中得到了充分发挥和应用,成为引导主流行政学思想的核心理念。在政府组织内部,行政人员通过组织已有的职位、岗位确定自我的职责,不同级别不同岗位决定了职位所应具备的权力和职责。但是,这种划分只以组织目标的实现为标准,以组织需求为标准对行政人员的职位进行分工,职位上行政人员的个体主动性发挥则不在考虑范围之内。即无论任何人承担了同一职位,职位的权力和职责都是固定不变的,至于行政人员个体对职责是否认同则不纳入分析框架之内。因为,不管行政人员个体对职责有何看法,他们能做的就是按照职责执行任务,职位要求是不会随人做任何改变的。我们看到职位的僵化没有考虑到职员的主体性,政府职员也就以一种外在任务的心态对待职责,他们会尽量按照规定执行政策,但是很少会主动、积极地完成行政任务。从这个角度而言,行政人员被形塑成了机器零部件,每天按照提前输入的指令运转,没有创新也没有工作的乐趣可言。将这些行政人员部件协调起来的工具就是纪律和等级制度,或者说,支配行政人员的主体是非人格化的规章制度。从形式上看,个人支配在制度庞大体系面前相形见绌,因此,行政人员的支配关系拥有了形式合理性。然而无论是职责要求还是合理支配,最终都是为了塑造行政人员"执行"的行为模式。这种执行行为包括了两个环节,其一是对已有的政策法规照章办事,其二则是向上级如实反映执行的情况。解释和完善规则的决策权与更改和新制定规则的决策权,离执行单位越来越远,或者说离执行这些决定的一线基层行政人员越来越远,如果有利于非

---

① 丁煌:《西方行政学说史》,武汉大学出版社2006年版,第108页。

人格化的压力是强大的,这种集权化倾向便是不可抗拒的。①

第三节　行政人员的"执行"变异与政府职能的缺失

一　管理型政府与行政人员的"执行"之维

执行者角色行政人员是从属于工业社会的生存环境,从工业社会和管理型政府的视角来看,行政人员的执行者角色充分履行了政府对社会管理的职能,并且为实现有序的社会管理发挥了不可替代的重要作用。或者说,执行者角色的行政人员与管理型政府是相辅相成的,执行者的价值在对工业社会的管理过程中得到了充分展现。行政的相对独立地位的确定,使得行政不受政治中的党派之争影响,从而为社会发展和进步创造了稳定的政策环境。因为,在各种政治团体的博弈中,政府如果完全附属于政治,就会由于政党的更换而引起政策频繁变动,政府的执行不具有连贯性就会导致社会陷入混乱之中。正是出于此种考虑,行政才拥有了相对独立的地位。也就是让行政人员作为专业技术人员脱离政治斗争,执行任务时只需保证公共性而不用顾虑党派利益。对于政府内部而言,政府一旦成为专业技术部门,那么行政人员的人事工作就可以放弃对其政治价值的考察,直接采用科学的量化技术通过政绩制来考察行政人员的效率,从形式上保证了政府的公共性本质。

深入分析而言,行政的"政治中立"势必需要"价值中立"的行政人员与之相配套,那么对不具备政治价值的行政人员进行考核,就只需要根据行政行为制定量化的考核指标。在这个看似合理的逻辑程序里,隐藏了价值悬置的问题,制度不可能对所有细节行为都有所规范,那么在制度无法规范的空间就存在着自由裁量权,自由裁量权的行使必然涉及行政人员的价值判断问题。自由裁量权范围内的行政行为如何合理规范的问题就被简单化处理了,在制度设定上的价值体

---

① ［法］米歇尔·克罗齐埃:《科层现象》,刘汉全译,上海人民出版社2002年版,第231页。

现就是政治上的体现，行政人员的管理体系则建立在规则高于自由裁量权的基础之上，这样一个极其棘手的裁量权问题看似在形式上便被解决了。因为，第一，制度规章的内容已经反映了政治所追求的价值理念所在，如我国的政治原则是人民民主专政，那么在相应的制度、政策制定中已经体现了这个价值观念，因此，行政人员在按照事先制定的规则处理行政事务时，就体现了政治上的价值追求。第二，在对行政人员的行为进行规范化管理时，对其考核的主要目标就是照章办事即可，为了规范自由裁量权范围，就是采用技术将规范性行为越来越细化，考核程序更加烦琐和细致。在这两方面的限定下，从形式和理论上看，行政人员的管理体制以规则决定行为为导向而建立，自由裁量权尽量限定在最小范围内，这样行政人员既履行了政府追求效率的目的，又体现了政治的价值追求。

　　理论原则确定了，剩下的就是具体的技术操作，制定合理考核制度的问题了。工业社会的两大主要理论基础——管理主义和行为主义，及时为行政人员政绩考核制度的制定提供了具体可操作方案。典型的体现就是公共管理中对行政人员管理的确定方案，迪莫克就指出："在怀特的《公共行政导论》中，公共行政的现代观点被定义为'公共管理'（public management）。科学管理对于企业和政府具有同等的适用性。比较性的假定因此得到了检验，效率成为关键。"事实上，在怀特的另一部作品《公共行政动向》中，他根据市政研究运动的科学取向而将当时的市政改革运动称为"新管理"。在很大程度上，他的这一定义就是对"新管理"运动的一种总结和理论概括："公共行政的目标是对公共实业（public business）的有效经营。"在这里，"最有效使用""有效经营"等措辞都明显地具有管理主义的特征，由此可见，企业人力资源管理中的绩效考核、培训等环节被政府顺理成章地借鉴，并依此为行政人员制定了一系列量化考核指标。

　　显而易见，企业与政府有着本质的目标追求不同，企业是以逐利为目的，政府由于行政的独立性，则以追求公共性为目的。因此在制定人员考核指标时，只能移植企业人事管理的技术，企业员工把考核指标作为行为参照标准时，是可以将追逐私利作为正当的价值追求的。然而，政府的行政人员却不能以私利作为价值追求，在对"经济人"的理论假设基础上，通过价值"祛魅"的方法摒除了行政人员个体的所有价值观，行政人员只需要照章办事，不需要掺杂任何价值感情因素于工作之中。这种思路进一步佐证了规则高于自由裁量权的行政人员管理方式，可见，行政人员就是一个维持政府机器运作的零部件，执行者角色的设计放弃了对人的主观能动性的考量。

相对于农业社会的权力统治型治理模式而言，行政人员的执行模式使得工业社会的治理比农业社会显得文明和进步了许多。因为，行政人员的执行权毕竟还是受到了制度的约束，而统治型政府的掌权者则无所顾忌地行使特权。从政府职能而言，管理型政府管理职能的实现需要科层制组织形式的支撑，也只有执行者才能有效实现管理效率追求的目标。科层制取代了农业社会权力治理模式的家长制，法理权威取代了神授权威、世袭权威、个人权威，成为普遍的权威来源。这至少为形式公平的建立提供了基础，管理型政府是比统治型政府相对文明的形式。唐斯曾总结出了对官僚制的评价观点，人们认为官僚制非常有效率，其中以马克斯·韦伯为代表，他认为，官僚组织优越的决定性原因是它拥有比其他组织形式优越的技术条件。发展完备的官僚组织与其他组织相比，就像机器生产与非机器生产的模式之间的对比。精确性、速度、清晰性、文本处理、连续性、审慎、团结、严格服从、减少摩擦和物质以及人员的成本等这些都是标准的官僚制中行政组织中的卓越特点，特别是在官僚组织的独裁形式中。与社团的、荣誉的、职业的管理形式相比，训练有素的官僚组织在所有这些方面都是优越的。

在考察官僚制组织的时候，唐斯已经发现不确定性对官僚制组织结构的影响，他认为，"官僚制组织行为的不确定性程度越高，其等级组织越可能扁平化"[①]。随着行为的变动性因素增多，每个任务所涉及的各种关系也变得很复杂，那么行政行为就不好准确预测。行政任务就不好分解，即使分解给不同的技术人员，也由于复杂的关系使得他们之间建立起了水平的协作关系，所以扁平结构是最适合现状

[①] [美]安东尼·唐斯：《官僚制内幕》，郭小聪译，中国人民大学出版社2006年版，第62页。

的。对于追求标准化大生产的工业社会，官僚制组织形式所塑造的执行者角色还是有其优势的，或者说，不是说执行者角色本身出了问题，而是执行者不适应新的社会形式了。某些执行者的特征也是需要我们在新的社会形式中所借鉴和进一步发挥利用的。组织严明、纪律严格而且每个人都要编入到组织里，成为组织的一个成员。科层制组织是适应工业社会发展的，为了满足工业社会大生产的需求，科层制为高效率的生产方式提供了组织支撑，由此，工业社会也对科层制组织形态建立了强烈的依赖感和信任感。科层制的非人格化特征，依法行政、照章办事，这与家长制的权治有着本质的区别。就是排除了个人的特权的滥用，意味着下级绝对服从上级，这样就把家长制的特征又联合了起来。从全球范围来看，随着社会的发展和管理水平的提高，科层制成为最普遍的社会组织形式。

当然目前已有大量学者开始批判官僚制，认为官僚组织的发展是自我膨胀的结果，对社会问题的处理总是反应迟钝，行政官僚处理公务则态度傲慢甚至公权私用。似乎曾经一度认为官僚制简直一无是处。但是，站在客观唯物主义上来讲，在工业社会背景，社会追求标准化的大生产模式，由于统一模式的批量生产模式从而也使社会变得相对确定和简单，因此，以标准化管理为核心理念的官僚制组织所塑造的执行者角色行政人员，是符合社会要求的。因为，通过行政人员单纯的依法办事方式就可以提高管理效率，政府的执政效率高了自然也能带动社会的高速发展。由此可见，官僚制政府组织是从属于工业社会的产物，并且为工业社会的发展做出了卓越的贡献。

然而，随着人们进入后工业化社会，人们的个体化和全球化趋势日益明显，这一切意味着后工业化社会是一个高度复杂性和高度不确定性的社会。那么面对如此背景，官僚制政府组织总是显得反应被动、动作迟缓。因为，官僚制的严格制度规定导致行政人员在面对变幻莫测的现实时，总是没有现成的规章可查阅从而无法照章执行。行政人员作为执行者又不能擅自做主，就只能等到社会问题经过一系列复杂程序的演变成为政策后才能执行，然而此时，可能当初问题的性质早已发生质变或不存在，新的问题又要经过这样的复杂循环形式才能处理。可以说，行政人员无能的态势反映出管理型政府已经不再适合新的社会形态。其实，不是官僚制组织本身出现了问题，而是官僚制组织形式所生存的历史背景已经开始发生转型，所以，为了适应对后工业化社会的治理诉求，行政人员的执行者角色已经悄然发生了转变。

管理型政府的管理社会职能只有通过"人"才能实现，政府的所有责任都只有得到行政人员的支持才可能落实。以此类推，政府的目标就是实现对社会的有序管理，这个目标的实现也是需要人的支持的。或者说，政府的管理效果如何，则是由行政人员执行政策的效果所体现的。执行者角色的行政人员只要按规定完成"指定动作"即可，至于他的执行对社会造成什么影响则不属于行政的研究领域。然而，随着社会领域的逐渐融合，一项具体行政事务已经不可能仅仅依靠政府工作人员就可以完成。例如，应急管理体制要求行政人员"分类管理，分级负责"，这与政府对行政人员的执行要求是相符的。然而现实是，行政事务需要跨界（超出职能部门管理范围）、跨域（发生在不同行政区划结合部）、系统性（由社会各子系统的交互作用加上媒体特别是新媒体的介入，其影响作用扩散到整个社会）的共同作用才能保证有效实现。行政人员面对这样复杂的行政事务，他们的解决方式却是各管一块、各行其政，只要完成指标上的事务即可，至于行政事务整体的完成效果则置之不理。由于行政人员个体的整体目标意识匮乏，遇到复杂的问题他们就会相互推诿，面对上级的问责，则会尽量规避所应承担的自我客观责任，自我可能在意识深处忽略了个体的主观责任。

即使存在个别自我责任感很强的行政人员，他具备想完成行政事务的决心，但是在科层制的组织中的执行者的角色限定中，其完成行政事务的难度可想而知。首先他要面对不同层级政府之间的责权划分与关系协调的复杂难题，其次还要有足够的沟通艺术，等待负责相关事务的高层级领导的批示，在这个漫长的过程中，一般行政人员早已选择了放弃。最终的结果，就是影响了行政事务具体执行的效果和效率，如果追究行政人员的行政责任，他们在执行之初就早已考虑到了如何规避个人责任的方法，最后受到损失需要承担治理失败成本的只能是普通的社会民众。可见，执行思维的行政人员在新的社会形态中不但不能担负起其相应的责任，更有甚者还会破坏原有的社会秩序。这就是为何近来老子的"无为而治"的思维重新被提起的原因，不是社会真的不需要政府了，而是政府的行政人员让民众感到一次次的挫败和失望，与其如此，还不如不需要行政人员的介入。因此，扮演执行者角色的行政人员已经很难再适应新的社会状态。

二 行政行为失范导致政府失灵

执行者角色要求行政人员具有价值中立的特点，成为只会执行的机器零部件。这种认识影响了行政人员正确价值判断观的形成，他们非但没有价值中立，却以个人权利追求作为其职业价值观，也就是说，他们把私人领域的"经济人"认知带入了公共领域。在工业社会，行政人员自由裁量权空间极小，因此，行政人员自主可操控的权力范围就相对较窄，私人利益追求的价值观所能影响的行政行为就极为有限。官僚制在行为上的控制导向也时时处处地表现在对公众参与的操纵上，以至于公众参与的良好愿望无法得到落实。但是，后工业化社会赋予了行政人员大量的自主性，如果行政人员仍然完全以理性"经济人"来主导自主性，那么行政行为违规现象将层出不穷，行政人员职业行为得不到有效控制，政府失灵现象从此出现。

其实，科层制建构的基石"价值中立"本身就是一种理想状态，在价值中立的视角下对政府团体的行为展开科学规范研究，以期用量化的绩效考核方式对其行为进行控制，发展出完善的公共人力资源管理体系，通过各个环节管理行政人员，在这种忽视个体主观能动性而设计的管理体制里，行政人员成为为维持政府组织这部机器运转的"零部件"。行政行为的责任结构发生了质的变化，以效率为主导的行政责任结构得以形成。[1] 剔除了价值的行为控制本身就是违背人性的一种简单性控制思维的体现，当把人作为没有自我思维和感情的工

---

[1] 谢新水：《作为一种行为模式的合作行政》，中国社会科学出版社2013年版，第74页。

具来对待时，执行者的思维方式虽然在行政人员内心深处留下了烙印，但是，行政人员的工具理性也被充分激发出来，他们人性中道德的一面也被完全隐匿了。

随着人类社会进入后工业化进程，复杂性和不确定性因素的增多，政府对社会趋势的预测总是显得滞后和不准确，从而导致行政人员面对具体工作时，制定的政策总与现实具体场景存在差异。在这种背景之下，行政人员的自由裁量权边界日益拓宽，行政人员拥有自主性是不可避免的历史趋势，可自主性的行政人员却仍然生存在执行者角色的框架内。这使得行政人员形式上价值中立，实则以功利主义的理性态度主导行政行为。也就是在制度规范行为的表象下，私利追求的价值取向却成为行政行为的标准。面对拥有大量自由裁量权的行政人员，制度约束行为的方式已显疲软，行政人员人性中的私利追求最大化的劣根性又被充分发酵出来，从而导致被动冷漠滞后的回应性执政模式、行政行为异化的现象频频爆发。

进一步而言，由于政策法规本身就具有原则性和宽泛性的性质，因此，行政人员具体执行时本身就包括了他对政策法规的再次解读过程，从一定意义上来讲，行政人员行使这种解释权就为表面客观严谨的法律注入了很强的个人主观性。在后工业化社会，由于社会的变动性因素过多，因此，政策制定难以具体细化到具体行政行为，行政人员的进一步解读就显得尤为关键。在这个政策解读到具体实施的过程中，一旦行政人员没能抵御住外来诱惑，私利膨胀被激发出来，那么法治模式就被"黑箱"中的权治模式所取代。为了规避行政人员公权私用的行为，除了对行政行为进行制度规范外，也强调通过个体自我道德修养的方式来加强对权力滥用的控制，但是，行政人员的工具理性人格已经根深蒂固，再寄希望于行政人员个体产生高道德水平，那么价值中立与行政人员自我"经济人"的价值认知之间的张力会让他们无所适从。依靠自我个体道德力量约束行政行为的想法基本停留在一种理想状态，具备这种高尚道德素养的行政人员屈指可数。

部分行政人员以自我为中心，按照关系远近、根据外部利益共同体对其的综合影响度，公共权力成为谋取私利最大化的工具。这种关系网使得行政人员以权谋私付出成本的风险大大削弱，权力成了他们为获取利益的私人物品。行政人员权力的公共性异化，职业理想匮乏的行政人员将享乐和奢靡的生活作为其实现人生价值的另类追求。特别是由于民众对权力私有化行为的警惕性不高，当行政人员利用职权赋予没有公职的亲朋以隐性权威时，这少部分人的隐性特权，极大地损坏了社会公平正义价值生态的形成，社会道德价值的贬值造成了无法估量的社会负面影响。可是当行政人员面对执政对象时，其行政行为却以制度、纪律和上级命令为依据，在组织中，按制度办事的人就是理性的人，服从制度遵守命令的人就是最有成效的人。这种工具理性人格的行政官员没有任何道德或感情色彩、屈从于冰冷考核指标，养成了领导拍板我闷头执行的行为模式。对岗位责任的担当和为民众服务沦为形式上的口号，出现问题以僵化的规则制度为依据相互推诿。一些行政人员为追求政绩对上级生成人身依附关系，对于利益群体无原则的政策支持，对于普通的民众诉求却回应能力极为低下，这种行政行为造成的恶劣影响使得民众对政府的信任与日递减。

目前很多公共机构的设计都表现出效率低下、回应性缺乏、官僚主义当道并对创新的抵制，行政管理者采用被动反应方式面对公众需求和社区问题的解决。① 我们看到，政府可能本身是为了实现提供更好的公共利益的目的，从而要求行政人员加快办事效率，但是行政人员把提高效率解读为催促服务对象提高办事速度。结果被服务者难以感受到亲切的人性化服务，只能接受行政人员的机械、冷漠的办事模式。行政人员在这个行政过程中，行政的目标和手段进行了置换，增快办事效率成为目的，提供更优质服务的目的被隐藏。今天，可以看到大量的暴力执法和暴力抗法的现象背后，便是执行者身上这种行为特征在现实中的折射，行政人员为了保证有效完成工作指标，而不顾服务对象的现实场景，进而强硬执法，结果政府制定的好政策，在执行过程中其公共性的目标本意被曲解，公众不但不理解政策的本意，反而由于行政人员的强硬执行，使得被执行对象对政府产生了强烈的

---

① ［美］全钟燮：《公共行政的社会建构》，孙柏瑛、张纲、黎洁等译，北京大学出版社 2008 年版，第 95 页。

不满。

其实，只是行政人员的行为异化对社会造成的伤害还是有限的，因为，毕竟大多数行政人员仍旧依据执行者的角色履行着职责，被动、消极的回应形式虽然造成了恶劣的社会影响，但是不至于引发政府失灵。然而，当权力转化为无所不为的个人权威时，对社会公平正义的价值观冲击简直就具有毁灭性的意义了。当行政人员长期掌权，逐渐将权力积攒成了绝对权威，权威不再从属于制度的控制范围。权力被拥有个人权威的行政人员视为个人囊中物，如果监督制度再不到位，那么他们对政府纪律等外在约束就可以完全视而不见。特别是个人权威被部分位高权重的行政人员完全异化为谋取自我私利的工具后，下级的晋升、考核；被管理部门的审批等所有权力全部集于领导一身后，"权力寻租"现象就不可避免，甚至会被部分行政人员歪曲承认和视为常态。可以想象，绝对权威导致违规行为所带来的影响，已经不仅仅局限于行为本身带来的经济损失，而是，由于个别行政人员的恶劣行为影响了整个社会对公平的信仰。在责任、权力集中和参谋机构不能发挥决定性作用的组织里，游戏规则的制定权被顶层行政人员所掌控，这个掌权者本身就是立法者。那么一旦这个占据高位的人违反了制度，制度基本就无法执行了。倘若这种绝对权威还赋予了身边亲朋好友以日常权威，一个没有行政职位的人却拥有巨大的行政权力，这种日常权威所造成的恶劣影响，基本能摧毁社会群众对公平、正义的信仰，可谓是超越腐败本身的溢出效应。当行政人员体会到国家赋予的公共权力给自我小群体带来的巨大好处后，他们考虑的就不再是权力如何受到约束，而是如何利用权力；不是权为民所用，而是权为己所用，行政人员沦为权力的信徒。

总而言之，由于执行者角色行政人员被动、冷漠、滞后地回应民众诉求，使得政府与民众信任关系日益恶化；个人绝对权威的建立、日常权威的出现严重败坏了社会风气。行政人员执行的变异导致政府严重渎职，民众对政府的信任感越来越低。政府对组织内的行政人员行为规范越来越严明，成效却不佳，行政人员的乱作为、不作为等现象屡禁不止。他们甚至学会了策略性的规避，制度严明时就有所收敛，一旦发现制度空缺或处于制度宽松期，他们便肆无忌惮地行使权力为自己谋取私利。特别是随着社会进入了后工业化的历史进程，复杂的社会现实使得行政人员自主性发挥空间逐渐扩张，执行者角色的行政人员已经不能适应社会治理的需要。随着社会行动者的崛起，社会行动意识已经对政府造成了巨大冲击，行政人员角色也需要随之做出相应调整，才能担负起政府所赋予他们社会治理的神圣职责。

三 行政人员执行者角色的非典型化

行政行为失范的关键原因就是行政人员不再是典型的执行者，面对个性化和多元化的社会，他们很难寻找到与现实问题完全吻合的政策法规来照章执行，从而导致政府的执政效率严重下降。产生行政人员执行者角色非典型化的主要原因就是行政人员自由裁量权范围扩张，行政人员自主性的发挥空间越来越广泛，当行政人员除了按照政策规定之外还依据自我价值观开展行政行动时，他们就不再归属于执行者角色范畴了。工具理性人格是行政人员作为执行者的灵魂，也是官僚制组织中对行政人员素养的基本要求，工具理性人格建立在行政人员价值中立的基础之上，如果对行政人员价值"祛魅"不再具备实践条件，那么作为执行者角色核心的工具理性人格也就被动摇了。当然，即使在管理型政府中，工具理性人格也只能存在于理论层面的应然状态，不可能有行政人员完全具有工具理想人格的特征。任何人的行为动机都不可能是完全理性的，行政行为动机自然也不例外。

唐斯对行政行为动机展开过深入分析，他认为，每个官员只是根据自身的理解来追求公共利益。结果是，有多少人思考这个问题，就几乎有多少种公共利益的概念。也就是说，行政人员的价值观念、个性影响了其对公共职责的认知，因此，行政人员的行为动机也是混合的。唐斯进而根据官员个性不同从而引起理解和定位公共利益的不同，把行政人员划分为狂热者、政治家和倡导者三种不同类型。在唐斯这里我们认识到即使行政人员是完全没有私心的，却都由于其个性差异致使他们对公共利益理解不同，从而在行政行为中体现出了不同的动机。行政人员以自由裁量权为分界线，来选择行政行为的标准。在制度对行政行为的可控范围内，行政人员以规则作为行为标准，行政人员照章办事的行为方式充分体现了他的工具理性人格。在自由裁量权范围内，行政人员则根据个体的价值观来行使行政权力。一般而言，经济理性的行政人员会综合考虑各种复杂的利益关系来权衡自由裁量权的行使。工业社会是一个低度复杂性和低度不确定性的社会，权力一般都在制度的可控范围内，行政人员的自由裁量权空间十分有限，行政人员的执行者角色特征就尤为明显。

随着社会的不确定性因素日益增多，无论是实践界还是理论界，都已经注意到行政人员自由裁量权范围日益扩张的现实。为了适应社会的需要，政府的职能范围日益广泛。几乎社会所有的领域都会与政府发生关联，公共行政也几乎涵盖了社会的各种行业。特别是在新时期，这种趋势将会越来越明显。与之相对应的是，行政人员的自由裁量权范围也会随之扩张。从19世纪晚期以来，政治学的研究内容中有关行政部门扩张的研究便占据了主流地位，到了20世纪20年代，高斯等人便已对公共行政中日益重要的行政裁量发表过意见。此时的行政裁量权已经与19世纪晚期的行政权力有了本质上的区别，从某种意义上而言，后者在当时的行政法研究中被视为统治权力的一部分，因而它必须得到最严格的限制，也的确受到了最严格的限制。在这种限制的前提下，从市政改革运动到"新政"这段时间，得以迅速增长的行政裁量权已经从统治权力的一部分变成了一种管理权力。作为管理权力，它的灵活使用显然有助于促进政府组织的效率。由于行政人员自由裁量权被赋予了价值理念，政府制定规范行政行为的标准变得愈加困难。行政人员由于工作需要经常接触政策法规，他们本身就具备了技术官僚的专业能力，行政人员很快就能发现制度的空白处。部分行政人员甚至深入分析了政府规章的底线，他们可以从容利用规则来粉饰自我公权私用的行为。这种情况下，行政人员的行动基本就是由他自己的观念做出决定，至于所谓的规范制度只是对他们行动最低限度要求。

特别是社会复杂性因素的逐渐增加，行政人员行使自由裁量权的现象屡屡增多。况且，在文官制度中就承认了高级别行政人员参与决策的合法性。随着行政人员价值观念被注入到行政行动中，行政人员的执行者角色被日益冲淡。唐斯的官僚制组织中提到了官僚制组织的使命型和生存化的概念，就是描述了行政人员执行者角色非典型化的现象，也就是说，管理型政府的模式和与之匹配的执行者角色行政人员缺陷太多，而使它们已经不能适应社会的发展了。决策者的信息需要由执行者来提供；反之，执行者需要对政策意图做出充分理解以后才能执行。在这个双向互动的环节中，由于后工业化社会的复杂性特质的介入，使得执行者的决策成分越来越多。因为，社会信息量的巨大和复杂，甄别信息真伪变得十分困难，执行者角色的行政人员在第一线接触实际具体问题，使得他们对信息拥有量上占据了主导地位，所谓的"精英治理""专家治国"就是指执行者对决策者的影响越来越大。

其实，早在西蒙对组织行为进行理论探讨时，就已经关注到了政府执行的非典型化问题。他认为，政府在具体执行任务的过程中，其实也掺杂着决策的成分。也正是由于这种决策因子的存在，致使现实中的政治与行政二分的界限十分模糊。西蒙认为，试图建立对官僚的严密的、外在的和等级的控制已不现实。将行政者与政策功能区分是不理想的；相反，必须去发现一些行政者在执行政策过程中使用技术知识的方法。在西蒙看来，传统行政学讨论都只注意"执行"，即"行动"或"做"，而不注意行动或做之前的"决策"。任何行动都包括决策和执行两个方面，决策程序不仅仅限于行政组织目标的决定，决策与做都是遍及整个行政组织的，二者是相互关联的。[①] 西蒙观察到政府行政人员中的决策行动，行政人员不再是单一的执行者角色。其实在行政过程中，行政人员、官僚的价值偏好也会反映在具体的行为以及活动上，对政策的选择性执行就是一个鲜明事例。这种选择性执行就体现了行政人员自主决策的成分，至此，决策也成为西方行政学学者研究的一个主要方面，决策不再作为政治家的专属行动。林德布洛姆的公共决策渐进理论，就以行政官员为例对影响他们决策的因素进行归纳，他假设一个行政官员要制定通货膨胀方面的政策，他可以这样一种方式开始：根据有关价值的重要性程度，将这些价值做排列，估计新政策的各种可能的后果以及它在实现上述价值中的作用，对这些政策方案所带来的不良后果和产生的价值进行对比比较，以决

[①] 丁煌：《西方行政学说史》，武汉大学出版社2006年版，第178页。

定哪一个方案能实现更大的价值。林德布洛姆以决策者这个概念定义他的研究对象,而非单纯的政治家。他认为制定政策的环节不仅政治家参与,仍然有政府行政官员的参与,但是,他并没有给予这种新角色一个准确的概念。

政治与行政二分的基本框架受到质疑,将决策环节纳入政府行政人员的日常行动中,也就意味着政府行政人员执行者角色的瓦解。因为,行政人员无论是参与制定政策的决策活动,还是执行政策过程中的自由裁量权的行使,都意味着行政人员的非人格化特征被主观能动性所替代。庞大的政府组织就犹如一台运行的机器,但人毕竟不是没有主观意识和情感的机器零部件,行政人员在具体执行公务时,不可能完全循规蹈矩。如有关行政风格的研究,就是指行政人员可以根据自我的情感和认知的发展、价值、知识、经验形成一套属于个体的独特行动方式,显然,这个概念的内涵与执行者是相互矛盾的。

执行者角色的行政人员被深深植入了照章办事的理念,他们认为照章办事的工作方式是天经地义、不证自明的。然而,目前的社会背景是公民的行动权和话语权越来越强烈,社会突发事件层出不穷,行政人员面对实际社会场景,可供他们对照的政策标准越来越少。面对社会新出现的问题,行政人员不可能等待政策出台再处理问题,行政人员必须根据现实场景,自主判断做出决策。这种转变意味着行政人员的工具理性人格逐渐丧失,行政人员自己对照章办事的执行理念都产生了质疑。可以说,在经济"大萧条"以后,行政行为的性质已经被改变,行政行为具有了更多的决策内容。当然,行政人员也不可能转变为决策者,因为,行政人员的自由裁量权行为只是一种根据现状进行判断而采取行动的行为,并非完全意义上的决策行为。执行者毕竟不是决策者,执行者可以向决策者提供建议,充分影响决策者的政策制定,但执行角色并未更改,理论设定的工具理性人格并未完全被扬弃。也就是说,行政人员不可能从执行者的角色直接转向决策者的角色,这种观点既不符合理论又与现实相违背。行政人员执行者的特征已经逐渐蜕化,执行者不再是行政人员主要所扮演的角色。由此,行政人员在执行与决策的尴尬境地里成了非典型化的执行者角色。

行政人员典型的执行者角色已然不复存在，随着社会的发展，行政人员需要承担新的角色。总之，执行者角色行政人员是从属于管理型政府的，管理型政府是为了适应工业社会治理模式而建构的，后工业化社会提出了服务型政府建构的诉求，服务型政府需要全新角色的行政人员与之配套。这时社会行动思潮兴起，社会行动者的归来为我们提供了一个新的观察问题的视角，行政人员的执行者角色是从属于工业社会的，后工业化社会中的行动思潮则塑造了行政人员的行动者角色。从执行者到行动者的转变而言，不是一种角色扮演的断裂，而是逻辑上的链接，行动者角色的行政人员就是帮助社会主体参与社会治理行动。

20世纪后期以来的公共行政理论探讨都表达了对官僚制的意见，都要求反思甚至提出"摒弃官僚制"的愿望。学者们在对公共行政发展历史脉络进行梳理的基础上，深刻揭示了公共行政中官僚制组织本质。按照科层制组织建构起来的政府及其所体现的管理主义反映了制度主义思维，在社会治理过程中突出了制度的地位和功能，致使具体社会场景以及个体的人的行动很难被纳入理论关注的中心。由于这一原因，我们在政府管理社会的实践中所看到的则是制度主义色彩受到过分的渲染，政府的主要工作就是在制度的框架下从事执行的工作，政府公务人员的价值判断能力则不被重视，甚至在价值"祛魅"的意义上受到排斥。政府失灵不能简单在官僚制组织形式下，进行方法和技术的改革，而是应从组织理论进行根本的创新设计。

况且政府的外部性环境也发生了本质上的变化，政府与外部社会是相互影响的关系，不能只看到政府的管理，而忽视社会变革对政府的影响。如在后工业化社会里呈现出工业社会所不曾遭遇的虚拟化特征，典型的体现就是互联网所呈现出的虚拟生活，网上银行、网上购物、网上的社区生活等现象逐一出现。虽然互联网仍然是对实在世界的复制，但是从某种意义上而言，世界被虚拟化了，这种虚拟化的世界充满了大量的不确定性和复杂性因素。如果在此背景下，政府仍然沿用官僚制组织的层级汇报、顶层设计、执行政策的解决问题思路，其结果不难想象，政府的回应总是迟钝和滞后的。社会在得不到政府有序治理的背景下，社会自治行动呼之欲出。社会自治的出现打破了政府垄断社会治理主体的局面，政府与社会的一体化取代了二者的二元对立关系。为此，我们必须重新审视政府与社会关系的根本性变化，社会以自我行动的形式开始了自我治理，社会不再被动地寄希望于政府对社会诉求有及时、有效回应。学者们系统地考察了政府的内、外部环境共同发生的变化，在此基础上提出在新时期的社会治理模式里官僚制组织形式已经失灵，对官僚制的改革不能再停留在渐进式修补的程度上，应该设计一种新的组织形式将其取而代之。

第四章 后工业化社会的"行动"思潮

　　工业社会时代的社会治理模式基本上是建立在政治与行政二分的理论框架基础之上的，从政治与行政二分的权力分配视角来看，作为政治主体的国家担负着制定社会治理大政方针的重担，作为行政主体的政府负责行国家政体之政，从事具体管理社会的行政事务性工作。政府执行政治性路线的过程表现为政府对社会各领域的管理实践活动，政治以民主的方式制订社会治理方案，行政的政府则是掌握了社会治理的具体行动权。"万能政府"的治理行动几乎涉及社会各个领域，政府的政治性职能弱化，其社会管理职能却日益强化，普通民众往往对政府的关注更胜于国家。所以，大多有关社会治理的研究都把关注点聚焦到了政府身上，行政国家的话语体系盛行一时。一般说来，社会治理理论主要是围绕着如何设计出能够让政府高效、准确地执行政策的制度体系展开，也就是规制型管理的研究视角。不可否认，良好的制度体系是政府发挥积极作用的根本性因素之一。但是，同一化的制度面对多元化、个性化因子逐日递增的社会总是疲于应对、力不从心，在这种背景下，我们需要打破既定的结构化社会治理模式思维框架，敏锐地把握住社会现实，从行动者的全新视野出发设计出合作的社会治理模式。

　　随着工业社会的发展，发达的技术、规模化的生产给社会带来了前所未有的辉煌经济成就，人们享受到了丰富和充裕的物质生活。但是，人们面对着日益增长的物质财富，却没有达到预期的幸福生活，各种复杂的社会问题和冲突甚至以愈演愈烈的形式出现。面对这个棘手的问题，我们需要面对工业社会的发展历程做出深入的反思。工业社会建立在市场经济基础之上，在市场经济所营造的功利主义氛围里，社会的民众逐渐养成了理性的价值判断标准。政府也依据民众的理性性格制定了制度体系，社会里的个体在庞大的社会系统面前只有遵循和服从的选择，长此以往，对个体独立、自主思考能力的关注逐渐淡化出人们的视野。也就是说，一种机械的理性凌驾于整个工业社会之上，人们丧失了独立思考的空间。人们的注意力主要集中在如何用较小的成本获取较大私利的问题上，对于长远问题和精神层面的问题则缺乏思考。正是由于人们的追求呈现出单一性，政府也就建立起统一的制度规范，对社会行为进行控制。制度代替神权成为人们顶礼膜拜的权威存在，工业社会的民众形成了根深蒂固的遵规守纪的行为模式。随着后工业化社会进程的开启，这种被动遵循的行为越来越不能适应新兴的社会，在新老社会形态交替之际，各种利益和观念的矛盾激化，但也正是在这种思想的碰撞中，一种新的行动思潮在后工业化社会诞生了。

社会各种新生迹象的出现表明，工业社会必将被一种全新的社会形态取而代之，我们把这种新的社会形态称为后工业化社会。最典型的变化就是互联网技术给人们的生活方式带来的革命式变革，随着互联网技术的突飞猛进，人们之间的沟通和交往模式发生了根本性的变化，人类社会开始从陌生人社会进入了匿名社会。我们看到，当网络成为人们的主要沟通工具后，每个人并不能了解网络背后沟通对象的真实身份，但是，沟通者之间可能已经建立了较为亲密的关系，这种匿名表达的形式为个体的多样性发挥提供了展现平台。加之今日交通工具变得更加便捷和快速，人们之间的距离越来越短，社会各个领域都开始频繁使用"地球村"这个词语，说明后工业化社会的全球化特征日益显现。在这种信息万变的社会面前，后工业社会呈现出了高度不确定性和高度复杂性的特征。

由此可见，从工业社会向后工业社会转型的过程中，社会结构发生了根本性的改变，社会从一个个独立个体组成的结构，变成了网络性的社会结构模式。政府面对这种错综复杂的社会结构，已经很难准确预测社会即将发生的问题，也就无法提前规划和制订解决方案。因此，政府对社会的管理难度越来越大，政府对社会诉求的反应总是显得迟钝和行动僵化。当政府失灵局面频频出现时，社会对政府的信任度就会随之大幅下滑。近来各种网络舆情危机事件的出现，就说明政府公信力的下降。工业社会所积累的丰沃的物质财富为民众组织自治行动创造了条件，对政府的失望又频频刺激着民众的精神。在两方面的共同作用下，民众的自主自治意识被激发出来。从这个角度而言，社会从单纯的被管理角色已经开始向主动参与社会治理行动者行列迈进，这就是行动主义兴起的现实呈现。可是，此时的管理型政府却仍然沉浸在控制社会的梦魇之中，政府消极地回应着社会的自治诉求，从而导致政府与社会的关系日益恶化。为了改变这种现状，政府必须认清社会新的格局模式，即民众已经从被动遵循的角色转变为社会的多元治理主体之一，他们以自己的方式主动行动起来投入社会治理之中，行动者之间合作治理社会的模式已经以不可阻挡之势来到我们的面前。

第一节　社会实践中"行动"思潮的萌芽

一　后工业化社会为行动者提供了实践条件

社会成为一个被人们所承认的概念，是出现在19世纪的工业时代背景之下的。随着工业革命对人们生活模式影响的越来越深，为适应工业发展的需要而出现了大型工厂，迫切需要大量的工人为其注入活力。由此，越来越多的个人从家庭中走了出来，工业社会的出现促使农业社会的家元共同体解体。而后，个人意识觉醒的人们组成了社会。这一新生的社会不再是人们机械性的集合体，而是具有自主意识的个体间的联合体。"社会"第一次出现在社会学的语言中时，它是一个比喻，而且，像其他的比喻一样，也是精挑细选的；它揭示了被描述客体的一些特征，并认为其他的特征并不重要。社会这个比喻脱胎于社会学家认为重要并着手考察的世界的构成或特征，并凸显它作为"社团"的性质。根据《牛津英语词典》，"伙伴关系""同他人友好或亲密地交往"是"社会"这个单词最古老的意义。在社会学采纳这个术语以前，"社会"还有一些其他的意义：（1）"由共同兴趣或目的结合在一起的许多人"，这种说法出现于1548年；（2）"在与同类进行交往的过程中，出于和睦共处或共同利益和防卫等目的，由一群个体所接受的生活状况或生活条件"（1553）；（3）"具有一个明确居住地的人的总体"（1588）；（4）"生活在一个大体上有序的共同体中的人的集合体"（1639）。①

社会是在个体自我意识苏醒的工业社会时期产生的，而非以对共同人性的承认构建了社会架构，在这里的共同人性便是意指多个他者共同存在而形成的人性。或者说，人们在从农业社会向工业社会过渡的历史时期，走出家庭的范围融入陌生人组成的市民社会，起初的目的就是追求个人利益，而并非由于意识到那些与自我个体相去甚远的他者具有的共同人性，进而组成了社会。但是，随着人类生存对社会的依赖性越来越强，社会却呈现出与构建初衷的社会自我个体性相反的特征，那就是个体为了塑造自我，必须首先从他者那儿得到承认。这种承认的现实体现就是个体在社会中所扮演的角色，因为角色蕴含了他者对个体所能承担责任的期待。社会为个人意识觉醒提供了场所，个人的自主意识产生并不断强化，造成了这样一个结果，那就是在自主意识的基础上进一步生成了社会利益与社会意识。

从历史进程演变的角度而言，可以大致将人类的发展分为三个阶段，即农业社会、工业社会和后工业社会，农业社会没有为个体的自我追求创造空间，是以"家"的利益作为共同目标存在的。"家"就是农业社会的基本构成单位，每个"家"组成了社会，或者说，社会就是最大的"家"的构成体。所谓"家国天下"就是这个时代人们对社会的基本认识，因此，人作为个体只是"家"的一部分，在家的文化下，人们发展的是农业的自给自足经济，人们生活在固定地点，较少有流动和迁徙，国家的利益是属于王权的。由于社会不存在"个体"的概念，追求的利益是属于"王"的，或是"家"的，个体是从属于每个"家"的。个体独立性认知的丧失，导致追求个人主义的理想和个人私利是不可能得到社会认同的。再加上农业社会对"商品经济"文化的诋毁，如在士农工商中的社会地位排名中，便可见一斑，"商人"的社会地位是最低的。致使农业社会没有足够的动

---

① ［英］齐格蒙特·鲍曼：《被围困的社会》，郇建立译，江苏人民出版社2005年版，第23页。

机发展具有公平竞争特征的市场经济。

　　工业化是一场资本主义市场化的运动，西方是工业化的发源地，可以追溯到14世纪到19世纪中期，从文艺复兴时期到20世纪的思想都体现了工业化社会的进程。工业社会是在"人权"的基础上建构起来的，在天赋人权的理念之下建立了民主，民主则是为了适应"脱域化"过程中的人口流动的现象所建构的。农业社会的户籍制度，对人进行编辑造册，让人与土地联系在一起，使得人固定在某一特定的土地上，难以流动。而工业化就是"脱域化"，也就是使人和土地分离，办工厂意味着使人和土地相分离，"圈地运动"标志性的意义就是让人和土地分离。"脱域化"过程中出现了人们离开所居住的熟悉的地域，开始地域间的流动，从熟人社会向陌生人社会转变。人们离开了土地没有任何束缚，在城市里不同的工厂游荡，造就了无产者，无产者因为"无产"便拥有了自由，可以随时出卖自己的劳动力。用自己的劳动力去和资本家进行交换，这样一来，人就开始流动起来，个体及其家族长期在某个固定地域生活，身份和地位都非常清晰，当离开此地时，就把这个身份和地位都抛弃了。这种背景之下，农业社会的熟人社会不再存在，自由人就进入了陌生人社会，在人的流动中造就了陌生人社会，而陌生人又是平等的，因此，没有身份的等级性之分，人人平等则是民主建构的基础。

　　可见。工业化进程是缘于资本主义发展起来的。城市的出现为这种自由的精神提供了物理空间，城市是属于陌生人社会的场域，现代化的大城市建立了起来，城市是从农业社会向工业社会转变出现的一种现象。现代城市与古代城市是有概念区分的，古代城市不具备现代性，现代城市呈现出一种分工与协作的形式，特别是在城市的管理方面，古代城市没有今天的一个科学的管理体系。关键的本质区别在于古代城市是一个消费者聚居的地方，而不是生产者聚居的地方，农业社会的城市对于社会而言纯粹是消费的地方，生产来源于周边，周边经济的发展承担起一个大城市的发展。而在工业社会时期，城市是集生产和消费于一体的地方，是陌生人构建的市民社会，城市改变了人们原有的生活方式，重塑了职业化的生活方式。城市为精神自由的个体提供了一个稳定的栖息地，个人主义在城市觉醒了，追求属于自我的个人私利拥有了合法性。城市的自由建立在人人平等的基础之上，显然这种人人平等理念是与农业社会的"身份等级"认知相违背的。为了扫除资本主义前行的障碍，西方启蒙思想家提出了天赋人权和人人生而平等的理论，并做了大量论证工作。可以说，启蒙思想家为资本主义发展清除了最为顽固的思想痼疾。启蒙思想家将矛头直指农业社会的身份等级制和宗教的特权思想，他们提出了自然法和社会契约论的思想，对身份等级的不平等性进行了一针见血的批判。最为典型的思想就是卢梭提出的人民主权理论，到此为止，主权的概念深入人心。

由于城市里自由市民的出现，农业社会里的身份认知消失，城市化是人获得社会角色的进程，领域分化中所出现的职业赋予了人们不同社会角色的概念。脱域化意味着地域的界限被打破，但是领域的界限开始生成，工业社会的统一大型生产规模出现，角色在社会结构中被梳理，进而形成了分工与协作体系，这是工业社会发展的一个逻辑推理顺序。也是对一个历史进程的描绘，在主权理论的支持下，资产阶级成功地发动了多次革命，最终成功地实现了农业社会向工业社会的转型。工业社会的市民走出了地域限制，意味着原来的部落和家庭解体了。也就是说，走出地域首先意味着走出家庭进入一个更大的范围，这个范围就是民族国家，民族国家生成之后，其觊觎更大的地域、财富，所以出现了资本主义争夺的过程，资本是贪婪的，要投资就要开辟处女地，商品要寻找消费者，商品只有转换成消费品时价值才能得以实现。所以商品要开拓市场，这就是一个资本主义市场化的过程，从脱域化的逻辑开始，率先进入工业化的国家，把脱域化演绎成世界性的运动。工业社会的几个关键性特征得以体现：脱域化、资本主义市场化、标准化、陌生化、领域化、城市化。托夫勒把这个工业化的过程定位为人类社会发展的第二次浪潮，企业能够生产大量的标准化产品成为第二次浪潮的基本特点。市场经济的发展为社会迅速地积累了大量财富，为后工业化社会的到来奠定了扎实的物质基础。当然，市场经济的技术理性思维、科学认知的态度也随之成为社会的主流认识和思想。人们在整个工业社会发展中所积累的经验告诉我们，正是先进的科学和精湛的技术为人类生活创造了前所未有的巨大财富，为我们的生活带来了巨大的变化。人们从农业社会食不果腹的生活，大跨步地进入丰衣足食的工业社会生活。

至此，人们以科学和理性的态度认识这个世界，进而通过精深的技术获取地球上的资源，再通过市场经济的等价交换以获取个人私利，实现个人追求更高生活质量的目标。日积月累的经验积累加深了人们对这种观念的认知，便形成了人们认识世界的基本思维惯性，人们形成了一种以科学中立无价值牵涉的态度对待人与事的惯性，我们对技术和科学养成了一种潜意识的信仰。心理学认为，真正决定人的行为的其实就是一些自我难以认知却又十分深入的"潜意识"，因此，我们带着这种看似无形的信仰开始重新认识我们的社会和构建我们的生活。我们的生活被塑造成了理性的模式，我们对人性的多种假设被抽离，只剩下了"经济人"的理论假设。当我们自认为是带着对科学绝对信任的中立态度看待世界时，其实只是对世界客体做一个表象上的认识，而这种认识实质上并不是建立在中立的基础之上的，而是加入了现实利益实现考量的理性态度。也就是说，以科学认识作为切入点，根据利益标准衡量科学认识的结果，以满足人们的实际需要。人们变得对技术十分信任和感兴趣，其实就是功利主义在作祟。因为，人们相信技术可以带来收益，经济水平则是社会衡量一个人成功与否的主要标准。社会在工具理性的主导下，人们对深入思考毫无兴趣，整个工业社会也呈现出形式化的特征。

其实吉登斯对社会自反性的论证中，就已经观察到了工业社会开始走向衰落的趋势。社会内部出现自相矛盾的地方越来越多，从表象上分析来看，工业社会没有农业社会的阶级斗争，甚至没有敌人出现，但是，工业社会内部自己开始反对自己。如管理主义大师为了增加生产效率，发明了对工人进行有序分工、统一管理以提高生产产量的方法，分工使得标准化的生产产品数量大幅度提升。却使人生活的领域越来越分离，因为领域的分离产生了分工所必需的职业化。农业社会的人是多面手，自给自足的小农经济使得人们必须具备生活所必需的基本技能，但是职业化使得人们只了解本职业领域的知识，职业领域的分化越来越细致，专业化形成就是领域间的界限。在工业社会，人们的流动在地域的意义上可以实现，在专业领域的意义上人的流动则会非常困难，某种意义上，领域的界限比地域的界限更难跨越，领域化意味着社会的新的形式再度封建化。

在工业社会发展到顶峰之时，也是工业社会已经无路可走之时，一种新的社会形态开始出现。那就是后工业社会成为继工业社会之后的一种崭新历史时期破土而出，后工业化社会为我们带来了截然不同的生产模式、生活方式以及社会结构。最为关键的是，后工业化社会改变了人们之间的社会关系，也正是这种社会关系的改变才带来了社会治理结构的根本转型。后工业化是在工业化之后的另一场新的运动，全球化、网络化的背景下生成了后工业化社会的高度复杂性和高度不确定性基本特征。准确地说，丹尼尔·贝尔第一个提出了这个概念。目前研究者们已经意识到社会进入了一个新进程，但是有关这个进程的命名还存在争议，后工业化社会是一个较为普遍接受的概念。后工业化意味着我们并没有建成的社会形态，是一个工业社会向后工业社会转型的过程，所以，有关后工业化社会的研究也只能说是对将来的一个预测。一般认为，从20世纪80年代起人类社会就开始逐渐进入后工业化的历史进程。贝尔在21世纪60年代推测了后工业化社会的形态，他认为后工业化社会是继工业社会之后的一种形态。主要体现出三个特征：第一，社会发展的重心从经济增长向增强知识转型；第二，制造业向第三行业转型；第三，社会新生一个专业技术人员的阶层。由于社会发展的快速，他的预测早已成为今日的现实，所以贝尔并没有真正猜想到后工业化社会的状况。

后工业化社会的第一个特征就是全球化，跨国企业和国际组织的崛起都体现了一个共同性，就是全球化的兴起。人类目前已经可以方便地在全球范围内自由流动，在工业社会的陌生人社会性质下，为了适应人的流动出现了身份证制度，人把"身份"随身携带以证明自我身份。促进人和物的流动，社会自发地促进流动性是社会发展的大势所趋，社会进入了有序流动的新时期。全球化是不同于资本主义世界化的进程，从脱域化意义上看，资本主义世界化与全球化是形似的，但资产阶级的民主理念等普世价值征服了全世界，称之为资本主义的世界化。全球化不是从属于"征服"的需要，不是把资产阶级历史形态和制度通过暴力、资本征服的方式强加于全世界。全球化是对多元文化、差异的包容，承认差异、承认多元性，由追求同一性到承认多元化，是话语的转向。早在20世纪六七十年代时，思想家们就提出了这个理论的转向，最为典型的体现就是差异承认思潮的兴起。马克思认为可以通过斗争战胜差异；黑格尔论证了调和差异；而哈贝马斯已经开始了话语的转向，提到了包容差异，哈贝马斯在承认差异的前提下，论证了主体的选择和包容他者的思想。

网络化是后工业化社会的另一个新特征，不仅指互联网，还指的是社会网络的生产和全球化联系起来，只有全球变成一个网络，这才是真正的网络化。局域网不是一个完整的网，网络的起点就是终点，网络有无数的节点，无形的虚拟的网是没有节点的。如果说，资本主义世界化造就的网络是有层级的结构，如殖民国就以一个纲为存在形式。后工业化的网络化则是没有网节的，也就是所谓的去中心结构。从技术上看，现在没有形成真正的网络结构，即使有也仅仅是网络结构的初级形态。今天的网络由服务器链接其局域网，服务器犹如关卡、边界，所以目前的互联网还是现实世界的复写。随着国家边界的消亡，随着人、物流动，随着户籍等边卡的消失，才是真正的网络形成。也就是说，第三次浪潮的后工业化社会里，世界的整体形态是平的。

随着目前人们的全球化流动和虚拟网络的出现，人类从陌生人社会进入了匿名社会。因为，随着各个国家人群的大幅度流动，每个地区的文化认知和社会体制有所不同，一个地区的身份在其他地区就不再具备意义，长此以往人们的身份标志就逐渐被取消了。网络则改变了人们的沟通模式，人与人的沟通进入了一个匿名交流的时代。进入后工业化时期，社会的流动性区域越来越大，距离的"近与远"增加了社会的不确定性。"在'远处'意味着处于麻烦之中与因而它需要机灵、活络、机敏或勇气，需要学会别的地方用不着的陌生的清规戒律，需要通过危险的尝试和常常是代价昂贵的错误来掌握它们。"[1]之所以是"危险的尝试"，其根本原因就是后工业化的高度复杂性和高度不确定性特征的凸显。

---

[1] [英]奇格蒙特·鲍曼：《全球化——人类的后果》，郭国良、徐建华译，商务印书馆2001年版，第13页。

总体而言，正是由于后工业化社会的出现，才会提供了孕育行动者的土壤。首先，由于工业社会对物质的积累，我们预测后工业化社会应该达到了一个较高的生产力水平。只有当社会拥有一定的物质基础后，民众才开始产生精神层面的需求。当然社会也存在拥有高尚信仰的人，他们可以不计自己的物质利益，倾其所有完成自我的理想，达到自我实现的追求境界，但是这种人毕竟是少数。对于普通民众而言，当物质积累到一定程度后，人们的关注点会有所转变。民众对社会治理的目标不再局限于经济效率的追求，而是去追求一种除了物质满足之外的更高层次的幸福，在这种背景下，社会对精神食粮的需要就会显得十分迫切。有知识和物质支撑的民众开始有更多的能力和热情关注社会治理，积极地表达他们的治理观念和方案，不再把眼光局限在个人的物质追求层面，而开始关注社会治理中公共利益的实现，这一部分人就是行动者的雏形。

其次，后工业化社会为行动者开展行动提供了场所。社会治理的行动者突破了精英阶层，普通民众也能够参与到社会治理的行动之中。影响参与社会治理的一个最大问题就是参与成本过高，所以工业社会才创建了民主代表制度。行动者则是主动加入社会治理的行动之中，不需要所谓的代表，以实现实质的民主。行动者之间通过对话、协商已形成共识，最终达成决策。这个过程需要完全公平、透明的沟通；需要信息的对称；需要每一个利益群体都可以平等沟通的平台；需要企图参与社会治理行动的民众都可以拥有表达权。这些条件只有在网络化和全球化的后工业化社会才可能实现，社会的虚拟网络平台可以使参与成本变得微乎其微；社会的网络结构可以包括尽可能多的人参与对话。全球化可以让不同文化背景的人毫无距离地沟通和交流，真正实现文化的融合和信息的共享。

总而言之，后工业化社会是一种完全不同于工业社会的形态，无论是生产方式，还是人与人之间的互动方式、生活模式都发生了翻天覆地的变化。从某种意义上来说，后工业化社会的高水平物质基础是行动者出现的基本条件保证。一方面使得人们有条件可以接受更高的教育，民众普遍知识水平的提高才能拥有参与决策的知识能力。另一方面人们不再仅仅忙于生存，剩余的空暇时间使他们有精力独立思考，在思考的过程中才能萌发出强烈的自治意识，对于整日忙于生计的民众，没有精力去思考社会的发展。当然由于后工业化社会的高度复杂性、高度不确定性，使得管理型政府对社会问题的回应僵化和迟钝，这些迫切的现实需要也促使社会民众开始重新审视社会治理模式。政府已经难以继续维持社会管理主体的唯一性，社会的非政府组织、其他组织与政府共同治理社会的模式已然开启。网络的出现则为社会行动者的归来提供了技术支持，互联网为民众提供了便捷参与公共生活的渠道，同时充分扩大了信息传播面、加快了信息传播速度，不再是高层精英作为民众代表掌握关键治理信息，随着网络的普及和发展，普通公民有时甚至会比精英所掌握的信息更加真实和充分，这为普通民众成为行动者参与公共生活治理提供了必要的对环境认知条件。

二 面对政府失灵：社会萌发自治的行动意识

后工业化社会为社会行动者的归来创造了实践条件，但是，政府还没有充分意识到社会的性质已然发生了巨大变化。管理型政府依旧以政府与社会二元对立的理念设计各种社会治理模式，继续着自己对社会的管制方式。这种方式无法给行动者提供自主性的空间，从而导致政府与社会的关系一度紧张化。在行动者的眼里看来，政府已经不能单独承担社会管理的重任，行动者准备担负起社会自治的责任，正是在这种动机的驱使下，社会萌发了自治行动的意识。

政府与社会的关系从概念界定的视角而言就是不对称的。社会是一个法律概念，而不是政治概念，也就是说，社会不是一个政治实然存在。国家随着时代的变迁，逐渐失去了它的政治性，变成了一个法律概念，政府却逐渐演变成一个政治性概念。政府作为一个存在的实体，有权对社会进行管理。但是与之相对应的社会却是一个抽象的概念存在形式，因为社会没有具体的实体存在形式。洛克在自然状态与国家之间引入了社会的概念，他认为劳动是自由的，人们通过劳动获得的财产理应受到保护。为了实现这个目的，处在自然状态的人们进入社会，组成了一个具有最高统治权的国家，社会的每个人都必须遵循国家的制度规则。可以说，社会是人们的各种社会关系的组合体。因此，从概念上来看政府与社会就形成了实对虚的关系。也就是说，从领域分化的视角而言，在公共领域政府是为了执行政治命令而出现的，从私人领域来看政府的存在必要性，政府为了保证社会能够有秩序地运转而建立。但是，政府是一个由组织、制度组成的实体存在，而社会则不然，社会只是一个抽象的概念形式。

从政府与社会二元对立的基础性结构而言，社会是一种具有自我意识的无形力量的集合形态，为了维持社会有序的运行秩序而构建了政府，从而产生了"政府与社会"的二元对立结构。当社会能够意识到自己已经可以与政府相抗衡的时候，它就会要求政府去按照自己所需要的方式来组建和运行。历史已经证明了这一观点，正是通过社会与政府的博弈，神权国家被改造成了绝对国家，绝对国家又被宪政国家所替代。洛克的理论认为，政府就是为了社会的有序运转而产生的公平的"裁判者"，为社会运作制定合理的秩序是从属于政治范畴之中，那么政府则起到监控社会按照既定规则运转的作用。洛克的理论追求表现出了从社会的视角探讨国家建构的趋向，他的思考路向突破了公共领域界限，从私人领域反思公共领域建设的思路具有很大的创新性。洛克认为，无论是社会还是政府，都会排斥政府的独断专行，社会和政府的生存都需要建立一个相对稳定的法制环境。因为同时掌握专断权力和执行权力是极有可能侵犯人们的私有财产的，也就是所谓的"绝对的权力导致绝对的腐败"。因此，他提出了"立法权"与"执行权"必须分开，要注意，如果说前述论证的政治与行政二分仅仅局限于公共领域空间的话，那么洛克则从社会的私人领域空间论证了政治与行政的关系，这对我们深入了解政府与社会的关系提供了一个新的看问题的视角。

工业社会的主要目标就是实现经济发展，只有私人领域才能实现这个目标，可见，从时间顺序上来说，工业社会发展之初所产生的就是私人领域，而公共领域则是应私人领域所需而在其之后构建出来的。从这个角度来看，政府的价值就被设定为应当为社会服务。在工业社会时代，政府与社会从属于不同的领域，有着泾渭分明的界限，《代议制政府》就从政治学的视角确立了社会与政府的界限。由此，在公共领域内，国家与政府从属于政治与行政二分范畴，在私人领域与公共领域之间，政府与社会也有明确界限，故政府的任务就是独立于阶级立法之外去执行法律。当政府这样做的时候，对公共领域而言，就是执行了政治决策。对于私人领域而言，也被看作"服务于社会"了，或者说，政府所构建的公共生活为社会的私人生活提供了安全的制度保证。古利克也对政府与社会的关系做过相关论述，社会中的人们为了追求自己的私利，都是自私和任性的，通过市场这只"看不见的手"调节私人行为，使得自私自利的人们能够维持共同生存。但是，当市场经济失灵时，就必须借助政府的手段来促使人们之间的合作，以调节社会秩序。因此，政府的主要任务就体现在两个方面：一是对于社会的自由演变成任性的行为进行强硬管制；二是提供私人不会提供的公共物品和公共服务，如政府为了实现市场经济的平等竞争规则所制定的相关保障制度，从而提供市场经济发展的平台；进行宏观经济调控以避免经济危机等任务。可以说，政府是为了适应社会发展的需要而被构建起来的。

　　上述从理论演化的视角分析了政府与社会的关系，但是，在逻辑清晰的理论之下，现实为我们呈现了与理论大相径庭的两方面真相。第一，政府是通过社会契约论的思想而建立的，即通过每个民众让渡一部分人权进而组成了有公共执行权的政府，理论上是为了私人生活的更加便利化而设定了政府，政府提供公共物品、监督社会合法运行，政府是服务于社会的角色。但是实际上，政府的公共执行权已经极大地超越了个体的人权，为了实现为社会提供服务的目的，政府必须要高于个人人权对社会进行管理和控制。从公共领域与私人领域的领域关系而言，政府此时已经摇身一变从服务者转变成了管理者，地位是高于社会的。第二，如果说政府和其主导的公共生活的存在价值只是为了私人生活，那么，政府以及公共生活就成为被利用工具的角色，尤其到了20世纪，公共生活的工具化到达了顶点。我们可以看到，近代以来的理论基本都是围绕如何建立更幸福的私人生活而展开的论证，公共生活的存在价值就是为了实现私人生活更加舒适的保障，政府则是实现具备这种工具性质公共生活的具体载体。在这种情境之下，政府作为管理者的角色又被涂抹了工具化的色彩，政府本身也就具备工具性的性质。也就是说，社会出于自我需要而制造了政府这个工具；反之，政府对社会的管理中也

第四章 后工业化社会的"行动"思潮 139

充满了工具理性的性质。

在资本主义社会之初,政府除了提供一些公共物品,并不具备更多的社会管理职能,所以政府的这种工具理性性质也不明显。可随着市场失灵的出现,政府干预社会的范围越来越广泛,社会对政府行政工作的依赖性与日俱增。用马克斯·韦伯的话来说,纵观历史,没有哪个时期的社会对政府的依赖会如此之深,现实中,目前国家的经济、教育等各个方面的发展都必须得到政府的保障才能进行。可以说,正是由于工业社会的各种环境变得更为复杂了,为了应对这种复杂的状况,政府的职能范围才会逐渐扩张。伴随政府职责增多的是政府权力的增大,所以政府才必须进行权力分化,不同的人掌握不同性质的权力,最后通过协作来应对社会的复杂性问题。在政府职能扩张的过程中,政府工具理性的治理方式日益明显,标准化的制度和行政人员照章办事的模式成为管理型政府的典型特征,政府对社会的管控使得社会恢复了有序的运作。但是,随着后工业化社会的来临,社会复杂性程度加深,政府对社会的统一化管理与社会的多元化特征相互矛盾,政府的治理模式一旦与社会不相适应,那么社会秩序就会显得十分混乱,政府也就陷入失灵的困境。

政府失灵的出现存在深层次原因,由于政府对社会的控制,社会建立了统一的秩序,但是也使得社会养成了被动遵循的习惯。一旦政府没有提前对社会现状做出制度规定,人们就会缺乏独立的正确判断力。如从社会需求来看,人们的需求被社会引导,而不是自我的真正需要,各种"新闻媒介"塑造了各种社会"成功者"的形象,通过思想灌输的宣传方式赋予这种形象以普遍性的意义。在市场经济的环境下,人们的统一性追求便变成了永无止境的物质追求,人们似乎为了商品而生活。每个个体都被同化了,个体如果产生并发表了深度而又独立的看法便会招到社会的异议。这是在物质基础上的团结;为对付敌人而进行的总动员对生产和就业起着巨大的刺激作用,因而也对高水准的生活起着维系作用。[①]

---

① [美]郝伯特·马尔库塞:《单向度的人——发达工业社会意识形态研究》,刘继译,上海译文出版社2008年版,第19页。

在享受工业社会带来的丰裕物质生活的同时，人们也形成了统一却单一的思维方式。人们在市场经济交换关系和意识形态的基础上建立起来了统一的行为规范；人们试图用普遍的务实精神来指引生活；人们由于过于关注现实的琐碎生活而失去了理想。可以说，在这种统一而富足的社会表象之下，人们丧失了独立思考的能力，忽略了机器对人的奴役仍将继续，追求消费社会的穷奢极欲、社会整体对个人的压制等依然存在。① 工业社会创始之初的自由精神和人人平等理念成为抽象意义上的形而上学，市场经济的平等交换和功利主义却成为深入人心的主流价值观，工具理性和技术理性成为社会行为的主要衡量标准。在这种同一性的社会中，连思想都具有了普遍性特点，人的想象权利都被剥夺了，自主性的行为更是与社会格格不入。人们的思想都已经在无意识中被禁锢了，人们对市场经济追求私利最大化的信念深信不疑，个人面对社会不公正现象只要不牵涉自己的利益追求，就会不闻不问。通过媒体不遗余力的宣教，已经把人们的注意力转向了生活领域，他们所关心的是薪酬的增长、职位的变迁、职务的晋升，至于社会的不公正、剥削和压迫等，已经无法为人们自觉意识到了。

可以说，从农业社会向工业社会转型，人们是为了追求更好的生活状态，在依靠自然条件来生存的农业社会，人们在面对自然灾害时常常显得无能为力，人们的基本生活水平还得不到保障。随着工业社会科学技术发展的日益精准，人们的物质生活质量已经得到了大幅度的提高。但是，在工业社会文明发展到顶峰之际，马克思的"人的全面发展"目标已经被单纯的物质追求所取代，一种物资充足、生活富裕、环境稳定、合理而又民主的不自由在发达的工业文明中流行，可这只是单纯意义上的技术进步，而不是能够在真正意义上实现人的幸福生活。

工业社会拥有了标准化和规模化的批量生产，带来了日益增长的社会物质资本，人们却丧失了独立思考的能力。马克思在其劳动异化理论中，就认为正是资本主义的私有制才导致了违背人的类本质异化

---

① 张康之：《总体性与乌托邦》，吉林出版集团有限责任公司2007年版，第275—276页。

状况的出现。人类从经济生活的主人沦为物质利益的奴仆。这也是今天许多令人迷惑的社会现象出现的根本原因之所在，随着生活质量的日益提高，人们的生活幸福度却不甚令人满意。如在我国城市生活幸福度调查中，经济水平很高的一线城市的市民生活幸福感却很低，究其深因，由于人们的需求并非自我的真实需要，大量需求是被各种广告、新闻宣传建构出来的"虚假需求"，但是人们却在为这种并不真实存在的需求去努力，"虚假"终究与幸福无缘。学者们对这种社会现状也进行了理论论述，埃米尔·涂尔干认为"外在的"、强制性的"社会事实"是个体行为的动机，而马克斯·韦伯则认为人对从事某件事情的"意义的理解"决定是否行动。虽然二人对人们的行为动机的认识存在歧义，但是，他们有一点达成了共识，就是个体并不十分清楚自我的行为动机。可见，在工业社会个体没有自我独立的判断空间，真正促使个体行动的，包括他们真实而非自我宣称的动机，都源于通常超出他们控制的外在世界。[①]

总而言之，遵规守纪的执行者是属于工业社会的，工业社会没有行动者的生存空间。行动者是具有意向性和反思能力的人，能够自主思考并主动参与行动的人，不是被动遵循的人。出于对政府治理失灵的失望和对社会发展现状的困惑，激发出了民众对社会开展自治行动的意识，拥有自主性和主观判断力的人就成为行动者。行动者开始意识到工业社会已经很难再实现自我突破性的发展，政府对后工业化社会的治理又总是力不从心。他们在频繁地表达却没有得到政府有力回应的情况下，一部分有能力和有远见的人自己开始加入治理社会的行动。社会自治行动意识的萌发对于社会的转型具有开创性的意义，因为正是行动意识的出现才塑造了行动者，行动者的归来则是社会进入后工业化进程的重要标志之一。

三　社会自治行动的现实呈现

工业社会一个主要的特征就是领域分化，人们的生活也分成了三

[①] [英]齐格蒙特·鲍曼：《被围困的社会》，郇建立译，江苏人民出版社2005年版，第8页。

重领域，即公共生活领域、私人生活领域和日常生活领域。行动思潮不可能产生在相对封闭的公共领域，但是公共领域的政府失灵却为行动思潮兴起起到了刺激作用。政府对社会的诉求总是回应迟钝，使得人们平常的日常生活和私人生活受到了很大影响。行动者在私人生活领域便结成了非正式组织，开展社会自治行动。这个特殊的组织由于不是政府建立的，但是它又具备了非盈利的公共性特征，所以，学界以第三部门或非营利性组织对这个组织进行命名。由此可见，行动者的出现使社会的角色发生了根本性的转变。在由原子化的个体所组成的现代社会里，当个体从心理上认同了自我扮演的社会角色时，就会以这种角色作为他行动的蓝本。当民众已经成长为社会治理的行动者角色时，他们就已经不再满足于对社会问题的表达层面了，而是直接付诸行动。但是，政府对民众的认识却依然停留在权利表达的参与者角色，政府角色认知错位引发了政府与民众对同一社会问题的解决方案不一致，从而激化了双方矛盾。如目前，如果民众对社会问题产生异议，主要的表达渠道就是信访方式，这种方式意味着民众拥有对社会问题的表达权，至于如何行动的问题则属于政府的回应范畴。但是，对于行动者的民众而言，他们不再局囿于单纯地表达范畴，而是自发组成组织与政府一起展开社会治理行动，这就意味着社会自治的行动已经从理论付诸实践。

在二元角色的分析框架里，民众扮演着接受管理的被管理者角色，在这种角色的认知下，民众拥有的是对社会问题的表达权，民众从被动等待政府回应到主动与政府合作共同治理，存在一个公众与政府的势差平等问题。在表达与回应的治理模式中，当民众对某个社会问题有强烈诉求时，最正当而合法的手段就是充分引起政府关注以期待进入政策议程。社会行为的规范源自手段与目的的关系规范之中，社会行为的目的已经被政府其他预设，社会只要认识到这个目的即可，并不需要关心这个目的是否适合当时的社会情境。也就是说，在社会行为还未发生之时，政府就为其设定了目标。发生社会行为的民众只能选择某种科学而理性的手段来实现这种既定目标，但是不能参与制定社会发展目标。即使有民众作为代表参与，那也只有极少数的精英才拥有制定游戏规则的影响决策权，具体而言，社会治理出现了问题,作为利益相关者或者感兴趣的民众可以向政府陈述自我权益诉求,呈现社会现象,但是最终的管理方案由管理者决定。制度和规则已经确定,民众就只能在这个框架内进行行动,那么,在这个框架内就只剩下行动手段可以选择。从这种意义上看,民众的主观价值判断已经被剥夺,仅仅停留在参与和表达问题的阶段。这种参与治理的背后是精英管理的主导思想,然而,民众自治显然已经不满足精英集权所设定的界限,这种思维也不是简单的量化意义上多数服从少数,而是新时期社会各方面的发展为普通民众自治提供了条件。

在大数据化时代背景下,匿名社会兴起,起初是人们对社会现象的表达渠道越来越便捷,或者说改变了人类的社交方式。再随着人们素质的普遍提升,政府的反应迟钝,民众不再满足于单纯地向政府表达社会问题层面,他们进入了自治的新的历史进程。当然,信息的完全透明和畅通无阻可能还需要很长的一段路要走,因为,就目前而言,网络资源的分享权仍然是由政府所掌控。特别随着网络技术的日臻成熟,只要一个人通过任何电子设备做过何种行动,通过技术查询基本就可以完全确定这个人的行为路径。如我们看到某地出现一些重大而敏感的社会问题时,网络的渠道就会被严密封锁,但也因如此,我们也可以体会到网络这种沟通方式对政府的控制方式的冲击力量十分巨大。因为,只有恐惧才会有如此剧烈的反应和行动。从长远而言,网络这种具有广泛性质的传播途径已经不再局限在政府完全可以掌控的范围之内。也就是说,网络的新型传媒手段掀开了政府美化自我虚假行为"遮羞布"的一角,民众对主动加入社会治理行列的热情已空前高涨,社会发展的趋势是不可逆转的。其实,这时更需要政府发挥新的功能,就是通过政府引导,让"热情"参与社会自治行动的民众能够回归到"理性"自治的轨道。

社会试图通过与政府的合作实现共同治理社会,可以说,行动者是民众自治意识觉醒的体现。社会行动者角色能否重塑成功关键取决于社会与政府的地位悬殊势差的转变,或者说,强势政府与弱势民众的对比转变为强势民众的兴起,只有这样,行动者才能无所顾忌地参与社会治理活动。随着网络技术平台的逐渐成熟,匿名社会渐渐兴起，政府的行政行为日益阳光化、透明化。很多社会信息可能是由当事人或旁观者第一时间通过网络社交平台宣布，而不再需要等待官方统一口径的宣传，从而使得信息共享更加便捷。也就是说，只有双方共同处于同一平台上才能存在平等对话的可能性，这涉及民众从话语的表达权向主动行动权的转变。如果说，从农业社会向工业社会转变的历史进程中，社会的进步体现在权治时期进入了法治时代，那么法治能够赋予民众的最大权力之一就是自由话语权，法律面前人人平等的理念无可置疑。但是进入后工业化社会，人们不再局限于抽象的主权平等层次上，不再满足于形式化的公平，而是期待实现一种实质上的平等，实质平等的主要实现途径就是社会参与自治行动。

在民众自治意识觉醒的同时，政府对社会的管理却力不从心。政府主要通过两个步骤对社会行使管理职权：第一，对社会行为进行预测，提前制定秩序。第二，以裁判者的姿态判断社会行为对错，控制社会行为达到制度所设定的目标。在第一个步骤里，随着人类进入后工业化社会，不确定性因素逐渐增多，对社会行为的预测变得越发困难。对人类行为提前预测的理论基石源于个人主义和集体主义，个人主义认为，人们的行为选择源自他们理性的利益判断，利益最优组合就是他们行为的标准。集体主义主张个人从属于社会，个人的行为动向取决于集团、民族、阶级和国家利益的一种思想理论。可见，这两种主义的行为预测框架，都没有对导致行为的刺激来源进行探讨，它们提前预设了个体行为的目的，而忽视了人们在互动时可能会改变行为目标。在后工业化背景中，人们在行为过程中会遇到大量提前没有被预知到的变动性因素，因此，个体在与社会的互动过程中，行为目标会随着现实状况或自我认知的改变而进行调整。在这种情况下，政府对行为目标都估测不准，那么它对社会行为的预测就会存在很大的偏差。

在行为预测失效的情况下，以此为标准制定的社会管理秩序就不可能成为人们行为的实质性标准，那么行为控制就会沦为形式化地走程序，社会管理失衡的现状激发了民众的意向性行动。也就是说，在政府对社会的强压管理下，社会问题没有减少反而增多了，政府作为管理者的做派却还存在。这种状态初期，民众只能怨声载道表达不满，但是，随着民众自治条件的成熟，他们对政府的信任就会降至谷底。这种情况下，多元主体合作治理的诉求被提上议程，我们看到，各种民间组织如雨后春笋般自发建立起来，形形色色的社会组织出现，民间自发组织、社区、第三部门对社会治理发挥的作用越来越明显和巨大。微博、微信对他人救助和寻找某个信息的功能已经超出了政府的掌控能力，当然，政府也开始接受这种现象。如目前的网络问政纵向深入，会普遍征询民众的拟订方案，以各种传播媒体征询解决方案，最典型的就是，考核标准的转变，从最初的经济考核指标追求到生态环境的政绩考核，最后到社会民众意见的整合，说明这种广泛的社会网络建构已成雏形。

更深一层次而言，民主制为民众参与社会治理提供了常规化渠道，迫于社会变化太大和政府执行程序的烦琐，政府对社会诉求的回应却总是滞后而迟钝，网络的兴起则为社会其他团体参与社会治理活动提供了新的便捷方式。民众对有关切身利益的社会治理问题萌发了具体的治理方案，他们不再仅仅停留在表达、观望、等待列入政策议程的常规程序中，民众会通过网络沟通的形式自发组成组织，把自己的方案彻底落实。我们看到，民众对政府官员职位的认知越来越趋近理性和客观化，而不再将官员置于神坛上"父母官"地位，在中国的文化里，"父母官"意味着管理和统治的内涵，合作则是平等互助的关系建立。在强势的政府面前个体的力量是微弱的，但是现在自发组织的兴起，促使政府不能再忽视自治现象的出现。政府也逐渐意识到合作治理的优势，如在某地的公交车纵火案中，政府主动做出这样的宣传：当风险突然来临时，不能单一地等待政府的救援，民众要具备自治意识。可能在一定层面上而言，这种行为被认定为政府的推诿责任，但是随着社会变动加快，政府难以对社会问题做出迅速回应的现状已经被管理者所承认。虽然，目前关于社会其他治理组织的审批还需要经过政府的批准，但是这种平等的共同治理者角色认知已经开始觉醒。总之，随着时代的变迁和发展，政府管理者与被管理者之间的势差被平衡和重组是势不可当的，社会自治行动不再是学者们在书房里的理论构思，而是逐渐成为社会现实。

第二节 "行动者"理论：社会认知范畴的转型

一 主体与客体社会的扬弃

从哲学的视角来看，在人们开始认识到感性和理性对立的时候，就已经在这种对立中隐藏了主体与客体的关系。因为感性和理性分别代表了两种不同的认识世界的角度，前者是普通人对世界最直观的认识，而后者则上升到哲理层面的理性分析。可以说，在苏格拉底以前哲学家们的观点中可以划分出的认识论里，认识的主体就是人，即具有自然的身心特性的单独个人，而认识过程本身实质上被看作心理过程。[1] 从对主客体主客二元体系的文献梳理来看，科学并非最初出现认识的领域，人类认识世界遵循了这样一个逻辑：起初，人类通过实践，把自我与周围环境区分开来，然后依靠经验的积累开始认识自然和自己。可见，在这个过程中，人们尚未把自我定位在认识主体的地位，人们为了生存开始改造自然界，同时把自己对象化在创造物中，但还没有意识到这个过程。我们在此将这个阶段称为前科学的认识阶段，也正是这个无意识的探讨改造自然界技术的过程，逐渐形成了科学的主客二元体系。

从农业社会里人类的具体生存环境来看，在技术和资源都匮乏的农业社会，人们的生活总是与自然息息相关，人类为了更好地掌握自然界规律以生存下来，开始了对自然界的认识。在中世纪宗教的黄金年代，由于科学的匮乏人们很难探索到自然界的本质，人们为此创造了上帝，认为一切皆为上帝所造。休谟描述了这种最原始的认识，他说过：理性永不能使我们相信，任何一个对象的存在涵摄另外一个对象的存在；因而当我们由一个对象的印象推移到另外一个对象的观念或信念上时，我们不是由理性所决定，而是由习惯或联想原则所决定。[2] 他为我们真切地描述了当时的人们对自然界的无奈和无知，300

---

[1] ［苏］M. A. 帕尔纽克：《作为哲学问题的主体和客体》，刘继岳译，中国人民大学出版社1988年版，第11页。

[2] ［英］休谟：《人性论》，关文运译，商务印书馆1980年版，第115页。

年前，人类的思想充斥着迷信和恐惧。在这种背景下，培根把矛头直接对准了中世纪的经院哲学，认为人们要正确地认识自然界，而不要把自己束缚到虚幻的世界中。可以说，培根奠定了认识论的基石，自然界存在着规律，而规律是可以被认识的，曾经匍匐在上帝脚下的人们，开始用理性来打量这个世界。以牛顿为代表的近代科学诞生了，人类社会飞速发展，正如马克思而言，资本主义不到100年的历史，所创造的生产力超过了以往历史的总和。在《新工具》中，培根曾详细论述了他的思想，培根认为，认识自然界需要一套理性和完整的方法论，但是相对于认识自然的实践工作而言，构建理论要简单许多。认识外界是一个循序渐进的过程，最初是源于人们对外界的感性认识，感性认识是内心的活动，但是也是较为不理性的认识。人们只有把所认知内容中的感性主观成分剔除，才能真正反映客观存在的现状。可见，在培根这里已经出现了主观认识与客观存在的雏形，并且他深入推论了如何统一主观和客观以实现科学认识的途径。培根试图努力摆脱神学对自然的认知模式，努力开拓一种通过实验的实证，来证明客观存在的认识论。

笛卡尔认识论的创立也在此范式之内，笛卡尔著名的"我思故我在"的思想里就表现出他对感性认知材料的怀疑。笛卡尔开始从"人"的角度反观上帝，他承认上帝的存在，但是由于没有完美的人也就不存在尽善尽美的上帝。可以说，从笛卡尔开始，人们对外界的认识不再借助于上帝之眼，而是从人的角度出发来认识这个世界。换句话说，认识论的出现是人们从唯心主义转向唯物主义的转折点，人们开始客观理性地看待这个世界。德国古典哲学的创始人康德开辟了主客二元体系的传统，康德认为所有主体与客体之间都有同一性。因为，只有当主体的主观认识是符合客体的实际存在，才能真正认识这个事物。或者说，只有主体与客体实现了一致性，主体才能透过现象真正认识到客体的实质内容。客体是实在的客观存在，不会因为人的主观改变而改变它的本质。客体是被动等待主体认识的对象，主体为了能够准确把握客体的性质，就必须深入了解客体。并且，作为认识对象的客体也在主体可以掌控的经验和能力范围之内。可见，康德的认识论中充分肯定了主体的能动性，又准确地把握了客体的被动和不可变性。

在认识论产生的历史进程中，我们可以看到，认识论是为了人类掌握自然运转的规律而出现的。其主要特点是研究者通过实验分析出自然现象运行的规律，可见，客体在自然科学领域就是指没有任何感情的客观存在物质，科学就是对看到的实践给予解读。主体与客体的对立关系则是认识论的基本框架，然而当主客二元体系运用到社会科学时，这种客体就是社会。依据主客二元体系的定位，任何事物之间都有规律所循，关键是我们要认识到这种规律。社会科学也不例外，社会学家是认识的主体，社会就是被动的认识客体。在主客二元体系的框架下，自然和社会都是等待被认识的客体，但是自然和社会二者本质截然不同，应该分开对二者展开研究。主体对社会的认识来源于社会的实践内容，但是社会不是停滞不前的、不可变的自然界，而是在不同的历史时期有着迥异的社会形态，因此每个时期对社会的认识不会相同，这完全不同于对自然界的认识可以有标准答案可循。社会是多元化的，主体、客体的二元研究框架在社会科学领域的应用不同于自然科学领域。

其实在对社会科学领域的认识中，认识主体一直是由处于阶级社会里的优势阶级所担任。从主客二元体系的研究框架设定中，主体拥有主观能动性，客体只是被动的角色。所以，在阶级社会里，一般认为只有从事脑力劳动、拥有一定知识储备基础的阶级，才具备认识主体的资格条件。如在直接认识主体中，有学者、代表某一阶级的思想家。由此可见，在等级森严的农业社会里，统治阶级的社会立场基本决定了认识的结果，统治阶级的价值观念体现在认识的知识中。所谓认识客体的客观存在形态，也就是描述出当时社会运行的本质，通俗而言，就是当时各个阶级的利益之争现状。A. H. 舍普图林描述到，社会作为认识客体是有其独特的特点，社会是由人组成的，所以社会必须具有主观性的因素。如果完全将社会的主观性因子剥离，社会就失去了其存在的价值。社会与自然有着本质性的区别，社会是人们为了实现一些理性的利益目标，而开展的一系列的活动，自然没有这种主观意识存在就是自发力量作用的结果。当然，无论是对自然科学的认识还是对社会科学的认识，有一点是共同的，就是认识主体都是具有主观性的人，人们根据自己所认识的外界规律来引领人类社会的发展。可是尽管主体都是人，但是这个范围太为广泛了，对于社会科学而言，主体的人和客体的人却有着天壤之别。

随着工业社会取代农业社会，也就意味着统治阶级的消失，人人之间都平等了，那么，就不能再有主动的"人"和被动的"人"之分。马克思主义对社会研究领域里的客体给予详尽的描述，人们认识社会的规律就是为了建设一个更美好的社会，但是通过对资本主义社会的认识，人的劳动过程被异化，人类并没有实现对社会进行良性改造的目的。如果以社会分层的视角来重新审视主、客二元的工业社会建构体系，我们会发现作为认知客体的社会由所有人组成，但是由于认识主体需要掌握足够的知识和能力，认识主体的范围就会局限在精英阶层。主体与客体之间就养成了统治、支配、控制的关系，所谓的主体不再是农业社会的统治阶级，却转化为社会的精英阶层。工业社会所塑造的精英是理性水平最高的一个群体，精英们为了实现自我利益的最大化，就大肆宣传他们所认为的社会规律，劳动人民被置于被动的客体地位，成为被剥削的对象却毫不知情。社会中的主体与客体成了相互对立的关系，人们逐渐发现主客体的主客二元体系不再适用于对社会领域的分析。社会是由人们之间的关系组成的，工业社会已经树立了平等的概念，就说明人与人之间不存在主客之分，每个个体都是主体，由此对社会的研究范式开始转换，社会科学领域的研究范式从主客体转换为主体之间关系的研究，也就是所谓的主体间性。

行文至此，我们可以看到，主客体的二元建构经历了这样一个过程，人们最先面对的是尚未分离的主体与客体混沌的结构，通过认识思维的逐渐清晰，人们开始对认识的主体和客体有了区别性的分析，而后对主体和客体做了综合性的思考。严格地说，主客二元结构虽然源于主客二元体系，可放在社会科学研究领域来重新审视主体与客体，主与客并不完全是一种并列关系，不是两种不同类别或相互平行的反思性认识，而是蕴含关系，前者被包容于后者之中。[①] 然而，随着人类进入后工业化社会的时期，社会的主客二分界限越来越淡化。

---

① 单少杰：《主客体理论批判》，中国人民大学出版社1989年版，第261页。

在农业社会里，统治阶级掌权使得普通民众通向科学的道路是被阻断的，统治阶级掌握知识的优势地位，巩固了实践领域与认识领域的分离。工业社会建构了主体与客体的对立关系，但是社会治理权实际掌握在精英手中。由于工业社会存在"人生而平等""天赋人权"的理念，那么从理论上讲，每个人就都是社会的主体，为此，主体间性的概念被用于分析现代社会。

二 主体间性的复杂化

从人类历史上来看，在自然条件较为恶劣的农业社会，人们为了获取生存条件而去总结自然规律，认识自然所使用的方法上升到理论层次，便在工业社会时期成为认识论方法论。随着人类进入工业化社会进程，为了适应工业化的大规模生产模式，人们之间交往的范围越来越大，市民社会被构建起来，关于社会的相关研究越来越倾向于关注人们之间的关系。主客体的研究范式转化为主体间关系的研究框架，也就是所谓的主体间性。对于工业社会而言人们之间的关系较简单，主体之间基本上以理性为标准建立双方关系。正是由于工业社会主体间性的相对简单化，所以社会系统成为社会学的主流研究范式。社会学关于个体行动与社会系统之间的选择一直争论不休，由于主体间理性关系的单一性，使得个体之间关系有明显的规律可循。因此，个人行动的主观能动性发挥空间有限，社会秩序的客观制约性优势得以充分体现，社会建构成为社会学的主要研究范式。

从概念史的考察视角而言，现象学方法论的鼻祖胡塞尔是第一个使用主体间性这个词语的人。主体间性的英文名称为 intersubjectivity，从词面意思上看，就是指主体与主体的关系。阿尔弗雷德·舒茨以胡塞尔的现象社会学为基础，从日常生活社会学视角对主体间性进行了考察，他试图解决主体如何把他们在现实世界的感性领悟转变成与不同主体沟通材料的问题。舒茨认为，主体之间在进行有意识的沟通活动时，除了要表达清楚自我的意见外，还要体验和领会他人表达的价值理念，主体之间才能实现实质上的交流。这种生动的、同时体验他人意识流的现象称为"关于变形自我实存的一般论题"。他认为，主体间性的实质就是主体双方之间彼此共同存在的这种意识，因为它意味着,"我"对变形自我主体性的领会与"我"是生存在我的意识流之中的。主体间性所体现的主体之间的关系虽然具有很强的主观性质,但是,主体间性却还是建立在客观基础之上,主体间的关系构建源于人类的心理对外界感知的不同,对于相同的外界环境,不同的人有着不同的心理认知。但是由于主体之间的沟通和互动的发生,使得他们之间建立起了有关该现象的共同认知,这个共同认知可能并非完全的客观化。但是,正是由于主体之间的心理有了共同的认识并且可以相互分享,主体之间便建立了精神层面的关系,这就是所谓的主体间性。

通过对目前已有研究的梳理可知,学者关于主体间性的分类,主要有六种。第一种是亚里士多德模式。伦理和道德成为主体之间发生社会关系的主要衡量标准,或者说,主体间性就是通过道德表现出来的。第二种是康德模式。康德认为真正的知识必然以一种客观存在方式出现,这种知识对每个期待掌握它的人都是有效的,因此,主体间性意味着对知识的普遍有效性要求。第三种是费希特模式。只有存在人与人之间的关系,也就是在主体间性中,他人能够认识到"我"的存在,自我才可能在真正意义上存在。第四种是胡塞尔模式。胡塞尔从现象学的角度出发,认为主体之间的关系是自我与他人一起构建社会的过程中产生的,实现主体间的互动要从现象出发,认识他者的意识,与他人具体沟通,进而与社会达成共识。第五种是海德格尔模式。主体间性指人们为了生存应对外在的风险,而必须建立相互之间的关系。第六种是哈贝马斯模式。哈贝马斯认为要准确分析当时主体间的关系,就必须还原到当时发生关系双方的具体生活历史的社会背景,只有联系当事人的历史背景,才能参透当时的具体主体间性。

其实从哈贝马斯开始,人们就开始意识到单一化的主体间性开始发生改变,而哈贝马斯也是对主体间性讨论最多的学者之一。哈贝马斯生活在西方的晚期资本主义时期,他目睹了资本主义社会里人与人之间关系脆弱得不堪一击,信任变成了稀缺资源。在这种背景下,哈贝马斯对当时社会现状痛心疾首,并把主体间性理论的探讨作为自己的主要工作之一。哈贝马斯是当代西方理论界中真正重视主体间性理论的思想家,并将主体间性作为一个突出的社会现实问题和社会历史问题的哲学家。交往行动理论构成了哈贝马斯几乎全部理论活动的基本内核，而交往行动理论的核心问题就是所谓的主体间性问题。

哈贝马斯为了论述清楚人们之间的交往并非仅仅为了实现理性利益的存在，他先对这种理性的工具行为做了分析。工具行为是以理性为基础的为了达到目的的行为，但是工具行为与交往行为并非同一概念。人们在进行工具行为时，会有充分的理性考虑，为了实现目的而选择工具性的手段。工具行为有一个共同点，就是基本所有工具行为的目的都是实现自我的目的，其中都蕴含了功利主义的内涵。交往行为不同于工具行为的关键就是前者并非完全以理性形式存在，交往是每个人与他人之间通过对话而产生的互动。交往行为中的主体为了与其他主体产生互动必须遵循传统习俗和社会制度，交往主体之间才能达成共识，才能实现互动而非博弈。人们为了能够与他者相互交往，就必须顾虑他者的情绪和价值取向，因为，只有这样，他者才能愿意与自我互动和交往。可见，哈贝马斯通过区别工具行为和交往行为的不同，已经向我们说明出主体之间的互动关系并非理性关系一种，而是存在多种关系的可能性。

哈贝马斯通过对比法提出了交往行为的概念，在他的《交往行动理论》中，详细地描绘了交往行为的概念。他认为，交往行为并非简单意义上的主体间的理性关系、伦理关系所能描述的，交往行为是主体之间能够对自己的意见开诚布公的对话和协商，在双方达成共识基础上的交往行为才能合作化。为了促使人们之间能够建构起相互信任与友好的交往关系，哈贝马斯界定了交往行为所应具备的几个因素。首先人们的互动要建立在合法的制度和道德基础之上；其次对话所使用的语言是交往行为的重要组成因子，人们只有使用规范且合适的语言才能获得他者的承认。哈贝马斯在对主体间的交往行动概念进行界定的基础上，进一步分析了由于社会的转型所引起的主体间性的变化。他认为，主体间性还会影响历史的发展，因为，社会结构影响了人们的行动方向，同时，人们的行动也决定了社会结构的改变与否。也就是所谓的生产力的发展决定了生产关系的构建，而生产关系又影响了生产力。生产力主要由技术革新而带来了提升，拥有技术革新能力的人必须在主体关系间得到大家的承认，他才会有动机研究新的技术，发展生产力。也就是说，人类认识自然的技术精益求精、拥有高水平技术能力的人也越来越多，但是如果调节主体间关系的社会系统、生产关系不支持这种技术的发展，那么，这种技术由于得不到人们的认可，就不能真正转化为推动历史发展的生产力。由此来看，哈贝马斯认为主体间性是十分重要的，它甚至具有了推动历史进化的功效。其实，在哈贝马斯考虑到主体间性中的"他者"问题时，认为主体间的良好关系需要建立在双方互动基础上，单一性的主体间性无须他者、互动的存在就能建立，只有复杂的主体间关系才需要主体与他者之间反复地磨合才能构建。

哈贝马斯认为主体间性的复杂性体现为两个方面，一方面是主体间性已经是非线性结构，线性的因果决定论已经不能再充分解释主体间性。他从历史进化的视角对这个观点给予解释，一是不同的历史阶段塑造了不同时期主体的价值观，从而每个时期的社会结构也有所不同。二是历史的发展进程并不是完全按照线性的因果逻辑推进，社会的发展有多种模式。三是社会并非一直都维持前进和发展的状态，有历史的发展期，也有历史的倒退期，社会能够不间断的发展取决于社会中阻碍生产力提高的因素是否被扬弃，有时社会的发展契机可能是由许多不可控的偶然因素促发的。可以看出，哈贝马斯已经意识到了主体间性的不确定性，主体间的关系并非由社会某一固定因素所决定。

交往行为的复杂化体现的第二个方面是多重合理性，哈贝马斯描述了交往行为多重理性的特点。一是实践理性。有交往意愿的主体之间实际开展对话沟通等实践活动，并以理性指导这种实践才能建立主体之间的关系。二是对话理性和商谈理性。也就是说，主体间的交往行为要建立在平等沟通的基础上，双方对话要遵循合理性、信任、真诚的原则。三是程序合理性。主体的交往过程必须建立在和平交流的基础之上，沟通主体的双方地位是平等的，能够自由表达自己的意见，而不用因顾虑某种权威而不敢表达真实意见。只有交往过程保持这种理性，才能保证每个参与交往的主体都能够自主发言。四是伦理理性。为了使得主体间的交往本质能够突破功利主义的框架，交往行为必然要受制于伦理学的要求。交往主体能够自主交往，并且建立人们之间实质的合作信任关系,必须以道德作为交往主体的基石。

主体间性是人类进入了工业化社会而被建构的概念,主体间性的社会认知范式取代了主客体的二元分化认知,以一种新的认识视角来认识社会科学。随着工业化社会进程的加快,快捷而便利的交通技术把人类带进了一个流动性更快的社会。由于人们的频繁流动,陌生人社会被建构起来。在这种新的生存环境里,人与人之间的关系性质显得越发复杂。或者说,起初有学者认识到主体之间的工具理性关系给人类社会带来了痛苦的经历。因为工具理性关系是建立在个人主义的基础之上的,由于个人主义的极度自私和唯我独尊,使得人们之间的关系极度恶化。在这种观点下,哈贝马斯建立了一种理想状态的温情脉脉的主体间性,并且也入骨三分地描述了主体间性的复杂化趋势。其实,现实生活中已然为我们呈现出了主体关系日益复杂的图景。由于全球化的到来,移民规模庞大,移民所带来的自我原生文化与原住民的土生文化产生碰撞和融合,一些新的文化理念可能就此生成。新文化的产生势必会催生出人们不同的交往动机,从而也就形成了多元化的主体关系。

无论从文献分析还是社会实践表现来看,人类认识自然和社会的方法论经历了三个阶段。第一个阶段是发源于自然科学领域的主客体论,从对主观、客观混沌的认识阶段,也就是思维和存在的讨论,到清晰的主体和客体的二分。在自然科学的形成历程表现为生产到技术再到科学是一个经验主义的典型路径,先通过个体的生产,进而产生娴熟的技术,再把技术中的规律加以总结,便成了科学。然而当主客二元论被作为对社会科学的研究框架时,17世纪英国的弗兰西斯·培根作为近代经验论哲学的奠基人,提出了通过经验对客观存在现象进行分析的思路。经验是对事物感性认知的积累,通过理性的理论总结和归纳,经验便逐步上升为真理性的知识。

第二个阶段从进入工业社会开始,这种机械的主客体二元论已经不能满足人们对社会的认识,从19世纪开始,主体间性的讨论开始进入人们的视线。社会是由复杂的社会关系组成,社会不可能成为静态的客体角色,因此不存在"客观"意义上的社会客体,而是由变动着的主体间关系决定社会构成。然而随着人类社会复杂性程度逐渐加深，主体间性已经不能再对社会做出准确的分析。可见，哈贝马斯为了解决晚期资本主义的人们的交往危机，可谓是费尽心思才构建这样一套理想的主体交往模式。可是，只要主体和他者的划分仍然存在，主体就会在与他者交往中仍然把自我成功作为交往的目的，现实中就很难构建哈贝马斯那种考虑他者的理想交往状态。

第三个阶段是人类社会进入后工业化进程中，后工业化社会的不确定性因素较之工业社会增长迅猛。主体之间关系的复杂性也与日俱增，人们不再停留在主体的静态层面，而是直接参与社会治理行动以应对社会的各种复杂性问题。行动者之间的合作取代了主体和他者的主客之分，行动者的概念开始取代主体间性的社会研究范式。从本质上来讲，主体间性并没有完全脱离主客体的思维范式，因为主体间性中的自我就意味着他者的存在，自我与他者之分仍隐约透着主客之分的意蕴。当然，并不排除主体间性的认识范式还是比主客体二元论前进了一大步，人类对社会的认识从较为显性的结构，也就是能够明文规定、可以量化测量的社会客体，到抽象的主体间关系。可是由于后工业化社会的复杂性，主体间的关系变动性也越来越大，只有行动者在具体的互动情境中才能确定实质的二者关系。所为，行动者成为后工业化社会的主要研究范式。行动者是发挥主观意向性的人，行动者在具体行动中既会受到客观存在的社会结构约束，又会发挥自我个体的主观判断性，行动者融合了主观和客观两个方面的内容。这里需要有所区别的是，行动者关系并不完全等同于主体间的关系，行动者的概念决定了他们之间关系的变动性，行动者之间比主体间的关系更加抽象化。随着工业社会进入后工业化的进程，我们必须要对新的社会形态进行反思，这种新的社会模式已经超越了实证性、客观性和决定论，需要用复杂性的理论视角来重新认识社会。这时，行动者的分析框架开始呈现。

三　无主体的"行动者"范式

随着20世纪90年代互联网技术的出现，没有空间边界的互联网，让行政和司法管辖的民族国家的边界完全消失。互联网技术使人类全球化的进程一步跨入了历史性的新阶段，人类的交流与交往、生存与发展再也不能拘禁在一隅之地,连接各地的互联网已经为人类的生活方式发出了立体的叩问。如当你坐在一台电脑前,你有一种人身安全感,你能够强烈地感觉到交流的对象与你的距离,你会有一种匿名的视角,不会为自己所做的事感到不安。在这种模式下的交流行为,使得主体间关系更为复杂。主体之间关系的不确定性和变化性因素太多,只能用行动者的概念来概括匿名社会的人。如果说工业社会倾向于将宏观的社会系统作为研究框架,进入了后工业化社会,社会科学则开始关注微观的个体研究层次。总的来说,互联网对社会的变化体现在两个方面:一是互联网使得人的沟通已经超越了边界,在信息传递相对封闭的时代里,国界既是政治边界,也是文化和经济边界,但是在互联网的世界里没有国界,这种全球化趋势的文化融合,使交流的边界被无限扩大。二是对已有规范体系的改变,即工业社会的防范方式在互联网时代成效不佳。技术是中性的,但是掌握技术的人却拥有价值观。如没有国界的互联网犯罪,千万年来,人类积累了丰富的保护人身安全和财富的经验。即便在法制社会的今天,无论在东方还是西方,铜墙铁壁成为人类生存的安全保障。然而,在互联网时代,虚拟生活空间的界限十分薄弱,互联网的高智商犯罪使以往的防范措施形同虚设。

  从人类交流、沟通方式改变的角度来看,互联网改变人类有史以来的生活模式,卡斯泰尔指出,网络自身所具有的时空抽理性、互动性、平等性、开放性等特点,正为生产方式和经济形式的创新提供丰富的契机,并成为支配和改变我们社会的重要源泉。互联网技术所带来的是整个社会结构的改变,它为人们的互动和沟通提供了更为宽广的平台。在这个交流的平台上,没有主体与他者之分,或者说没有固定的中心和边缘,每个人都可以自由发表意见、参与对话,进而付诸行动。可以说,互联网引起的最大改变就是无主体结构的出现,行动者取代了主体间性成为认知社会的新视角。后工业社会是完全不同于工业社会的一种形态,后工业化时代以创新为主要特征。只有具有主观意向性的行动者才能发挥创造力,停留在社会主体间性认知框架的主体,仍然还是一个静态的遵循社会秩序的角色,工业社会没有给他提供足够的自主性让其发挥创造性。因此,再用主体的概念认识后工业化社会的"人"就会显得过于狭隘。在瞬息万变的社会；在需要人发挥主观能动性以实现创新的环境，主体的概念显得静态而僵化，只有行动着的人才能在变化性极高的社会中生存下来。所以，社会科学的研究范式从制度主义转向行动者视角。

由于主体间性的日益复杂化，学者以行动者替代主体间性的研究框架。两者之间的转换除了摒除主体认知外，从社会学角度而言，还涉及了研究层次的转向，也就是从宏观的社会系统向微观的个体研究层次转变。其实，早在19世纪，社会学家就注意到了个体行动的研究框架，但是，直到后工业化社会的兴起才为个体研究提供了存在场域。马克斯·韦伯把对社会的研究层次定位为个体的行动，认为只有真正认识到个体行动中的主观性，"理解"个人采取行动的"意义"，才能真正分析社会景象。米德从社会心理学的角度区分了人的行动与动物的行为不同之处，即与动物的行为作类比来看待人的行动，通过刺激与反应机制来说明并预测人的行为。吉登斯建构了他的结构化理论，试图解释结构和行动的关系。在吉登斯的结构化理论中，他认为，行动者的意向性是协调个体主观性和社会系统客观性的关键因素，行动者之间的互动同时受到社会结构和行动主观性的双重影响。虽然，吉登斯还没有讨论社会结构和行动者的主观性如何结合，但是，可以看出，吉登斯已经将行动者作为社会科学研究的基本范式。

从思维起点而言，主体间性还停留在静态主体的认识程度，因为只有这样，才能对主体之间的相关关系进行讨论和分类。那么从主体间性向行动者范式的转型，则表明对社会及个体的研究已经突破了静态形式和线性思维的决定论框架，进入了动态的复杂论视角。决定论简而言之就是有因才有果，这种论调被大多哲学研究领域和自然科学研究领域的学者所接受。决定论认为人类的任何行动都因为事先有刺激而产生相应的行为，而非人们自由选择的结果。对于自然科学而言，就是指自然条件的变化是最重要的决定要素。对于社会科学而言，就是每个个体在行动时都是缘于受到了相关刺激才拥有行动动机。但是这里忽视了一个重要的问题，就是人类的思想和客观的自然界不同，人类思想并非是完全可以通过社会规则和制度就可以控制的。无论多么严明的制度规范都不可能全方位地控制个人的行动，即使表面上他完全符合制度程序，但实质还会存在自己的想法，并以此作为行动的真正标准。特别是随着人类社会进入了后工业化的进程，社会的高度复杂性和高度不确定性特征凸显，当每个个体的行动随着社会的变化而改变时，一成不变的主体间关系已经难以描述今日的社会，在这种背景之下，行动者的变动性符合了时代特征，行动者成为分析社会的基本框架。

社会学家对行动者给予多种解释，行动者是推动进步的施为者也是现代化发展中的障碍，行动者是计算者也是游戏者。可见，学者观察到了行动者的归来，但是对于行动者对社会发展将会发挥什么作用还是较为困惑的。为了更加深入地认识行动者的性质，学者们把行动者之间的关系和行动动机划分为不同类型。马克斯·韦伯把行动者之间的关系划分为两类：以自我为中心的功利主义行动和完全考虑他者的集体主义行动。帕森斯在他《社会系统》一书中，按照行动者的目标划分了三种行动类型：为了实现理性目标的工具性行动；感情因素控制的表意性行动；行动目标复杂的道德性行动。我们看到，无论学者们从哪个角度对行动者关系进行分类，但是有一点他们达成了共识，就是行动者不再局限于个人主义的狭隘视线，行动者会综合衡量他者的存在因素。有学者认为，社会行动的关键在于行动的时候考虑到他人，社会行动是有意向性的行动，这里的意向性指的是在行动时至少考虑到他人。无论是从功利目的还是从他在性的考虑出发，只要个体在行动中考虑到他者，这个个体即可以称为行动者。[①] 也就是说，行动者展开行动的基本条件至少要满足"他者存在"，无论这个"他者"是在行动的具体场景，还是只存在于行动者考虑"他者"的意识中，但是，只要行动就必须有"他者"存在。所以，社会个体基本都可以用行动者来定位，行动方向由当时所处的具体场景和对他者的考虑所决定，或者说，每个行动者的行动都会受制于他所生存的社会世界。

---

① 卡伦·维吉伦特:《社会学的意蕴》，张惠强译，中国人民大学出版社2011年版，第41页。

第四章 后工业化社会的"行动"思潮

行动者在行动过程中必须要考虑到他人,真正影响行动者的是自我和他者都存在的互动的场景。行动者彼此同时在场是互动的基本条件,他人对自我的行动有所影响,"我"的行动同样也影响了他者的判断,我们把这种相互影响的社会行动称为社会互动。在这个社会互动的场景中,每个个体不再有主客之分,每个个体的行动都会产生相互的影响。可见,社会互动只能在人与人之间发生,但是这不再是主体与主体之间的关系,因为,在相互影响的行动过程中,不存在谁为"主"的概念,而是相互平等的"行动者"之间展开的合作互动。也就是说,在行动者的分析框架里,不是某个人的单独主导作为,而是处于相互关系中的人共同的行动。进一步而言,任何人的行动都必须考虑到他人的在场与行动;任何人的行动都必须受控于社会情境的影响。因此,只是根据对方的身份特征以及他的意图来预测整个互动过程是难以实现的。

总而言之,人们彼此相互影响的行动构成了社会互动,它不但影响了我们的行动方向,还涉及社会模式如何为行动者的生活安排好秩序。反过来,当人们与他人处于社会互动之中时,他们也就都成为社会行动者。互动形成的特定社会模式,则会具体影响每个人的行动方向。可以从三个环节探讨这种相互影响的关系:第一,每个个体的行动都会顾及他人的行为,也就是说,自我的行动取决于他人的评判。第二,社会互动影响到相互之间的行动流,从而使得行动者会逐渐按照社会普遍认同的规范行事,当然,这种变动的交流形态也会促使社会模式的发展。因此,在行动者与社会模式的相互影响下,个体的具体行动自然会受到互动影响。第三,正是由于在社会互动过程中,社会模式在不断变化,创造出来的新的社会模式对互动的行动者也有着持续不断的影响。

为此,我们需要在后工业化社会的背景之下,重新梳理社会治理的模式。我们需要认识到,当这些行动者自发组成组织,开展社会自治时,政府的形态就必须随之转型;否则就会被社会所抛弃。从更深一层次来说,行动思潮是出现在后工业化社会时代背景的框架之下,由于"行动"思潮是源于后工业化进程之中的,所以这个问题研究就要定位在后工业化社会的坐标之中,需要突破工业社会的思维框架，用后工业化的思维来理解"行动"的思潮。

第三节 行动思潮对社会治理模式的变化

一 主客体论：权治的社会治理模式

马克斯·韦伯区分了自然科学和社会科学的研究方法论，他认为，两个研究领域的方法论不同，归根结底是因为自然与社会有许多区别。其中，本质性区别就是社会受法律所规范，而自然受规律所支配。或者说，社会生活不是受这些社会规律所决定，而是受社会规范所决定，自然界的规律决定论无法运用到社会中，法律是所有规范中最重要的因素。在工业社会，这种法律规范的治理模式创造了有序的社会秩序，但是随着网络化技术对人类生活的影响逐步纵向深入，虚拟世界的生活场景即将生成。那么虚拟世界作为后工业化社会的一个主要面向，这种新的生活景象呼唤完全不同的治理方式。当然，新的社会治理模式构建的前提是需要按照一个新的认识方式来认识虚拟世界，或者说，对社会的不同认识范式，导致了社会治理模式的不同。因为，不同的认识视角赋予了社会不同的角色，进而决定了社会与国家的关系，影响这两者关系的最主要因素就是社会治理权的分配。

农业社会是一个混沌的时期，在农业社会时期，人们对社会与自然界限的认知尚不明晰，所以主客体二元论思维也被运用到对社会认识的领域中。主客体二元分化起源于农业社会后期，随着工业技术的发展，从自然科学里总结出来的主客体方法论渐渐成为社会主流的意识形态。主客体的分析方法被借鉴到社会科学研究领域，利用认识论考察得出农业社会运行规律的结论，为标志着工业文明诞生的资本主义革命提供了合法性的理论支持。或者说，认识论使得民众更清晰地看到权力统治模式的不平等本质，这种对权力统治者的极度不满情绪激发了资产阶级革命的爆发，社会由此扮演了革命者的角色。

主客体二元论在社会科学领域的运用，具体得出了这样的分析结果。社会扮演的就是被动、静态等待认识的客体角色，分析认知社会的研究者则承担主体角色。这里需要特别说明的是，认识社会的主体并非指全部的社会民众，而是有能力和有知识去统治社会的小部分人。农业社会一直处于掌权者用权力暴力统治的阴影中，所以社会的民众与当时的统治者总是处于矛盾对立面的状态。从认识论角度而言，民众是被统治的客体，而统治者则是主体。从社会角色而言，在农业社会里，民众总是扮演革命者的角色企图争夺自己的生存权利，社会治理模式则呈现出以权治作为主要方式的统治型治理模式。因为，农业社会所面临的最大的问题就是在物质匮乏条件下人类的生存，人们为了物质生活的舒适，总是要展开对物品的争夺。人们为了获得更多的利益，那么与同伴之间的争斗就不可避免了。渐渐地，人们形成了一种固定的意识，那就是通过斗争可以获得更多的物质利益，而战争的发动必须要有权力作为后盾保障，人们意识到获取权力和拥有财富是一对孪生姐妹。只要获得了具有统治性质的王权，就意味着拥有了全部社会财富的合法性。掌权者的统治性质是始作俑者，最终导致社会资源分配严重倾斜到统治者一方，社会的民众在统治者剥削下，已经难以维持基本生存底线时，便以革命者的角色进行反抗。

我国经历了很长时期的农业社会，这种依靠权力统治社会的模式根深蒂固。农业社会的权力统治模式是建立在身份等级制度基础之上的，身份等级人为地把人分成了彼此分离的个体。人们不同的出身就决定了其一生所处的等级不同，因此不可能采取具有平等意蕴的法律进行社会治理，只有诉诸暴力的权力统治才能压制住等级之间的尖锐矛盾。为了使权力的暴力实施具有合法性，中国的传统儒学充分论证了权力治理模式的合法性。在自然界动物有差别存在，同样在人类的社会，人们之间也存在这种天经地义的级别差异。儒学通过详细的推理论证，让人们相信权力统治是最符合人们之间身份等级特征的社会治理方式。中国的老子则更深层地论述到，遵循身份等级就犹如自然界的存在一样，是自然而然的事情。在西方，由于本身有关权力统治合法性的理论论证就不充分，加之民众个体意识的觉醒，社会以革命的形式反对这种权力统治模式。基本集中在资产阶级革命早期，社会一直扮演推翻暴力统治者的革命者角色。工业时代通过组织的方式和公约的形式形成公共意志，公约形式就意味着注定有一小部分社会成员被社会公约所忽略，他们捍卫被忽略了的权利的组织意愿始终存在着。如19世纪末，工人们采用原始抗议手段和组织方式与强大的资本家对抗，随着运动的深入，工人领袖们意识到联合行动的意义，工会组织成立。在劳动保障法出现以前，工人与资本家处于不平等的位置，只能以革命的形式呼吁自己合法权利的实现。这只是社会一个领域的反映，但是，窥一斑而知全豹，社会革命者的角色是由于对不平等地位的反抗而出现的必然状况。

在教权与俗权共同统治社会，致使神权国家模式保持了千年的统治地位。在神权主导的国家里，西方经历了史称"最黑暗"的中世纪时期，普通民众没有平等和自由可言，也没有任何方式可以实现这些理念。人们的基本物质生活得不到任何保障，而神权则用宗教的信仰麻痹人们的精神，甚至使人们认为，这种恶劣的生活条件就是一种应然状态。面对教权与俗权媾和的神权国家，个人的反抗显得总是螳臂当车而自不量力。可以说，近代哲学意义上的"个人"在中世纪是不存在的，中世纪的现实是：每个个体都在精神与人身两重意义上依附于神权国家。神权国家为了维护其特权的地位，封闭了信息以打压新的思想和理念，以僵化的结构来维持着表象上的统治秩序。如文艺复兴时期的科学家乔尔丹诺·布鲁诺就曾被作为异类而被执行火刑，这种暴力的形式只能表现出神权国家对新生事物的恐惧已经无以复加。当然，中世纪也发生过一些直接指向神权国家的社会运动，并对神权国家造成了一定程度的冲击，但是，所有这些冲击都是局部的和片面的，不足以冲破教权与俗权共同织就的罗网。

面对这种生存困境，在这权力统治的社会，民众难以维持基本生活水平时，只能以暴力的革命形式来进行反抗，所以把处于这个历史背景的社会角色称为革命者。斯金纳用生动的语言描绘了当时激烈的斗争场面，"路德并不相信他那个时代的君主和贵族所受的教育足以使他们充分意识到他们的职责。路德使人明白，倘若这种一文不值的统治者企图以此可耻的、亵渎神明的方式统治其臣民，臣民就不应尊敬或服从他们"[1]。在这场持续且惨烈的战争背后是俗权与神权的激烈争斗，人们为了获得世俗的利益就必须先否定神权的合法性。因

---

[1] [英]昆廷·斯金纳：《近代政治思想的基础》（下卷），奚瑞林、亚芳译，凤凰出版传媒集团、译林出版社2011年版，第17、18页。

此，在拥有俗权的王室支持下，宗教改革开始轰轰烈烈地进行了。宗教改革的主要目标就是减除神权的管辖领域，那么俗权就可以增加自我统治范围。宗教改革胜利后，"主权"的概念给俗权赋予一个合法性的身份，因此，从词源学上而言，"主权"作为一个新的词汇是在君权统治的绝对国家时期出现的。可以说，经过资产阶级革命以后，社会进入了工业化、城市化的进程，农业社会的混沌状态被打破，社会与国家分离，它们分别从属于私人领域和公共领域。在私人领域的社会里，个人意识以社会运动的形式得以集体释放，而在公共生活领域，绝对国家取代了神权国家。也正是因为绝对国家的出现，才为现代宪政国家的构建打造了基础。因为，随着主权意识和平等意识的萌芽，以人权作为理论基础的民主得以建立，由此在民主基础上的宪政国家才能成形。或者说，只有在宪政国家的思路中，人权才有存在的意义。社会与国家得以分离，主权在民的前提又得以确立，在这两者都满足的基础之上，社会才能成为真正意义上的"主权者"。

总而言之，由于在主客体的二元论框架中，民众被作为低俗的、被动的客体，导致中世纪人们生活总是处于水深火热的困境之中。工业社会的兴起，使以人的主体性为中心的世俗生活开始备受关注。由于对世俗生活的关注和资本主义革命的爆发，权力统治的等级组织结构逐渐瓦解，个体意识开始觉醒，这些"解放"了的个人组成了社会政治共同体，他们必须要为自己的合法存在找寻新的基础。在这样的情形之下，世俗政治世界开始成为一个通过自我阐释、自我认同而获得存在合法性的社会领域。在这里，除个体性的人之外再没有任何外在的目标构成政治的应然空间，世俗的个体就是政治世界的基础。但是，在社会治理模式的构建过程中，不可能每个人都享有治理社会的权力，否则就陷入了"一切人反对一切人"的斗争之中。[①] 那么天赋人权的平等性就需要借助一个抽象的概念得以体现，这就是主权者，对于社会的个体而言，每个个体都享有平等的主权。

[①] 金林南：《西方政治认识论演变》，上海人民出版社2008年版，第276页。

二 主体间性的多元化与法治同一性的悖论

霍布斯在确立自然权利时,认为人的生存和欲望处于绝对优先的地位,而这种优先就是人的自然。可以说,这种思想不再从属于古典政治的自然法,古典政治中的自然是神与人之间的伦理秩序,或者说,古典政治的立足点建立在对神的信仰和理性对欲望的克服上。但是,由于近代社会技术发展的迅速,科学技术给人类生活带来了翻天覆地的变化,对神的虔敬已经转向对科学的完全相信,而科学的产生就是为了提升人的生存水平。在霍布斯对自然权利的界定上,我们可以看出,工业社会人们关注的焦点已经完全转向,安全和有质量的生活成为现代人孜孜不倦的追求。这是一个具有转折性意义的巨大改变,这意味着人类对抽象的"神"的关注转向了对"人"的关注,这种关注点的转换也是工业社会一切思想的源头所在。

在这种背景下,主客二元论的逻辑伴随着自然科学而出现,自然科学就是要认识自然这个客体,在近代社会,主客二元论和科学话语占据了统治地位,自然科学的主客二元论认知框架也被社会科学研究借鉴和全方位应用。尽管对社会的主体间性认识已经超越了主客体二元划分,但是仍然停留在静态认知中,因为,对人的角色并没有突破主体概念的界限。但是已经把关注视线转向了"人",人不再由于出身而被分为三六九等,每个人都应该是平等的主体,启蒙思想家提出的"天赋人权"思想就是对主体概念的明确认定。从这个意义上而言,社会是由每个平等的个体组成的,而每个人都拥有平等的主权,社会扮演了制度规定下的抽象意义上的"主权者"角色。

在现代国家背景下,民众的"主权"地位得以合法化,社会的主权者角色被承认,人们对权力争夺的视线便被转移。在工业社会人们最主要的任务变成资本的积累,民间资本增加的正常渠道就是通过市场经济平等竞争的方式。而平等与特权是一对天生就不可调和的矛盾,人人生而平等的理念就是在这种背景之下,被启蒙思想家注入了人们的思想深处的。这种平等的基础是在主权者角色认知理念之中的,因为,每个人都拥有平等的主权。但是,主权毕竟只是一个虚化的概念,主权不专属于任何个人或机构,而真正拥有社会管理权力的则是实际存在、具有可操作性的法律。可以说，也只有在主权的虚化状态下，才能建立法律面前人人平等的法治社会治理模式。那么实现社会的有序治理的首要任务，就是如何规范主体之间的关系。建立在"天赋人权"基础上的平等主权者，构建主体关系的方式就是普世的民主思想。民为"主"的思想源头就是主体与客体的划分理念，为其服务的行政人员就成为客体的"公仆"，但是这只是理论上对主体、客体划分与界定。现实则为我们呈现出了另一幅景象，虽然民主思想已经深入人心，但是实质的"主"的界定其实就是一种抽象的理论界定。民主范式之下人权、公民的概念出现，就是从抽象的意义上提炼出的普遍性，而也只有抽象的概念才具备普世性。我们剥掉"民主"的美丽外衣，可以看到所谓的"主权"的概念是不可能在现实中实然存在的，它也只能以一种抽象的概念形式存在人们的思想意识里。因此，在实然操作中民主就落入了形式民主的窠臼，民主选举变成了舆论引导性的造势，各种选举丑闻层出不穷。

在这种情况下迫使我们必须开始思考一个更为深入的问题，既然"主权在民"是一种抽象的理论界定，那么真正的社会治理权力属于哪个主体呢？又是什么真正主导了主体间的关系构建呢？这需要我们首先对工业社会的人们生活方式进行一个深入的剖析。在工业社会人类的生活穿行于两个世界之中，一是自然界的生活，也就是人的物理存在，人的基本的生活需要，正如马克思所言的"人只有满足了吃、喝、住、行的需要后，才有精神的需要"。人类具有自然的现实性，在自然界的生活，人类希望征服和改造自然，现在已经受到了自然界的报复，生态环境恶化就是主要体现之一。二是社会的世界，人的情感、交往、语言的需要在社会的层面得以满足，工业社会的标志是机械，是社会化大生产，社会化大生产就是标准化、同一化。工业社会是希望消除差异来实现对社会的治理，其中法律呈现的是抽象的同一性，所以发明了法律作为规范人们行为、构建主体关系的标准。

在工业社会中，人类的生活就是穿行于自然与社会之间，或者在两个空间的互动之中。如马斯洛著名的人的需求层次理论，也就是停留在社会世界生活的层面。在社会生活的层面通过制度化的法治来维持人们生存的秩序。那么法治回答了确定主体间性标准的问题，但是，法律又是由谁制定的呢？或者说，立法者则成为真正掌握社会治理权力的"主体"。可见，主权不是一个实然存在。真正的社会治理权力掌握在国家的政治之中，也就是前述分析的政治扮演的决策者手中，行政担任执行者对社会进行依法管理，而社会则成为被管理的主权者。显然，国家才是真正掌握"治权"的主体，而国家主义也是实现法治和民主的基本方式。国家是属于近代的产物，国家确定了近代政治的基点，国家存在的根本目的就是保护本国人民安居乐业。

随着法律面前人人平等理念的盛行，就意味着法律已经抽离了人们之间的差异性，法律所概括的内容是对人类普遍性的解读，或者说，法律制定的同一性内容对任何人都是适用的，人与人之间的差异性被法律的同一性所取代。法律条例的制定以占据社会思想主流地位的自由主义、功利主义和个人主义为基点，法律是人们行为的底线。近代社会中人们物质生活水平的大幅度提高表明法治确实建立了社会的合理秩序，为经济发展提供了和谐、稳定的社会环境。但是也正是由于法治模式中对主体间性假设为单一的理性关系，从而导致了社会治理中一系列问题的出现。在理性的法治生活中，人与人之间的道德关系缺失。从某种意义上而言，法律就是为了调节社会中人与人的关系，其实主体间除了理性关系外还存在伦理的社会关系。但是从霍布斯对主权的界定就可以看出，主权是属于个人的，个人之外的他者完全不在考虑范围之内，以主权理论为基础构建的法治模式自然也将伦理和道德的内容排除在外。阿伦特从政治哲学视角论述了法治模式的弊端，她认为，技艺不同于行动，根据黑格尔和马克思的思想，行动者会积极反思自我的行为，并且考察他者的需求，行动就是不断地实践，实践要求行动者在不断否定自我的基础上重塑自我认同，但是与之相对应的技艺就完全剥夺了人的主观意向性。而对于政治而言就是一项实践科学，但是今天的政治只把注意力放在了技艺之上，其核心内容的行动却被抽离。技艺国家以法治作为主要的社会治理模式，法治就意味着以非人格化的统一制度来规范社会行为，社会在法治的强势推广下使得道德成了最容易被人忽视的因子。在法治模式下，恶法胜于无法，执行制度、遵循法制就是人类行动的唯一标准。从这个意义上而言，道德的沦丧使得政治丧失了其本身存在的目的。

其实工业社会也有权治和法治的社会治理模式，只是法治成为主要的社会治理模式，唯有德治方式被排挤得没有容身之地。随着后工业化社会的兴起，人们的个性化和多样化因素日益增多，或者说，主体之间的差异性越来越显性化，法制内容的同一性已然无法应对主体间性的复杂化。工业社会的主流思想我们可以梳理出一个清晰的脉络，即它植根于实证主义和功能主义的传统，效率、工具理性、职业主义、实证主义和功能主义以及管理领导力均是主流公共行政的根基。绝大部分法律内容都是为了保障民众世俗生活的安全而制定的，但是，后工业化社会的民众除了世俗生活外，有了其他的追求。主体转化为行动者，主体间性成为行动者互动关系，这些转型意味着法治无法包括所有的复杂而多变的行动者关系。尽管法律规定逐渐完善和细化，但是人们在实际的行动中经常会发现无法找到与法律描述完全一致的场景，行动者的行动开始逐渐由自我意向性的观念所主导，超出了法律的控制范围。由此可见，需要理解后工业化社会现实和行动者关系，需要超越工具理性的思维局限，需要激发出社会创新与想象力的一面，才能制定出适合行动者的社会治理模式。行动者社会最为典型的变化就是民众主动参与社会治理，形成社会自治的局面。工业社会的国家主义是实现实质民主的一种障碍，因为只有国家才是社会唯一的合法管理者，民众和社会其他组织必须服从国家规定而无权参与管理行动。行动者的出现显然是对法治社会治理模式的极大冲击，行动者要求重新确定社会治理主体，社会治理主体共同开展治理行动，也就是合作治理社会模式的兴起。

三 从代议制到合作制的演绎

随着后工业化社会高度复杂性和高度不确定性特征的日益凸显，政府单一治理主体的管理模式已显僵化和反应迟钝，公共管理的多元中心参与治理的方式应运而生。在公共管理的时代背景下，作为目前公民权利表达主要制度的代议制，已经显得与时代格格不入。虽然法治国家兴起的公民权利表达的代议制曾为民主发展做出过巨大贡献，但是现仅靠代表已经难以真正表达公民权利所需，代议制的公民权利表达形式沦为形式合理性的地位，公共管理视域下，只有合作治理体制的构建，才可能实现公民权利的实质合法性。

公民是与市民相对应的概念，公民存在于国家的公共生活领域之中，市民存在于私人生活领域之中。然而，在绝对国家的发展阶段是没有公民权利的，市民社会与国家的对立只允许市民身份存在的个人在私人生活中追求自我的利益，公民身份的存在个体在公共生活领域中只有义务而没有权利。随着法治国家的民主构建，公民权利才在国家的公共生活领域中被提上日程。

一般说来，权利一词总是与个人的利益相连的，而职权、权力则只能代表国家或集体利益，与国家相连。公民权利的界定，意指法律为公民所规定的权利这个范畴之中，包括公民的政治权利和经济文化权利。政治权利为公民获得社会经济权利提供了必要的前提。它源于两个重要的起因：一是政治权利为弱势群体合法参与国家政治活动、争取自身利益提供了很多机会，诸如教育、健康、最低生活保障等。这些内容开始纳入法定的权利得到确认和保护。二是国家为了缓和市场导致的严重不公，借助于强力进行利益再分配，促使所有的公民在收入、地位和权威上更为平等。达成此目的的主要方式是限制或牺牲某些人的自由、减少某些人的利益（如通过税收制度），并将这些收集的社会资源分配给弱势群体。至此，公民的经济权与政治权共同构成了一个公民权利的内涵。然而，在绝对国家阶段，在国家公共生活领域要求获得公民经济权和政治权是不可能的，因为绝对国家在公共生活领域中追求的仅仅是统治阶级的利益，民主还没有纳入社会治理的考虑范围之内。公民权利只有在宪政法治国家的民主构建中才能觉醒，公民权利的兴起从法治国家的建立才开始，梁启超（1873—1929年）先生探讨道："宪法与民权二者不可相离，此实不易之理，而万国所经验而得之也。"对于公民权利的兴起时间，T. H. 马歇尔在其《公民权与社会阶级》一文中进行过深入的分析，他认为：民权形成于18世纪，19世纪的核心政治问题是公民的政治权利，而公民的社会经济权利则兴起于20世纪。

然而随着公民权利的兴起，在国家与社会关系的形成框架中，出现了一个重要问题是，社会（个体）究竟在多大的程度上和多大的范围内参与到国家决策中去了？在宪制的权力模式中，国家制定出法律赋予个体和社会以自由，但是社会和个体并没有真正获得政治自由，并没有分享国家的政治决策权力，国家与社会在组织和机制上是相分离的，如何在这种分离中采用一种有效、便捷的方式表达公民的利益呢？西方古典城邦时代出现了直接民主表达公民权利的方式，即公民以直接到场的方式参与国家的政治决策过程。然而，随着社会复杂性的增大和公民人数的骤增，公民直接参与式的表达民主难以实现。公民概念是抽象的，公民不能等同于公共而是单独个体的内涵，如果在逐渐复杂的环境中每个个体利益都参与表达，体现在公共生活中具有很强的分散性，难以集中表达出真正所需的公民权利，因此，公民全体直接参与的民主形式难以继续推行。就此现状，思想家们设计出了通过代表选举的代议制来对公民权利进行表达的方式，这也是目前公民权利表达的最主要的渠道。代议制是指公民通过选举代表，组成代议机关行使国家权力的制度，是间接民主的形式，现代国家普遍实行代议制。在资本主义国家的代议机关是议会，所以资本主义代议制又称议会制。在中国的人民代表大会制度是新型的代议制，人民选举代表组成人民代表大会统一行使国家权力。

代议制最早产生于古希腊的城邦共和制国家。公元前8世纪至公元前4世纪，希腊地区出现了以城市为中心的诸多奴隶制小国的政权组织形式和统治方式，国家设立执政官、贵族会议和公民大会等机构，在人类历史上初步形成了民主政治形式，这就是代议制的民主政治雏形。但准确地说，古希腊的城邦共和制国家选择了直接民主形式，所有公民都可直接参政，所有符合条件的公民都可以直接进入公民大会。当然，在这种代议制政治中，广大的奴隶阶级并没有任何民主权力，这就是奴隶制度下代议制的局限性。13世纪英国出现著名的"大会议"和"模范会议"的代议制形式，中世纪一些欧洲封建城市共和国相继采取了代议制的内容和形式，如法国的"三级会议"、德国的"帝国议会"，但是这些代议制形式多于内容，本质上还是封建专制，不能称为真正意义上的代议制度，或者说，并不是资产阶级的代议制。近代意义上的代议制度起源于英国，1688年"光荣革命"后产生的封建等级代表会议，与内阁制相结合而正式确立，进而形成了凌驾于国王之上的最高立法机关。这种议会制被其他资产阶级国家认可并且被迅速传播和效仿。当17—18世纪近代民主产生的时候，它采取了间接民主即代议制民主的形式，在这种制度下，公民不是直接参与政治决策过程，而是通过他们的代表参与政治决策过程。公民的政治权利主要体现在选举代表的权利上。

显然代议制已经成为当今工业社会时期公民权利表达的主要渠道，但是随着后工业化时代的来临，高度不确定性和高度复杂性的社会特征引致公共管理逐渐取代政府作为单一治理主体的治理模式，代议制已经难以胜任这种公民权利表达的重任。社会多样化趋势的出现，仅凭代表是不能全面、有效地表达公民权利的。

此种历史背景之下，后工业化社会的特征和工业化社会的发展决定了公共管理时代的合作治理体系出现。公共管理从产生意义上讲是公共组织的一种职能，包括以政府为主导的公共组织和以公共利益为指向的非政府组织（NGO）为实现公共利益，为社会提供公共产品和服务的活动。现代公共管理与传统管理的区别集中体现在是否将目标定位在公共利益上，公共管理不仅为社会提供高效优质服务，而且更应强调社会公平，因为社会公平是作为分配公共服务的法律和现实基础。公民权利的实现是公平实现公共利益的基石，但是，代议制的公民权利表达渠道仅限于政府独家治理方式的使用，因为，政府是在代表的利益表达过程中做出判断和决策的最终方，代表所表达的利益能否进入政策议程是由政府决定的，显然这已与多元参与治理的公共管理理念相违背，由此合作制出现了。

一是工业化社会积累了一定物质基础，使得人们有条件可以接受更高的教育，普遍知识水平的提高使其拥有了参与决策的知识能力，人们不再仅仅忙于生存，剩余的空暇时间使其萌发了强烈自治意识，而不再是满足于代表对其利益的代言。二是后工业化社会高度复杂性、高度不确定性，管理型政府的治理行动显得僵化和迟钝，难以继续维持社会治理主体的垄断地位，势必会要求社会、市场、非政府组织的力量参与治理。三是技术变革，网络的出现提供了便捷参与公共生活的渠道，同时充分扩大了信息传播面、增快了信息传播速度，不再是高层精英代表掌握关键治理信息，随着网络的普及和发展，普通公民有时甚至会比精英代表掌握的信息更加真实和充分，这为其参与公共生活治理提供了必要的对环境认知的条件。由此，多中心合作治理方式在公共管理时代应运而生。在今天这样一个高度复杂性和高度不确定性的时代，人们的利益以及生存需要被空前紧密地纠结到了一起，唯有通过合作去应对各种各样的问题。所以，合作已经成为我们时代的主题，政府的改革以及全部行政管理活动都应当在诠释这一主题的意义上表现为积极的行动，特别是在官僚制已无法满足我们时代的要求时，就必须去探索新的组织形式。与我们这样一个合作的时代相适应的，就是一种可以称作合作制组织的组织形式。

其实，合作治理方式已经在当今社会有所显现，比如，北京制定"限车令"，广泛征询意见制定政策；各国关于生态文明建设的磋商（尽管仍是在中心与边缘框架下进行的谈判，但至少有合作的理念出现），证明合作治理方式已经开始逐步出现。这种治理方式在农业化社会和工业化社会都没有出现过，因为这两种社会形态不具备孕育合作体系的条件。因此，合作治理体系是后工业化社会公共管理背景的新型治理模式。也就是说，当今世界已经从精英治理时代进入了平民参与自治的时代，公民权利的表达不再倚仗于精英代表的表达。但是这种合作治理模式对于公民权利的表达不同于早期西方城邦的直接民主，当时的直接民主仅仅限于公民在公共生活中能够将自我的利益进行表达和申述的层次，至于表述以后的最终裁决权还是听任于城邦治理人员，而今天的合作制意指公民可以参与公共生活的治理活动，而不仅限于表达层次，而是切实落实公民权利在公共生活领域的实现和行动。在这种时代背景下，最难以适应的一个群体就是曾作为治理主体精英的政府，因此，政府职能的转变是合作治理构建的一个关键节点，政府要放弃其治理精英的身份进行新的身份认定。

进入工业社会，政府从统治型政府向管理型政府转变，公民权利表达提上日程，并制定了一套完善的民主表达规章制度，但都逃不过代议制的框架，选举代表表达公民权利只是形式方面的一套程序。而在实质的层面，实施社会管理的政府依然是服务于权力阶层的，真正的公民权利所需解决问题却难以进入政策议程，出现政府宣传的公民权利与实施执行的政策相悖状况。公民权利仅限表达层次而没有实现，是当今社会出现的"宣传一套，做一套"心口不一现状的根本原因所在。正如马克思所指出的那样，工业社会的剥削者远比农业社会的剥削者虚伪得多，这一特点突出地反映到了这一时期的政府上来了。管理型政府的代议制尽管在实质上是表达了势力强大的利益群体的权利，却在形式上表现出民主的代表参与，以"代议制"的人民代表形式而掩盖了其精英治国的实质。实践中各国议会通过的违背人民意志的决议不胜枚举，而人民通过抗争迫使议会改变的决议却使人民每次都要付出惨重的代价。倘若组建国家时人民已将管理国家的权利毫无保留地全部转让，而议会决议天然代表公意，则这种违背和改变就成为不可能。从理论上分析，"全部转让"不外乎以下两种结局：或者国家权力完全体现人民意志，为人民利益谋福祉；或者国家权力异化为与人民意志相左的力量。在后一种情况下，人民主权的基本法则不仅被架空，事实上已被否定。这样，卢梭设想的通过社会契约"要寻找出一种结合的形式，使他能以全部共同的力量来维护和保障每个结合者的人身和财富"的崇高理想就可能破灭。特别是随着后工业化社会的不确定性和复杂性的增加，公民对权利意识的认识深入，政府作为单一治理主体的独断治理模式已经越来越难以让公民服从，近来出现的危机风险社会就可以借以佐证。

这说明，合作制取代代议制进行公民权利表达，从深层含义上讨论有着质的飞跃，其是从程序合理性向实质合法性的跃变，代议制中的代表在进行利益均衡时，时常落入利益集团博弈的窠臼，真正需要进入议程的合法公民权利可能被隐藏、掩盖起来，强势利益群体甚至借助舆论媒体向大众宣传一个假象，公民利益的表达在法治国家代议制中往往陷入程序合理性的危机。因此，要真正实现公民权利，只有多元中心的合作制建立才能使公民权利达到实质合法性。要真正实现公民权利，而不是仅仅停留在表达、发泄，然后听之任之的层次上，其中，最主要的方面就是放弃精英代表的治理，选择在广泛社会治理力量合作中寻找可以实现的利益，这才是真正的实质的合法公民权利。综合上述内容，从公民权利实现视角出发，对代议制和合作制进行了一个比较和畅想，如表1所示：

表 1　　　　　　　　　代议制与合作制的区别

比较、畅想	代议制	合作制
表达机构	人民代表	政府、NGO、社区
表达途径	通过选取人民代表进入政策议程	网络、媒体多种表达方式
本质特性	程序合理性	实质合法性
实现效果	仅限代表表达，最终裁决权在于政府	自行参与治理、提供多种治理模式，与政府等公共组织共同协商治理
公民参与特性	被动服从性	积极主动性

总之，合作制的公民权利实质合法性实现虽然还有很长的路要走，但是可以敏锐地感觉到，一种新型的公共生活模式正在悄然兴起，这种静悄悄的变革不再以暴力革命的形式进行，而是以一种思维观念的转变和网络沟通的便利化逐渐改变着人们的公共生活方式，只有合作治理模式的构建才能真正实现公民权利。

四　合作治理模式中的行动者

科学对世界的认识可能只是一个方面，科学对自然界的认识或许是标准的，但是对于进入后工业化社会而言，这种认识逻辑便呈现出了片面性的特点。在多元化的社会现实中，在差异已经无所不在的社会中，规则的同一性标准常常与实际境遇出入较大。特别是在后工业社会的背景下，人们除了生活在自然和社会的场景外，由于互联网技术的出现，为我们呈现出一个全新的虚拟世界，在虚拟世界，人的思维观念和行为模式都发生了改变。如果说工业社会的双重世界已经使生活变得较为复杂，那么后工业化进程中的三个世界并存促使世界进入了高度复杂性的运转体系之中。显然简单的主客体划分思路已经不足以应对这个有着三个世界的生活空间，那么我们的理论旨趣就是不再使用主体这个概念，虚拟世界恢复了人的自主性，我们把这种具有自主性的人定义为"行动者"。

在工业社会的现实情境中，吉登斯等学者用自反性现代化来描述这种状况，自反性现代化描述了这样的社会情形：工业社会变化悄无声息地在未经计划的情况下紧随着正常的、自主的现代化进程而来，社会秩序和经济秩序完好无损，这种社会变化意味着现代性的激进化（a radicalization of modernity），这种激进化打破了工业社会的前提并开辟了一条通向另一种现代性的道路。[①] 工业社会的变化没有轰轰烈烈的变革，它以几乎让人感觉不到的形式出现。所谓自反性就是指社会变化是工业社会中自身萌生出来的，甚至连明显的对立面都不曾出现。可这种悄无声息的社会变化却有着巨大的能量，这种变化打破了工业社会的前提并开辟了一条通向另一种现代性的道路。工业社会的自反性以风险社会的形式让生活在其中的人们切实感受到了它的存在，或者说，风险社会是工业社会向后工业化社会转型中的一个必经阶段。如果说工业社会的技术为人类创造了更加舒适和安全的生活，那么，现在"技术崇拜"的反作用也以风险的形式表现出来。如随意侵入个人电脑的黑客，现在已经进入国家重要部门，这种无形的犯罪带来的危害却是致命的。由于自然的过度开发和利用，各种自然灾害让人始料未及，社会失控的情况使政府应对总是措手不及，关键是这些风险以一种我们难以察觉甚至超出我们想象力的方式突然出现，而科学应对似乎也开始显得力不从心。

风险社会是人类历史上从未出现过的一个时期，技术的日新月异促使人们对预测未来和改造自然更加自信，但是，也正是由于单纯对技术理性的追寻，而将我们带入了一个前所未有的风险社会。如医疗技术的发展可以治愈更多的疾病，但是，生化技术的滥用对人类的摧残也具有毁灭性。因此，无论后工业化社会所出现的虚拟世界，还是目前工业社会现实，风险的无处不在都呈现出社会的高度复杂性和高度不确定性特征。由于社会变化过快，专家对即将发生的社会真实场景预测也极为困难，社会的不可预测因素越来越多。那么依靠预测来制定的行为准则就会在现实场景中失灵，因为所发生的场景可能不在预测范围之内。社会实际发生的真实场景可能已经掩藏在量化数据的表面之下，既定秩序无法应对多元性的社会关系，社会行为变成由道

[①] [德]乌尔里希·贝克、[英]安东尼·吉登斯、[英]斯科特·拉什：《自反性现代化》，赵文书译，商务印书馆2001年版，第6页。

德、权力甚至是纯粹的决策主义来主导。也就是说，行动者就决定了具体的行动而不是客观的制度，因为行动者在行动时没有意识到制度的约束力时，行动者就可以开展有意识的行动。行动者之间关系的多样化就恢复了行动者本身的差异性，而具有同一性特征的法治模式显然无法向行动者提供差异性存在的空间。

可以说正是由于主体间性多元化和复杂化的出现，才为行动者的出现创造了生存空间。从行动者的观察视角入手来考察行动者之间的关系，进而分析社会的现状成为新的社会科学领域研究范式。当然支撑这一理论假设成立的前提是民众能够成长为行动者，由于社会的发展已经为行动者的归来提供了客观基础准备。由于现代社会的复杂性日益增加，个体行动没有可以对照的制度准则，他们只能依靠自己对社会场景的判断做出必要的决策，在这个预测过程中行动者角色呼之欲出。其实，社会在管理与被管理的模式下，各个层次的行政机关都发现自己面对着这样的事实，即他们自以为为所有人谋福利的计划却被当事人当作对立面而加以反对，因此他们及相关研究和咨询机构的专家们失去了方向。他们坚信据其知识尽最大努力制订这些计划是"有理性的"，是为了"公众的利益"。但是结果却出现了他们从未觉察到的矛盾情感，民众似乎对管理者的"好意"并不认可，甚至还有敌对态度掺入其中。其关键的原因就在于社会和国家都还在利用工业社会的治理观念，即行政机构和专家总能够准确地了解和判断正确的和有益的公共需求，或者说他们至少了解得更多。现实是已经没有任何组织机构能够完全准确预测、控制和决策。权威性的决策和行动的国家正在让位于协商性的国家；协商性的国家的作用是搭建平台、安排对话并给予指导。可以说现代国家的协商能力较之其单方面的等级制的行动能力更为重要。

因此，在个性化和多元化兴起的时代，追求同一性的法治社会治理模式具有局限性，但是并非说完全抛弃了法治和权治的社会治理模式，而是这种方式不能再成为社会治理的主要方式，我们需要探讨个性化、多元化条件下的社会治理模式。如果说，农业社会是以人来制人，根据人的不同秉性来治人；工业社会就是用规则来治人，将所有社会行为纳入制度框架中，任何人都得服从规则，都得服从提前设定的标准,标准面前人的差异被全部抹杀。在个性化、多元化的条件下,社会治理者必须拥有独立性和自主性。作为依据的规则不再存在,行为的外在依据消失了,行为只能依靠个人的独立性和自主性来展开行动。但是在后工业化进程中,则以个性化超越标准,根据实际要求来具体生产,如服务业规模变大,传统产业规范下降,而服务业强调的就是个性化。在几乎所有的领域当中,我们都能感觉到个性化扑面而来,个性化是一种营销理念、经营策略。每个人的个性化带来的是社会的多元化,多元化意味着差异的并存,对社会治理提出挑战。

社会发展的不可控制性侵入了个人的分区,打破了地区的、特定阶级的、国家的、政治的和科学的控制范围和疆界。如在面对核灾难后果的极端情况下,不再有任何旁观者。也就是说,在这种威胁之下的所有人都必须是参与者和受影响的当事人,且同样都可以为自己负责。显然,拥有这种责任意识的人不再是被动的执行者,也不是政治视域下的抽象的主权者,而是拥有意识性的行动者。尼采在荷马的德性中看到现代人所缺少的生命力,现代人由于过多理性地思考、被驯化和规范,而忘记了生命的意义在于开创伟大的行动。在说明行动与规则之间的关系时,只有规则存在制定规则的主体和遵循规则的客体,而行动只有相互影响的行动者。行动体现的既非劳动的必然性,也非技艺的功利性,而是人所特有的开创能力,既非神也非动物所有。为了应对社会事务复杂性因素的增长,行动者出现在人们的视野当中,行动者的行动没有一个可供提前参考的标准模板。行动不同于行为,行为是在一个实现确定目的的框架里展开的技术性劳动,行动不存在提前预设的目的。行动的不可预测性使得社会制度很难约束行动,对于行动者而言,行动的价值并非其他的预设,而是具体行动过后才感受到行动的意义之所在。正是因为行动处在生生不息的流变中,哲学才会用理念的统治去规范行动的不确定性,形而上学才会用确定性的力量消除人类事务中的不确定性。[①]

[①] 孙磊:《行动、伦理与公共空间:汉娜·阿伦特的交往政治哲学研究》,北京师范大学出版社2013年版,第67页。

这种通过预测抽象出共同性制定法制，在面对全球化和个性化的后工业化社会时，国家和社会双方显然都陷入了矛盾的困境。面对这种场景，社会的行动意识觉醒，社会开始主动参与到社会治理的活动中，而不再甘心作为抽象的主权者被动按照法制行事。后现代的追求要求解构主体，走出认识论的窠臼，后工业化的实践恰恰为此提供了支持。社会治理主体已经不仅仅由政府所承担，社会治理主体的多元化并没有让主体消失，但是，无论是认识主体还是实践主体的自我中心主义已经不可能成立，反映在社会管理的问题上，政府的自我中心主义也失去了思维上的支持。这样一来，政府本位就必然要为他在性所取代。总而言之，个性化和全球化实际上是同一自反性现代化过程中的两个面向。在这种时代背景之下，社会的行动者意识已经开始觉醒，法制的社会治理模式不能再适应行动者社会的需要。当社会被赋予合法的"行动者"角色时，社会就拥有了自治的权力，或者说，主权者的社会认知还只是停留在民众拥有治理权的形式之上，而当社会演变为拥有实际行动力的行动者时，也就意味着社会可以有实际的治理权力与国家合作共同开展社会治理的工作。然而，合作的实现需要双方信任的基石，道德则是建立信任的支撑点。

其实，在20世纪80年代中，公民自发团体就已经在政治上取得了权力，这种现象正是行动者意识觉醒的现实体现。民众自发构建的非政府组织已经不属于传统的社会治理体系，第三部门提出了自己的治理要求。非政府组织不同于曾经辅助国家治理的自愿组织，它不再把自己定位为辅助治理的位置，而是要求与国家合作承担甚至独立承担某些社会治理的职能。卡蓝默认识到，80年代出现的第三部门天生就有一种不信任政府的性质，因为，如果政府对社会的管理井然有序，它们也就不会应社会治理困境所需而构建了。从某种意义上而言，正是这些组织对政府的不信任才促使了它们的出现，到了90年代，随着非政府组织机构的发展和完善，社会组织与国家共同合作治理的趋势已经逐渐明朗化。

在中心与边缘的社会结构中，处于边缘位置的所谓主权者并没有实际的社会治理权力，而行动者则拥有了实质参与社会治理的权力。既然没有处于中心的主体存在，那么行动者之间就只能采用平等的合作方式展开社会治理。因为，行动者存在的前提是人们能够发挥自我的主观能动性，有意向性的行动需要在真正公正、透明的状态下开展，只有合作才能体现出自愿和信任的本质，而不是处于中心的主体以欺骗或暴力等方式胁迫边缘角色的协作。行动者的出现为实现合作治理模式提供了基本保障，互联网技术的发展，则为合作治理模式提供了技术支持。随着互联网平台上各种新型沟通技术工具的出现，通过各种渠道表达自我对社会治理意见和看法的民众越来越多，在这种形势之下，法治的社会治理模式已经开始颇显疲态。因为，随着互联网技术的成熟，人们参与社会治理的方式和发表意见途径逐渐多样化和便捷化，那么，社会治理的参与者数量就会越来越多。法治不可能对所有的参与者进行行为规范：一是对大量参与社会治理的行动者行为进行监控和管理的人力和财力成本无法承担；二是随着互联网信息的瞬息万变，法治的惩治措施总是显得滞后而单薄。只有发挥道德的自我约束功能，才能让行动者以自律来规范自我的社会治理行为，因为，在庞大的群体面前，法治的外在约束力量总是显得那么微不足道。

在近来的7—8年，我们见证了这种合作的爆炸式增长。我们可以先看一组数据，微信有5亿用户、"Facebook"（脸书）拥有12亿用户，在这些惊人的不断成长的数字田野里，瞬间崛起的不是数字，而是数字背后的声音和人。互联网第一是把人联系在一起了，第二是把人与信息联系在一起了，因为这两个连接，大大地提升了信息传播的效率。这些被忽视的力量不断被组织起来，构成了今天的公共组织形态和社会自组织形态的有机体，人们就生活在这样一个组织常态中，传统经验和组织形态已经不能再对这种新型组织形态给予合理的描述和解释。在这种情形下，几乎所有的人都能够表达自我意见，它赋予了个人更多的权力，这种权力以可以发表意见的形式表现出来，权力被分散开来，所有人参与到决策之中。

张康之教授的《行动主义》一书中则极具想象力地从行动主义视野中开拓出一条从本质上改革社会治理模式的出路，他在政府与社会一体化的理论假设背景下定位了行动者角色。政府之于社会不再是管理者角色，政府自觉地把自己看作与社会一体性的存在物。政府与非政府组织、其他社会自治力量共同构成行动者系统，由这些行动者共同合作开展社会治理，管理者与被管理者的线性关系变成多元治理力量合作互动的复杂的网络关系。反之，在社会合作网络中看政府，就会发现，行政既是这个网络整体上的每条网线，又是具体的每个网节上的节点，担负着联结整个社会和引导整个社会的角色。对于这样一个政府，应当追求的是与社会的一体化。

其实，从行政学兴起伊始，政府便扮演了行动者角色，只是大多研究都从政治与行政二分的视角对政府进行解读，所以，只注意到了政府的执行者角色而忽略其对于社会拥有自主行动权力的特质。从第一次经济大萧条开始，出于满足社会需求的目的，政府便开始自己生产政策，从而弱化了政治的决策权力。但是政府制定政策面临了一个严峻的问题，政策在政治中产生需要经过"议"的民众表达过程以形成公共性的政策，政府则省略了关键的民主过程直接制定政策。因此，政府制定政策面临自我价值规范的问题，从这个意义上来讲，政府制定政策意味着它具有了自主性，政府演变为拥有自主性的行动者角色。只是，在结构式的社会治理模式中，只有政府扮演了行动者角色，而在政府、社会一体化的社会治理体系中，由于打破了政府作为唯一治理主体的局面，掌握社会治理集权的主体变成多元主体。由政府和社会组织所构成的多元治理主体共同掌握治理权力的局面不同于政治民主，社会不仅停留在话语表达的权力层面，社会组织还具有了治理社会的行动权力。因此，从组织层面而言，政府是对社会开展的他治的自主行动者，社会组织则是掌握社会自治方式的独立行动者，政府与社会双方平等合作对社会进行有效治理。

综上所述，新型社会治理模式中的行动者角色可以从三个视角进行解读。第一个视角从主客体认识论展开，行动者既非主体又非客体，不能以主体间性来解释，行动者是去主体化的真正平等身份的角色界定。第二个视角是政府中行政人员的行动体现，从对行政人员的人性假设上进行解读，行政人员是从属于复杂社会关系中的人，他们会根据具体的行动场景开展具有实践理性的行政行动。因此，行动者是对行政人员在开展具体行政活动时的描绘。第三个视角是考察行动者内涵的两个层次转变：一是从宏观到微观与宏观结合的研究层次转变，行政学的研究不仅局限在宏观制度制定的合理性上，更体现在微观层面上行政人员的具体职业行动过程中，这种过程由宏观的行政制度与微观行政人员行动的相互影响所产生。具体而言，行动场景、行政活动对象、行政人员的同僚、行政制度等因素杂糅在一起，这种混沌状态决定了行政人员行动的复杂性。二是从静态到动态研究层次转变。行动者是一个抽象的概念并非具体定位的某种形象或某种人，是对行政人员和政府的一种形象的动态描绘。政府是合作的行动者，但是具体的行动则是由行政人员所承担和体现的。行政人员的具体行政行动则是一个动态变化的过程，而非"黑箱"理论所能解释的输入指令就能照章执行的简单模式。从静态的制度、结构研究到行政人员动态行动的探讨，就是公共行政学研究层次的转型。

通过行动主义框架中例行化、常规化的结构化途径，服务实践者构成的社会行动网络与社会结构之间相互生成，自主与自我发展成为重中之重，公民与政府之间的关系悄然发生着转变。特别是技术创新为塑造充分知情的公民提供了有效的服务工具，它促进着公民接触，推动公民分享彼此的思想和生活体验。知情的公民促使了社会自治组织的创建，20世纪后期以来，社会自治组织开始积极参与到公共事务治理行动中，这部分社会组织也开始承担了社会管理职能，社会组织与政府组织逐渐形成了平行的社会网络状结构。社会自治组织不是所谓的政府外包的组织，它们与政府没有隶属关系，它们从本质上是属于社会范畴。政府面对可以提供公共服务的其他社会治理力量时，政府与社会的管理与被管理关系悄然发生变化。政府不再是社会治理的垄断者，政府与社会其他组织共同开展社会治理活动时，只可能形成两种关系，即竞争和合作。张康之教授指出，竞争的行为使人们彼此为敌，同时又使人们不得不彼此为"用"，人们之间是在万般无奈的情况下或者出于利益实现的要求而结成一种工具性共同体的。合作则是超越竞争协作行为的一种全新关系，因为，合作就意味着合作双方都会感受到彼此的总体性体验，会激发出合作行动者的他在性，他们会充分顾虑到他者的感受，使合作共同体的行动者行为获得主动性和自由性。如果说，竞争共同体排斥道德原则，合作共同体则理所当然是道德共同体。《行动主义》一书中详细勾勒出了合作治理模式的蓝图，这种治理模式拥有一个由政府、社会、企业、公民组成的"多中心"互动的合作治理结构，这个结构重视治理行动者的道德自主性和能动性，广泛采用包括私人领域治理工具在内的各种手段，共同应对各种公共难题，以确保复杂社会中的公共治理的合法性和合理性的有机统一。

合作治理模式的实现对于参与合作治理的各方组织而言，政府与社会均是积极、主动的行动者角色。社会自治最重要的任务是能够理性、客观地对社会问题进行评估，进而与政府商议共同提出合适的解决方案，在这种思路里，政府需要具备独立思考的能力，通过与社会组织的平等对话引导社会开展良性自治。也就是说，由于后工业化社会的莅临，社会与政府合作治理的形式替代了政府管理社会的模式。政府的功效不再是简单地对社会实施管理，对社会行为和政府自我行为给予控制，而是引导社会能够理性地开展自治活动。在这种新型社会治理模式里，政府的基本责任是如何保障公共服务得以实现，政府把更多的注意力放在协调多元社会治理主体之间的关系，而不是展开亲力亲为的社会治理活动，给予制度供给而不是实施社会控制，以求促进多元社会治理主体所提供的公共服务相互补充、相互支持并联结为一个有机性的系统化整体。政府行政人员以行动者角色来实现政府的新型职能，工具理性的人性假设不再完全适用于行政人员。根源于人的意识深层的基本理念即实践理性往往是决定人的行为选择的主要因素，之于现象层面的工具理性所发挥的作用，虽然是可以得到理论上的证明的，却不为实践经验所支持。反之，实践理性是可以用作充分来证明人的行动者构成要素的，也就是行动者根据实际场景中的实然情况作出行动选择。合作治理体系中行政人员的权力除了接受宏观的制度制约外，还需要从根本上去解决权力异化的问题，从而保证权力正向功能的最大化。合作治理模式的权力关系是基于知识、经验、智慧等方面的权威而生成的，人们对这些权威的接受也使他们倾向于对基于知识、经验、智慧的权力做出认同。

合作治理模式的生成导致政府职能的转变，当然，这并非意味着政府其他职能的消失，在政府以管理职能为主时，也依然存在着服务和统治职能，只是这两种职能被弱化了，甚至可以说，服务和统治的职能成为实现政府管理职能的一种手段。政府以引导和服务职能作为其主要职能时，同样也存在着管理和统治职能，可是主次地位发生了根本性的变化，政府职能不再是单纯地执行政策以实现对社会的管理，而是通过管理或者统治的形式实现引导社会自治的目的。因此，张康之教授在书中总结到，这种合作行为必须得到全新的组织结构支持，这种结构是出于合作的目的和服务于合作行为的，它能够为合作行为的持续发生提供充分的支持。对于政府而言，只有从管理型政府向服务型政府转型，才能真正实现这种合作治理模式。

总之，农业社会采用主客体的二元论来认识社会，作为被动遵从统治者要求的社会民众总是以革命者的暴力形式出现。当然，反之而言，也正是由于这种暴力的革命者，导致农业社会的统治型社会治理模式土崩瓦解。到了工业社会，社会作为抽象的主权者，社会和国家的关系开始转变，治权在国家，国家与社会关系的变化诞生了一种新的治理模式，就是法治的管理型治理模式。进入后工业化社会，社会成为行动者，社会需要掌握实际的社会治理权力，行动者不再是抽象的主权者，他们直接参与社会治理行动，民众不再是被抽空实际治理权力的主权者，却是徒有"天赋人权"形式的被管理者。行动者与革命者都要求获得治权，但是革命者以暴力的形式出现，行动者要求治权以合作治理的和平形式进行设计。那么在这种背景下，后工业化社会便生出了以道德为基础的合作治理模式。

第五章　从行动者视角看服务型政府

随着社会自治组织的出现，传统理论所构建的政府与社会管理与被管理关系被打破，建立在政府与社会二分关系基础上的结构化社会治理模式也亟须改变。为此，我们需要重新构建政府与社会一体化的新型关系，并从行动者视角出发，极富想象力地勾勒出一幅超越结构化社会治理模式的合作治理图景。在理论上做出了革命性创新，通过对政府的行动者角色考察构建了服务型政府行动来重建公共行政，只有重新规划服务型政府模式，才能让政府在公共行政的实践中呈现出公共性价值。也就是说，面对社会逐渐兴起的自治行动，政府却依然把社会定位在"被动服从"的角色，并以此认识来设计相应的社会管理模式，即政府作为管理者提前制定社会运行的规则，社会中的民众只能以政策内容为标准来指导行动，如果出现社会问题那么民众只拥有表达的权利，政府则根据判断来进行回应。但是，社会的民众不能自主参与政策制定和治理社会的行动，即使有所谓的民选代表参与了决策和治理过程，可代表也仅仅局限在一个小范围的群体中，大多数普通民众只能被动服从政策、法规。表达与回应的社会管理模式对民众的价值取向进行了提前预设，个人主义和功利主义常被政府作为政策制定的理论假设前提，实证主义成为政府分析社会问题的基本方法论，通过社会调查的数据分析等技术手段，抽象出社会行为的共同性，继而根据这个抽象的共性制定同一性的政策法规。在这个环节里，社会的民众被形塑成"单向度"的人，随着后工业化社会的出现，人们呈现出的个性化、多元化的生活方式，同一性的社会管理模式俨然已经无法适应新的社会治理诉求。

在后工业化社会的进程中，人们不再只具有单一向度，人们之间的差异性因素越来越明显。作为社会主要建构之一的社会治理模式也需要随之做出根本性的变革，而不再是修修补补式的渐进式变动。目前许多社会问题必须要民众与政府共同面对，仅只依靠政府一己之力已经无力解决这些问题，对这些关乎全球共同命运的问题难以再沿用通过政府和专家的讨论、确定决策的解决问题方式。因为，这些问题是涉及整个人类今后发展的问题，换言之，这些问题与每个人的命运都休戚相关。如全球化的环境污染问题，只有大量行动者加入到社会治理模式之中，这种具有全球性特征的问题才能得以解决，政府自己一方力量是无法解决这种类型问题的。随着全球化进程推动的加快，亟待全民参与治理的社会问题越来越多，社会自治行动的思潮逐渐付诸实践。在这种社会背景下，政府形态必须转变才能适应社会发展的所需。

　　由于网络技术的快速发展，信息量呈几何级增长，社会问题层出不穷，政府所要管理的社会事务可谓应接不暇，风险社会由此而生。社会治理不能再单纯依靠政府一方力量，也并非指"无政府主义"的兴起。现实中需要政府规范管理的社会事务与日俱增，但是政府却力不从心。因此政府对社会的管理职能是需要保存的，但是，管理职能却不再是政府的主要职能，由于社会行动者的兴起和自治精神的萌芽，政府的管理职能正逐渐转向引导职能，政府引导民众开展理性的合作自治行动。为了适应政府主要职能转型的需要，管理型政府形态转向服务型政府，服务型政府的引导型职能需要行动者角色的行政人员来承担。为了塑造行政人员的行动者角色，服务型政府需要为行动者角色的行政人员提供生存的制度框架。或者说，对于一种全新的政府模式，势必需要一套不同于官僚制的新的组织构建形式。从纵向上的"层级"而言，新的组织形式不再是局限于扁平化的转变方式，因为，无论等级化还是扁平化，终究还是线性思维的体现。线性的思考方式已经无法应对后工业化社会的复杂现状，所以，组织形式是线性结构转变为网络性的形式。由此来彻底改变以往的自上而下或自下而上的信息传播形式，网络性结构是以一种四通八达的信息传播形式展现在我们面前。从科层制横向上的"科"而言，则是一改以往的部门各自为政的局面。虚拟组织的出现不再是单纯地对部门机构的合并或拆散的思路,而是通过互联网技术充分整合政府内部部门的沟通,同时也加强了政府与社会自治组织的沟通和对话,实现真正意义上的政府开放性。在全新的政府组织形式下,服务型政府对内部行政人员的管理制度自然也会改革。管理型政府的规则是为了约束和规范行政行为,而服务型政府的行政人员管理制度则是引导行政人员以正确的价值观发挥其自主性以期真正实现善治的目标。

第一节 作为行动者的服务型政府

一 政府与社会二元分立时代的没落

二元主义同样存在于公共行政的研究领域,尤其显现在其不同的认识论和方法论途径上,像普遍存在着功能主义认识论和诠释主义认识论的尖锐对立;实证的、定量科学研究与人文科学的、定性研究的尖锐对立;客体现实性与主体现实性的尖锐对立。[1] 从角色认知视角来看,在工业社会,政府与社会处于管理者和被管理者的二元角色对立,正是由于这种角色认识,以管理主义为导向的公共行政将公众与行政过程分离开来。因为,由于政府与社会扮演管理者与被管理者的角色,双方存在地位上的悬殊。政府扮演管理者的角色对社会行为进行有序规范,在对民众给予"经济人"理论假设的前提下,公共行政表现出理性分析、效率、规划和目标实现的职业偏见,这些特征意味着公共行政更多地倾向于行政管理的职能实现。为了解决社会可能出现的各种各样的问题,政府利用专业技术制定了完备的社会运转必须遵循的游戏规则。政府将社会看为一台庞大的技术机器,其中含有不同的标准零部件,为了使得社会机器各部分都能够发挥功能以维持机器正常运转,政府为其精心制作了类似"说明书"的详细规章制度,社会则要完全服从规则才能保证社会的秩序井然。当然,社会机器运转中出了问题,政府会以工具理性的视角来分析问题找出原因对社会进行回应,通过一系列程序将其认为重要且迫切的问题提上政策

---

[1] [美]全钟燮:《公共行政的社会建构》,孙柏瑛、张纲、黎洁等译,北京大学出版社2008年版,第7页。

议程。这种管理型治理模式存在的前提是能够准确预测社会行为即将发生的变化，才能制定标准来对社会进行管理。

政府对社会的管理基于"控制与回应"的思路，民众为了适应社会环境，便形成了遵纪守法和反映问题的行为模式。民众处于被管理者的角色，由于政府、社会二者存在地位势差，民众违反规则便要受到相应惩罚，民众需要通过合法渠道向政府表达自我诉求，随后，民众便等待政府的回应。政府将某些自我认为比较重要的社会问题列入政策议程，再通过所谓的实证调研来了解问题实质情况，最后根据调研情况制订出解决问题的方案。这个制定政策的环节基本没有社会管理对象的参与，所谓精英治国就是指这种状况，最终的社会治理方案不可避免地体现了政府的价值观念。当然，政府也会不定期组织相关领域专家来深入分析社会问题，通过专家的结论制定政策。但是，无论是政府自行决策还是纳入专家进行协商决策，两种方式在决策过程中都排除了民众对公共事务的自我治理权利，即使有民选代表也由于势单力薄仅能起到表达的作用，最终决策权仍然掌握在精英手中。准确预测需要在一个可控因素较多的社会里才能实现，技术、专业理性的管理主义、实证主义和功能主义可以有效认识社会实质，运用这些方法论就可以准确预测社会行为，继而制定社会行为的统一标准。由此可见，只有复杂性和不确定性因素处于一个可以控制的范围内，才能制定出这些同一化和普遍化的标准，追求效率、经济发展的单一化的工业社会为管理型社会治理模式的发生提供了场所。

工业社会经济和效率的追求需要标准化的大规模生产才能实现，这种打破家庭小作坊式生产模式的大范围生产需要严格、规范的管理以维持生产的正常运作。生产力决定生产关系，为了适应大规模生产模式以大幅度提高生产力，以严明的专业化分工和非人格化考核制度的工具理性著称的管理主义应运而生。同样，政府与社会二元角色对立的局面也是为了适应工业社会的发展而构建的，为了维持市场公平竞争的秩序，政府以一个高于社会的主体形式出现，政府的存在就是为了监控社会是否按照既定秩序正常运作。可见，在政府设计之初，政府与社会就被框定在对立的二元角色内。进一步说，政府成为与社会对立但又高于社会地位的管理者角色，社会也接受了被管理者的角色认知，这也是二元角色理论产生的源泉所在。在工业社会，政府运用管理主义的知识对社会行为进行规范化管理，在这种社会管理模式下，工业社会的大规模生产模式建构成功，使得人们的物质财富迅速积累，民众生活水平普遍得到了大幅度提高，社会的经济水平似乎达到了一个前所未有的高度。

随着后工业化社会的到来，管理型社会治理模式中的不适宜因素开始彰显，社会在政府的严格管理下不但没有取得预期的经济效率，反而有逐渐下降之势。管理主义的宗旨是提高效率最终实现经济增长，现实却为我们呈现出了相反的一面。管理措施越来越规范和细致，经济效益却出现负向增长的悖论现象。从政府管理的视角来观察，政府的每个执行部门都没有问题，均按照制度和规定办事，但是为何最后出现了与预设目标相反的结果，这就是僵化且被动的执行模式已然不再适合新的社会形态。在二元角色认知的框架内，人的主观能动性被完全剥离，行政人员在执行中只注重是否完成考核指标的预设标准，为民众服务的最终目标却被忽视。因为，个体只需要对考核指标负责即可，个体不必承担组织的"服务"目标。绩效标准仅仅是为了实现最终目标而设置的手段，但是，最终却出现了目的和手段本末倒置的怪象，养成了政府中行政人员不求有功但求无过的行为意识。现实中呈现出很多这种情况：多个政府部门共同承担了修建高架桥的任务，每个部门的人都在照章办事，结果桥修出来后却与居民楼相隔不到10米，按照制度追究责任竟然找不到渎职者，因为各部门负责人都证明自己是按照明文规定而展开工作的；政府为了使得城市的市容井然有序而成立了城管部门，结果展开城市市容美化的目标还在实现中，却提前制造出暴力执法者和抗法民众之间的尖锐矛盾，这样的现状目前可谓比比皆是。政府中的行政人员为了实现既定绩效目标，反而把服务于社会公众的最终目标丢弃了，设置规则和考核绩效是为了实现政府为社会服务的目的，结果却是过程目标替代了最终目标，绩效追求使得行政人员忽视了服务的最终目标。究其深因，社会与政府是对立的两面，行政人员的行为标准体现出工具理性的特点，当人们的行为过度依赖理性时，他们就会把完成绩效指标作为理性目标，至于执政对象的感受由于与绩效关系不大就被忽视。特别是由于信息不充分导致不确定性因素较多的情况下，行政人员就会尽量减少协商的成本，他们就利用匮乏的信息做出一个尽量保护自己的理性决策，即决策只要在政策范围内，自己不用承担相关理性失败的责任即可。

随着全球化、网络化的出现，使得人们的生活方式发生了翻天覆地的巨变，人们的流动范围越来越广泛，接触的信息呈爆炸式增长，人们对社会认知的价值观日益多元化和个性化。在这种社会背景之下，即将发生的社会行为难以预料，人们的价值观不能再抽象为普遍的功利主义，或者说，价值认识不在局限于理性的单一标准。当理性化不能成为社会民众的普世价值观时，管理者对被管理者的认识就显得不够全面，政府无力再对社会实施全面管理，管理者和被管理的二元角色时代也即将走向没落。社会多元价值的出现带来了人们需求的个性化，政府以单一价值标准所拟定的社会需求，可能就是一种虚假需求。即使政府是出于为更多民众谋取更多利益目标而制定的政策，但是由于难以把握问题的核心本质，最终制定的规则可能与预期目标所体现的内容南辕北辙。由于管理者与被管理者缺乏沟通和对话，管理对象对非人格化的制度并不一定理解和认可，即使政府基于公共利益而制定的政策也可能因被误解而遭遇执行困境。如政府为了安全和环境保护的目的，颁发了禁止放鞭炮的政策，但最后却由于民众的抵抗陷入被迫取消的境地，这就是双方处于对立角色又缺乏沟通导致政策流产的例证。

在网络普及的时代，民众的个体意识越来越强烈，人们的沟通、对话方式正在经历一场巨变，特别是在我国，我国本身是传统文化较为含蓄的国家，也就是说民众表达情感较弱。第一次是流行歌曲的出现，我国社会开始对情感进行公开表达，第二次就是目前的网络"微时代"的情感价值表达出现。民众开始强烈感知到自我主观感受的存在，可在管理者的政府视野里，却仍然把民众理解为一种客观被动的对象，这种客观现象高于或超越了公民体验和公民感知等主体现实。客观化、工具性和理性化取向的公共行政对复杂社会现象的理解非常匮乏。况且随着社会民众自治意识的兴起，他们不再停留在表达问题的层次上，而是开始展开社会自治行动。大量非政府组织的兴起、微博问政的出现、社区自治的萌生，便证明了社会自治行动已悄然兴起，民众被动服从政策的局面不再从属于后工业化社会。也就是说，在个性化、多元化和网络化兴起的后工业化社会，这种二元角色的认知模式势必会被时代所抛弃。随着后工业化社会的到来，人类需要一种新的社会治理模式与之相契合。

二 政府从执行者向行动者的转向

在工业社会政府与社会二元对立的结构里，社会在形式上扮演了具有抽象意义的主权者，实质上是与政府管理者相对立的被管理者，实际掌握社会治理主权的乃是国家。但是在后工业化社会里，民众不再满足于掌握形式上的平等主权，他们积极而主动地参与到社会治理的现实实践活动中。社会从主权者向行动者的转型已经出现，行动者的出现意味着社会主体的角色已经被取代。从革命者到主权者再到行动者的逻辑思路里，主权者是非行动的主体，而行动者则是合法的革命者，或者说，行动者不再以暴力的形式参与社会治理，行动者是在制度化框架中，以合法的身份展开社会自治的群体。行动者的出现对社会结构重建发挥了巨大的作用，如果说在"天赋人权"和"人人平等"理念下建立了一个形式平等的社会结构，那么行动者的出现就是要建构一个实质平等的社会结构，在这个新的社会结构里，中心与边缘的角色不复存在。

行为客观性研究取向与工业社会的经济发展是息息相关的，在工业社会时期，科学技术为人类生活水平的提高发挥了功不可没的作用，与此同时，科学不但改变着人们的生活方式，也影响了社会科学研究的方法论。社会科学研究也开始追求"科学"的标准和精确，如行为科学的研究就有一种想要与严格科学看齐的强烈愿望。工业社会创造了人类历史上从未出现过的物质财富，但是功利主义的单向度人也被形塑出来，工业社会构建思路中最大的问题就是忽略了人与机器构造的本质区别，人是有主观能动性、有感性思维的高级动物，机器是可以完全按照设计程序运作的。也就是说，工业革命的根本点在于科学技术的发展，自然科学的研究方法论被引入了社会科学，对行为的规范研究使得管理逐渐细化和标准化。但是，这种研究思维不属于后工业化多样化、个性化的话语体系,或者说,如果行为主义的思路是适应于工业社会的范式的,那么后工业化解释框架下,则需要一种新的行动逻辑规范思路。

互联网技术基本上改变了社会的信息传播模式和规模,美国谷歌公司曾做过一个实验,根据用户收集数据的资料,仅仅用了两个小时,便定位了当地流感的传播方向和集中地点,然而同样的预测工作政府则需要至少1—2周的时间。这说明,由于信息传播的迅速和范围广泛,政府已经不具备优先掌握信息的优势。在现实中,政府经常备有大量的突发事件紧急预警方案,但真正能付诸实践的却少之又少,正因如此,才有所谓的"风险社会"之称。由于严格的层级节制关系,导致了政府组织行动刻板僵化、动作迟缓,使政府难以灵活主动地应对瞬息万变的信息社会、竞争活跃的市场经济和利益多元的公众期望,由此,社会从表达权利诉求转向自治的兴起。

关于社会行动的研究,人们从自我行动的主观动机视角展开探讨,也就是说,人们行动的目的随着后工业化社会的高度复杂性已经变得不是那么单一化,需要对社会行动进行规范性认识,势必会关注人类行动的"主观方面"。既然需要关注人类行动的主观构成,那么首先需要把人作为一个有机整体展开研究。20世纪的物理学取得了长足的发展,在物理学或生物学的层次上,分解成什么部分或单位的意思是很容易理解的。一部蒸汽机包括气缸、活塞、驱动杆、锅炉、阀门等。同样,一个有机体由细胞、软组织和各种器官组成。这种意义上的一个部分就是单位,撇开它与该整体其他部分的关系不谈,它的具体存在就是有意义和"合理的"。[①] 也就是说,机器拆分后它的零部件仍然是具有"存在性"意义的,生物学通过解剖才能辨别它的各个器官。但是,对作为统一体的社会和社会组成的有机体的人进行分解讨论,就不再符合现实,因为,社会行为完全肢解后就只会支离破碎而丧失了其本真存在的"意义"。组织行为学的相关研究借鉴了这种物理学和生物学的研究方法,对组织中人的行为进行分类研

[①] [美]塔尔科特·帕森斯:《社会行动的结构》,夏遇南、彭刚、张明德译,译林出版社2008年版,第31页。

究，通过经验论的推演把人的行为分解成一系列的变量数据，但是人是具有完整性的，在当时的空间和时间下所采取了某种行动，条件和自我认知变化了便又采取了另一种行动。因此，在对人类行为进行量化分类的基础上设置严格行为规范制度，只能做原则性要求，具体行动还是由具体场景和行动者决定而产生的。一旦有机整体的某个部分在事实上或概念上与整体分开，它就不再是原来的自己了。

如果说组织行为学凸显了人类被动的服从性质，那么行动则强调了人的主观能动性，行动者的目标并不一定都具有功利主义和个人主义。斯宾塞作为个人主义的代表，对个人主义进行过这样的界定，我们至少在社会生活的重要的经济方面幸而有了一种自动的和自行调节的机制，而由于这种机制的运行，每个人对自己的私利和私人目的的追求终于会尽可能地满足所有人的要求。随着社会文化的融合和物质财富的累积，人们行动的目的越来越多样化。在后工业化社会中，社会行动的目的变得复杂而具有多样性，人类的自主性得到了前所未有的发挥，解释主义途径把现实世界认为是一个由相关个体创造的、突发的社会过程。人类即是社会现实的创造者。在现实世界中，人们通过社会互动建构世界的意义。通过社会互动和意义分享，一个修正的（经由磋商而成的）行动含义便形成了。[①] 社会角色的转变迫使政府必须做出相应的改革方案，因为社会角色的转型，促使国家与社会的关系开始转变，从而导致国家与政府关系变化。由于社会行动者的出现，所谓新的市民社会已经兴起，政治与行政二分的结构与新的社会形态契合度低，或者说，国家负责决策、政府执行政策的模式已经不能满足后工业化社会的治理诉求。在社会行动者的呼吁下，国家与社会的合作治理模式开始构建，这种治理模式势必会影响政府的职能。因此，无论是社会诉求，还是公共生活领域中国家"治权"的转变，都迫切要求管理型政府的执行者角色转型。既有的社会建构（国家、政府）由于社会的变化必然会产生改变，创造一个与新时代匹配的政府建构成为重大命题。进一步而言，政府与社会二元角色对立时代的

---

① ［美］全钟燮：《公共行政的社会建构》，孙柏瑛、张纲、黎洁等译，北京大学出版社 2008 年版，第 39 页。

没落、社会自治行动者的兴起都需要拥有主动行动意识的政府，或者说，能引导和服务于社会更好地开展自治的政府，服务型政府作为行动者的角色正是在这种现实需求之下而出现的一种全新的政府模式。

哈贝马斯对资本主义晚期出现的问题进行分析，已经开始认识到主体之间的交往行为对于社会进化的重要性，但是他对社会交往行为的分析尚且停留在面对面的模式之中，也就是工业社会的陌生人社会之中。随着互联网技术的发展，人们之间的交往模式发生了巨大变革，匿名社会取代了陌生人社会，主体间性的复杂性已经超出了哈贝马斯的预料。因为，哈贝马斯所构建的交往主体间的合理性是一种理想状态，并且建立在陌生人社会的基础之上。由于工业社会的技术限制，主体之间的交往规则、方式和范围都有所限定。所以在哈贝马斯的认知领域里，交往是以面对面的合理性对话和商谈展开的。哈贝马斯虽然已经意识到了这种平等交谈的理论与实践之间还存在较大的差距，但是由于他受资本主义思想认识的局限性，不能提出完全推翻现有治理模式的想法。在工业社会的管理者与被管理者的社会结构中，由于政府与社会的地位不平等，是很难建立双方信任和平等的对话、协商关系的。随着后工业化社会的到来，社会不甘于做被管理者的角色，合作治理体系中的行动者已如雨后春笋般大量涌现。由于社会角色的转变，使得社会结构也发生了转型。因为，合作治理模式实现的基石就是建立在平等、信任的基础之上。合作治理模式的兴起对政府所产生最大的影响就是社会治理权力的重新分配，在讨论行动者合作治理体系中政府"治权"转变之前，需要先对第三部门兴起后的国家治权进行定位。

随着非政府组织的兴起，那些一度陷入沉寂的自治组织再度获得了广泛的行动空间，然而伴随着社会其他组织"治权"范围的扩张，国家的"治权"开始收缩。但是，这并不意味着政府的"治权"也进一步缩小。恰恰相反，政府的自主性的决策空间却有所增加。因为，虽然社会逐渐拥有了实质的社会治理权力，但是，单凭社会组织的一己之力尚且不能独立开展社会治理工作，社会组织需要政府的合作和引导才能有效地展开自治行动。如果政府还停留在行政层面的执行者角色上，就意味着社会的治理仍然需要听命于国家的政治决策，这显然与"自治"的理念相违背。所以,从公共领域而言,为了适应社会自治的诉求,政府只能由被动的执行者角色转变成积极、主动的行动者,才能与社会组织开展有效的合作治理。由于社会自治组织的兴起并开始发挥作用,迫使政府必须开始重新审视和定位自己的角色。或者说,社会行动者的合作治理诉求,要求政府必须对本身形式做出相应改变以适合社会治理需求。政府的行政不仅仅局限于公共领域框架,行政不能只对政治负责,只承担执行的任务,需要把政府放置在政治部门和非政府组织的互动中去解决社会问题的地位。其实,也就是说在合作治理体系中,由于社会自治组织力量的兴起,政府的行为已经曝光在合作体系里的社会组织眼前,政府已经无须国家来对其的执行权进行监督,所谓的政治与行政二分已经丧失了其存在的必要性。政府需要对合作治理体系中的其他部门负责,政府在公共领域和公共生活方面是对民众开放的。与政治的开放性不同的是,行政的开放不是把各种因素纳入行政主体中,而是让行动以及支持行动的各种因素面向行政体系之外的公开。在此意义上,开放性实际上完全是一个公开性的问题了。

政府成为合作治理的行动者,它的作用在于引导社会实现理性自治。从这个意义上而言,服务型政府不仅意味着增加或完善了政府的公共服务职能,而是政府模式的根本性转变。因为,作为管理型政府的存在价值有两个方面:对于国家而言,能够将国家政治制定的政策执行落实;对于社会而言,通过执行政策,能够对社会实现有序的管理。在这个管理的过程中,公共服务作为政府众多职能的一个部分。但是,服务型政府的存在价值则完全不同,服务型政府面对的是有能力和权力展开自治的社会,它不需要政府照章办事地展开管理,但是,由于社会中非政府组织的能力有限,需要服务型政府能够协调它们开展自治。因此,服务型政府的作用不在于管理,而在于以引导和服务的方式参与到社会合作治理之中。

从社会发展的实践而言,我们是在工业社会的政府建构中断的地方提出了服务型政府建设的构想,服务型政府建设意味着一种全新的社会治理模式的建构,从属于一个更高层次的历史逻辑。它不属于西方政府法治的逻辑,在西方理论演进中找不到它产生的任何逻辑,是人类走向全球化、后工业化进程中，面临政府治理社会失灵的特定背景下才产生了服务型政府。从20世纪80年代开始，全球的政府都开始了各种改革，可是30年的改革并未找出政府失灵的根本原因，最后，政府改革自身也失灵了。其实，根本原因是政府建立是从原子化的个人出发的，改革只能从局部调整，管理型政府模式没有从根本上得以触动。结果人类进入了风险社会，根本性问题没有得到认识，思维被工业社会意识形态限定，致使对政府的改造总是找不到正确的方向。

可见，无论是理论创新还是实践需要都已证明执行者角色的管理型政府不再适合新的社会形态，管理型政府危机四伏、处处被动，需要构建新型的政府形态来取代它。从逻辑上谈，如果说存在范式转变，关于服务型政府的理论就是一个全新的范式。资本权益的实现是管理型政府的战略性目标，其他一切都只是一些战术性的行动。服务型政府则完全不同，它是资本主义已经显现出了其致命缺陷的情况下提出的，是在对全社会的根本利益的关照中提出的政府变革要求。服务型政府将把管理型政府的目标和手段完全颠倒过来，即把资本权益的实现作为手段，而把全社会的根本利益的实现作为目标。在社会高度复杂性和高度不确定性条件下，在多元治理行动者所构成的社会合作治理体系中，服务型政府的构建就是让政府放弃本位主义的想法。服务型政府应当以"他在性"为导向，应当确立起"他在性"的原则。法默尔就深入分析过"他在性"问题，他有选择地讨论了后现代的他在性观点的四个特征。这些特征分别是：向他者的开放、对差异性的偏爱、对元叙事的反对和对已建立的秩序的颠覆。①

其实，与其让组织成员参与组织目标的界定，倒不如干脆不去界定组织目标，而是让组织成员在组织中拥有更多的行动自由和自主性，创造性地去想象组织目标并根据想象去开展活动。这样一来，组织成员的每个个体的建构性行动在总和上足以使组织整体比拥有明确目标还更有活力和效率。我们所说的实际上是完全不同于管理型政府

---

① ［美］戴维·约翰·法默尔：《公共行政的语言——官僚制、现代性和后现代性》，吴琼译，中国人民大学出版社2005年版，第309页。

类型的组织，服务型政府的公共行政关键所需解决的问题已经发生转向，不再是如何通过制度规范行政行为，而是如何根据行政人员的主观意向而做出安排，即如何发现、引导和塑造行政人员的主观意向。公共行政的关注点放在行政人员的行动上，它赋予了行政人员的行动扩展空间。由此，如何引导行政人员正确地发挥自主性，以使其保持合乎公共利益的性质，成为政府内部所需面对的主要问题。

三 政府形态的转型：从管理走向服务

"人类在什么条件下才能从没有集权的利己主义者中产生合作"[1]，这是一个值得深入思考的问题，除非这种合作的目的是实现公共利益，或者说，合作治理模式是保证公共性行动得以实现的最有效社会治理模式，服务型政府则是构建合作治理模式的基础。因为，公共性问题的解决需要寄托在对政府的制度、体制和运行机制进行彻底变革上。只有通过这些方面的变革，才能把政府转变为服务型社会治理过程中的行动者，也只有当政府转变为服务型社会治理过程中的行动者，才会在其一切行动中包含公共性和体现公共性。也就是说，当政府被改造成服务型社会治理过程中的行动者时，政府不仅会继承它作为管理型社会主体的全部公共性，而且会通过政府的行动赋予服务型社会治理以实质上的公共性，从而使形式上的公共性和实质上的公共性统一起来。张康之教授认为服务型政府的建设具体体现在八个方面：第一，从控制导向转向服务导向的政府。第二，效率导向转向公正导向的政府。第三，工具效用和价值观有机结合起来的政府。第四，包含着合作和信任整合机制的政府。第五，德治与法治结合的政府。第六，行动程序的灵活性与合理性相统一的政府。第七，行政人员自由裁量权得到道德制约的政府。第八，超越回应性的前瞻性政府。总而言之，它既不是近代早期的自由放任型政府职能模式，也不是20世纪的干预型政府职能模式，而是一种引导型的政府职能

---

[1] ［美］罗伯特·阿克塞尔罗德：《合作的进化》，吴坚忠译，上海人民出版社2016年版，第198页。

模式。①

  由于社会自治精神的兴起，各类社会组织以其特有方式主动参与到社会治理的行动中，这种主动性改变了社会作为被管理者角色的认知，引发了政府与社会关系的改变，为了适应双方关系的调整，社会对政府形态的转型提出诉求。如果说管理型政府是属于工业社会的政府形态，在人类社会进入后工业化社会进程后，新的社会需求则促使服务型政府形态的出现。管理型政府是一种依靠庞大的官僚组织对社会生活进行全面干预并垄断公共管理的模式或方式，在这种模式下，市场对公共产品的生产和提供是间接的而非直接的，社会力量参与治理的空间是极为有限的。管理型政府充分借鉴了企业的管理理论，并将其运用到了对社会的管理之中，这套标准成为社会行为的客观评价标准，依据评价结果对民众行为进行奖惩。对于社会中的个体而言，政府既定的规范制度已经提前将个体行为的范围进行框定，个体能做的就是在这个框定的范围内，展开合乎规矩的行为，以期自我行为能够完全与规定契合。可见，在这个过程中人的主观能动性效能被降到了最低点。如一个人从出生起到进入社会的受教育阶段，对于大多数人而言都是沿着既定的轨道行走，能够体现自我创造力的就是能把成绩考好一点，但是却不可能逃离这套既定的教育体系，所谓的体制内就是指这个意思，而这个体制就是政府早就框定好的规定制度。全钟燮对此总结到，政府的行政工作为了实现对社会的有序管理，充分引用了管理主义有关量化分析、效率和计划等内容。政府的职责就是以技术的形式来控制社会的，让社会行为按照政府制定的预期方向来行进。

  我们看到，在管理型政府治理下的社会，社会问题仿佛层出不穷，犹如多米诺骨牌效应般，政府则像救火队员一样迫切解决各种社会问题，但是，由于处理这个问题所带来的负面外部效应，导致更多的社会问题随之出现，政府的应对措施却捉襟见肘，社会陷入了风险之中。究其深因，随着社会的发展，政府全面干预社会运行的方式已经难以奏效，规则的滞后性表现明显，民众为了行为能够在形式上合

---

① 张康之：《公共行政的行动主义》，江苏人民出版社2014年版，第172页。

乎规定，开始寻找策略性规避的路径，最终导致寻找法规的漏洞、打擦边球等违规执行的行为频频发生。其实，政府的法规政策本身就是原则性的规定，并不能包括所有的行动细节，在今天不确定性因素增多的后工业化社会，我们看到了政策法规的设定情况与具体执行场景不符合的状态，这种状况为投机者寻找法律漏洞创造了契机。政策学家金登的多源流理论里提出，问题源流、政策源流、政治源流交汇的原因首先在于政策之窗的打开，政策之窗的打开为公共问题被提上议事日程或政策变迁提供了机会。也就是说，政策之窗打开的基础是对社会问题重要性的认定，从程序上来讲，就是出现问题后再去制定相关对策。可是面对复杂多变的社会现状，从发现问题到进入政策议程需要很长的周期。从社会出现问题到引起决策者注意，进入政策议程，在这漫长的处理问题周期内，可能问题已经发生了质性的变化，为此，政府部门总显得回应滞后、反应迟钝。面对这种情况，仅仅对管理型政府的部分职能进行修修补补式的改革，是不能从本质上解决问题的。我们应当立足于后工业化社会的高度不确定性和高度复杂性的背景，深入思考政府对社会的治理逻辑，政府作为单一管理主体的力量已经很难再肩负起社会治理的重任，这种管理型政府的形式已经被后工业化社会所扬弃，我们需要确定新的政府模式，也是在这种背景之下，服务型政府得以兴起。

登哈特从行为的意义上定义了服务型政府，要求政府获得为社会服务这样一个行为趋向，这是对政府认识的进步，但是依然没有超出政府本位的原则，登哈特依然在管理型政府的模式中谈服务。从登哈特的观点来看，领导就是服务，管理就是服务，但是服务是从属于管理的。他建构了一个公众参与的理念，基本精神是批判新公共管理理论，论证了如何通过公众参与的方式使民主行政的理念转变为一种现实，却不是服务型政府模式的构建。总体而言，服务型政府意味着政府模式的全面转型，把服务型政府的思想追溯到西方是不可取的，服务型政府作为管理型政府的替代模式出现，服务型政府的构建是为了回应后工业化社会的诉求。也就是说，我们必须意识到政府形态的重塑是为了适应社会发展所必须经历的事情，否则公共行政理论就会走向没落，政府机构就会陷入功能混乱和道德匮乏的实践困境之中，正是管理型政府的管控思维导致了这种境况的出现。实务界面对政府失灵的困境，也在积极寻找解决方案。我国的行政改革在机构改革的名义下进行了四次改革，但是实际改革内容并不局限于机构，机构改革只是一个谦虚、低调的说辞。四次机构改革面对的一个共同问题就是精简机构，结果却陷入精简、膨胀再精简的恶性循环。现实是公务员从1998年的130万增加到了今天的750万。因为，中国社会处于改革开放过程中，社会尚未稳定，社会处于不确定状态，公务员的数量标准无法确定。要求立法把公务员数字定下来，合乎依法治国的精神，但是方案与现实不符。

在理论界，由于西方学者受管理型政府影响过深，已经很难全盘否定管理型政府模式。从西方学术史来看，从20世纪后期的理论来看都是对管理型政府的基本框架进行修补并加以完善。如考虑政府的流程、运行机制、管理体制、行为的改善，提出了公共行政的精神、新公共服务的公众参与、新公共管理运动的"用脚投票"，但都是在管理型政府的框架内进行思考。在管理型政府的改革在理论和实践上均陷入泥潭的背景下，我们提出应该抛弃管理型政府的模式构建服务型政府，用一个新型的政府模式代替这样一个旧的模式。由此可见，在全新的政府模式里，对行政人员的服务性质要求并非拘谨在管理型政府的服务职能层次之上，从属于服务型政府的行动者角色的行政人员的服务性质包含了更多的内涵。管理型政府所面对的困境都可以在服务型政府的建设中找到解决方案，其实在我国行政改革的过程中已然形成了服务型政府的构想。从根本上而言，就是转变管理型政府追求效率的问题。

虽然，目前政府仍然强化绩效管理、绩效预算和人力资源的开发、使用，显示了政府管理职能的不断强化。但是另外一种社会现象日益呈现，并逐渐被人们所接受，那就是越来越多的民众主动参与社会治理。如互联网的出现使得沟通方式更加方便和快捷，微信、微博等新的信息传播媒介进入普遍化时代，没有等级地位悬殊的网络问政方式开始被越来越多的人所接受，信息的来源渠道不再局限于官方，参与社会治理的相关者可能随时随地发布新闻，公布事态的最新进展。总而言之，技术创新不仅让遥远的民众了解世界的变化，塑造充分知情的公民,而且作为一种有效的服务工具,它促进着公民接触,推动公民分享彼此的思想和生活体验。[①] 很多民众在这种背景之下自发地积极参与到公共事务治理中,逐渐形成了平行的社会网络状结构,为了适应社会关系的重构,社会多元治理主体的模式出现,政府形态需要做出全新的定位。政府从本质上说是为社会发展所需而建构的,社会本质发生了翻天覆地的变化,政府的形态也需要做出相应的改变,才能符合其存在的价值和意义。因此,行政学应该把政府的行政职能作为首要的研究对象,在此基础上,对行政管理的方式、方法进行研究也就构成了行政学理论的基本内容,并能够用于指导政府行政管理的实践。张康之认为,20世纪后期以来,后工业化在社会治理领域造成了两大后果,这就是政府的公共政策化与管理的社会化。其中,前者又包含了后者的内容。也就是说,除了政府组织外,一部分社会组织也开始承担社会管理职能。但是,这部分社会组织不是所谓的政府外包的组织,它们并不存在与政府的隶属关系,它们从本质上而言是属于社会范畴。这意味着,政府不再是社会管理的唯一主体,社会自治的状态出现了。

民众自治最需要的是能够理性、客观地对社会问题进行评估,进而与政府商议共同提出合适的解决方案,在这种思路里,政府所扮演的应该是服务于社会自治的引导者角色,或者说,政府是参与民众平等对话的合作者,这就是服务型政府兴起的本质原因所在。由于后工业化社会的来临,社会期待以自我治理和与政府合作的形式替代政府管理社会的模式。合作治理模式的兴起,意味着政府不再是唯一的社会管理主体,只是合作治理体系中的一员。政府的功效不再是简单、粗暴地对社会管理,而是引导社会能够合理地开展自治活动。但是,政府职能的转变并非意味着政府其他职能的消失,在政府以管理职能为主时,也依然存在着服务和统治职能,只是这两种职能被弱化了,甚至可以说,服务和统治的职能成为实现政府管理职能的一种手段。当政府以引导和服务职能作为政府主要职能时,同样也存在着管理和

[①] [美] 全钟燮:《公共行政的社会建构》,孙柏瑛、张纲、黎洁等译,北京大学出版社2009年版,第29页。

统治职能，只是主次地位发生了根本性的变化，政府职能不再是单纯地执行政策以实现对社会的管理，而是通过管理或者统治的形式实现引导社会自治的目的。或者说，管理型政府面对新的社会形态的出现，已经难以承担社会管理的职能，政府作为社会唯一管理主体的压力已经让其疲于应付。所以，必须借助社会的力量展开自治，但是，政府此时的职能既不是管理也不是掌舵，而是社会自治组织的平等合作者，其作用就是引导社会其他组织开展良性自治行动。

第二节　服务型政府的特征

一　中心与边缘结构转向无主体结构

在人民主权的理论框架下，工业社会建立了一个形式上人人平等的社会结构。但是受到主权者思想深处自我中心论的劣根性影响，却在平等的社会架构上塑造了中心与边缘的模式。自我的意识越来越强烈，使得他者不断被边缘化，在现实政治中其实就是不断使自我成为中心和使他者成为边缘的过程。这种中心与边缘模式在民主的现实实践路径中得到了充分的发挥，民主充分体现了主权者的平等性，民主是工业社会平面性架构存在的基点。在民主的理念下构建了相应的表达机构，但是由于表达主体的差异性和表达内容的多样性，这种民主的社会治理机构却以中心与边缘的结构定型。选举权和选举行为是表达途径和方式的基础，属于中心的表达形式，因为选举是决定掌握权力人员的主要路径。至于普通民众的言论、集会、结社等表达权和表达方式则是从属于边缘性的表达范畴，因为这些表达只能对国家权力的运行造成些许影响，并不能直接影响国家政策的决策方向。从理论设计上来看，在这样表达的结构中，中心化表达机制的存在保证了表达者的主权者地位，边缘性表达机制的存在则弥补了表达者无法随时行使主权的缺陷，从而使表达者能够真正行使治理社会的主权。但是，这毕竟是理论设计的理想状态，现实却为我们呈现了另外一番景象。

真正能够组织选举工作，并能够左右民主选举意志的主体是国家，民众则只能选取发表言论等其他表达方式。因此，从这个意义上而言，在这种中心与边缘的表达模式中，形成了同样架构的社会治理模式。从民主的理论和形式上看，民众掌握了社会治理的权力。但是不可能每个民众个体都掌握社会管理权力，或者说，不可能拥有足够的资源和配套设施建立起每个民众参与的民主治理形式。也正是由于这个原因，密尔设计了"代议制"，由此，真正掌握社会治理权力的则是所谓的人民代表，或者说，是人民选举出来的政治性官员。因此，在一个看似人人平等的社会平面架构上；在一个主权归民的民主社会里，其实，个别"人民代表"才是平面的中心，而其他民众则处于被管理的边缘。但是，相对于农业社会的等级结构而言，工业社会的民主选举方式毕竟还是有所进步的，因为，毕竟工业社会把纵向的等级结构转成了平等的"主权者"架构。进一步而言，社会治理的权力掌握在国家的手里，社会作为主权者只是拥有了一个没有实权的名分而已。

社会里的民众虽然从形式上实现了抽象的主权平等，但是，实际的权力仍然掌握在处于中心地位的掌权行政人员手里，边缘依旧游离于中心之外。况且普通民众即使表达，也只能通过民众代表才能实现，最终只有强势群体的利益得到了真正表达。对于处于劣势地位的边缘群体而言，只能越来越游离于表达结构与权力体系的中心。在工业社会引起社会变迁的主导因素一般是处于社会中心的人，后工业化社会却呈现出与之完全相反的景象，引起社会变迁的行动者不再是那些处在社会中心的人，而是大量微不足道的普通社会民众。或者说，社会决策是由合作治理体系里的行动者共同协商而制定的，既非完全出于社会中心地位的人的意见，也非完全是边缘群体的表达，而是双方通过互动、对话而得出共识性决策。在他们之间的社会关系虽然也是呈一种平面结构，但是不再是以某人为中心的涟漪状结构，行动者之间也不再以固定的某人为中心，某个个体既可以是中心也可以是边缘，具体的合作事宜决定了"谁"为中心和边缘，但是整个社会结构呈无主体的交叉网络结构。

出现这种社会结构转型的关键原因在于，以往我们总是在一个有限的环境里发挥有限的行动能力。但今日，我们处于截然不同的情境之中：我们行动的能力似乎超越了它所能动用的资源，互联网平台的出现为我们组织这种合作的力量提供了技术支持。在工业时代无所不在的中心与边缘社会结构，被信息传播架构的改变彻底打破。我们看到，工业社会的组织大多采用金字塔式的自上而下层级管理形式，那是由于特定时代所需。因为，当时信息流通不顺畅，自上而下是最好的沟通方式。在曾经漫长的岁月，人类社会层层叠叠的社会结构，大量的信息既被损耗也被扭曲。互联网穿透了社会坚硬的岩层，使所有相邻和相距遥远的层级彼此面对。身份、权力、地域都不再是传播的阻力或枷锁，每个人的传播能量已经穿破层级壁垒，开始向顶层和底层直接交流。在这种景象中，所谓的中心不复存在，互联网中的社交工具、电子邮件的沟通方式，使得网络结构的形成取代了中心与边缘结构的存在。也就是说，人们取得联系不再受他所在地域的限制，这种对话模式的根本转变使人们无所谓中心的主体存在，只有行动者的行动呈现，每个人都不是中心也不是边缘，而是随着具体社会事务的变化其角色而产生灵活的转变。

图海纳认为社会运动兴起正是社会转变为行动者的前兆，社会由遵循制度的被动角色向主动参与社会治理的行动者角色转型，意味着社会结构将发生颠覆性的改变。这种理论很快被付诸实践，社会民众自发组成了各种非营利性组织直接开展社会治理行动时，政府不可避免地受到这些新群体行动主义的冲击，行动主义的价值观念直接影响了官僚组织。也就是说，行动主义要求赋予其他社会组织的社会治理行动权力，而不是通过政府的审批才能行动，政府不再是社会管理者角色，它与社会的第三部门以平等的地位共同承担起社会治理的任务，多元主体治理的社会格局初步成型。从社会发展现实而言，20世纪后期以来，社会组织的发展势头越来越强烈，政府赋予社会组织更多自主权的改革项目在各国政府的执政过程中都有所体现。最终，地位凌驾于社会之上、以管控社会为职责的国家会消失，能够以客观、理性态度整合各种社会力量的合作治理体系将会出现。

中心与边缘结构在公共行政领域以行政技术专家占据实践主体地位的局面体现出来，在具体的行政实践过程中，社会治理过程中的相关者可能涉及多方，有关注和参与公共行政实践的人们、有行政人员的执法对象，还包括那些致力于公共行政研究或将公共行政实践作为研究对象的所有研究者。但是，在中心与边缘的结构中，唯有拥有执行权的行政人员是整个行政实践的中心，其他人只能在边缘的结构拥有可以忽略不计的发声权。社会网络结构的构建则打破了这种局面，参与社会治理的主体将是拥有对此事有利益关系和感兴趣的所有行动者，无所谓中心的存在。公共行政的实践，在很大程度上既取决于其公共行政研究者与实务工作者，同时也取决于其他领域的学者和所有参与公共行政实践的实践主体对其自身角色的体会，公共行政实践主体的多元化是以网络结构的社会为基础而产生的。

二 行政的价值中立到道德立场

行动者的出现，宣布了政治与行政二分的破产，但并非指行政取代了政治，只是，行政存在价值观的现实被正视，而不是单纯的被动执行。这种价值以公共性为主要方向，但是，具体由道德立场所体现。也就是说，政治与行政确实属于不同的范畴，但是不能对二者做出泾渭分明的区分。以线性思维方式而言，这种二分就是为了通过行政执行来实现政治价值目标。但是，过程和目标本身就是交融影响的关系，在行动过程中，可能会发现随着社会环境的变化，既定的目标不再适合现实需要，因此目标可能会改变。可见，过程和目标是相互影响的关系，而不是单一的目标决定过程的关系。因此，行政其实也被赋予了价值的意义，拥有自主价值意向性的行政人员不再是单纯的执行者。但是，行政毕竟不同于政治的决策角色，行政人员成为拥有意向性的行动者。

政治与行政的二分关键是为了解决决策权与执行权集中在一体，从而导致裁判与运动员同为一人的权力腐败问题。绝对权力导致绝对的腐败，是在政府作为社会唯一管理主体的背景下才会存在的。为了避免政府内部的腐败，学者们提出了政治与行政二分，政治负责决策和行政主导执行的方式，这其中政治表达国家意志，而行政则由价值中立的政府来承担，并且政治与行政分别由不同的人来独立行使。但是，合作治理体系的出现则从根本上打破了政府垄断治理的境况，当社会组织和政府共同开展社会治理时，政府不再是社会的管理者，而是社会开展自治的合作者。这种转变意味着，政府与社会组织开始分权，政府不再拥有管理权力，而是具有服务责任。对政府权力的监督不再是公共领域内部自己的事情，而是整个社会的事情。要注意，这种监督是相互平等合作行动者之间的主动监督，并非被管理者监督管理者的不平衡和被动的监督。那么，监督方的范围扩大自然就不需要政治与行政分权的监督方式，政治与行政的划分自然也就不符合合作治理的社会模式。

行动者成为合作治理的主要力量，反之亦然，合作本身赋予了行动者自主参与的合法性，自主性行动不可能完全依靠制度监督，这需要道德作为合作的基本保障条件。行动者被赋予了自主性从而实现了人的完整性，可只有拥有道德的人才能拥有自主性，否则自主性就会被异化为任性。特别是在社会伦理底线不断被突破、道德价值共识严重匮乏的当下，当务之急是需要社会各界通过理性的交流和对话来重建社会道德底线，寻找共识认知。这种共识不仅是制度层面的共识，也应该是核心价值层面的共识。所以，合作制组织更具有理性化的特征。这样一来，合作制组织成员在行动中就不会表现出"跟着感觉走"的状况，而是在用自己的行动表现去证明实践理性的社会建构价值。合作治理模式的发展使得国家不再是"治权"的唯一掌控者，政府就不再是"政治与行政"二分框架下的执行者，也不再扮演政府与社会二元角色结构里的管理者角色。政府作为拥有一定治权的社会治理合作者，它不可能以价值中立的态度来行使自主性的治理权力，只能用道德来行使自己的权力。从这个逻辑而言，随着合作治理模式的建构，政府的治理社会权力似乎增加了。实际却完全与之相反，因为社会治理时代的出现，国家主权的范围实然已经缩小，只是牵涉到对别国的外交权、军事权等离普通民众生活很远的权力范围。真正与社会生活息息相关的权力其实已经逐渐落入政府的自主决策范围内，或者说，在经济主导发展成为主流的时代，国家的政治问题与民众的生活总是相去甚远，政府的具体行政决策则充分影响了社会实然生活，这也是出现所谓"只见政府不见国家"情境的本质原因之所在。因此，在这种背景下，社会组织参与社会自治活动中，实际上是缩小了政府的社会治理权力范围，改变了其管理者的地位优势。

在后工业社会里社会问题不再由精英所界定，而是由来自社会不同领域的民众加以界定。社会关注的主题不再由国家为单一主体进行判断和认定，而是社会组织共同进行讨论，确定需要解决的主要社会问题。以前从没有实质表达权和治理权的普通民众会拥有越来越多的机会参与社会自治，发表自己的意见并且得到他者的聆听。这一切意味着国家不再是享有社会治理权力的唯一主体，治权开始向社会回归。但是这种回归不是以一种"革命"的方式来获取权力，而是治权制度化的方式赋予了社会自治权，社会已经成为拥有独立意识可以自主治理的行动者。我们正在经历的不是人民的复兴，而是把人民搬上舞台的复兴（或者说把人民的复兴搬上舞台），一种合作治理的社会模式开始逐步走向成熟。

从某种程度而言，在社会领域内，严格区分关于事实的思考和关于价值的思考的两种思考方向是最近才产生的。大多数人关心在他们认为是符合道德的行为或政策，这种关心至少类似于他们客观地了解人类行动事实的兴趣。这种客观对社会行为描述采用了探索行为动机继而对未来人类行为进行预知的研究思路，这也是工业社会的特征之一。如果说，由于工业社会发展的目的是追求标准化产品、大规模生产、经济和效率，那么行为主义理论则是实现工业社会这些需求的重要助推器。也就是说，组织行为学兴起的目的就是把个体的行为予以科学化管理，管理主义从泰勒的科学管理起始，就把人作为"理性经济人"假设，进行分工、专业化培训，按照规则制度，进行绩效考核，由一系列制度规定了人的行为规范化，按照既定方式进行，在这一套有条不紊的程序里，使得生产效率大幅度提升。在现实的历史进程中，我们看到，工业革命的爆发为人类积累了大量生产资料，生产力水平获得大幅度提升，然而，工业革命兴起的实质就是以机器的出现和发展为标志。这种思想对社会管理领域影响深刻，人也就成了社会机器运转的某个零部件，行为主义和管理主义这两大工业社会的支撑理论，在把"人性"进行彻底简单化的基础上，展开了一系列详尽论证，以期通过外在规范约束社会行为，进而实现组织行为目标。

合作体系里的政府需要综合考虑合作者的意见，并且与他们商讨以达成共识，在这个过程中，行动者的决策形式会较少采用理性主义方法，所以就不再遵循单纯的线型推论模式。因为在表达感情、道德分析、伦理分析和后伦理分析的道德决策过程中,不是按照先后秩序而是一个交融混合的思考阶段。在政府与社会从二元角色对立向共同合作关系的转变中,政府对待社会的态度已经超越了西方的理论框架。西方对社会治理的两种主要思路就是自由主义和以凯恩斯为代表的干预主义,这两种思想都是与合作治理理念不符的。或者说,合作治理体系里的政府与社会的关系则是另一番景象,这是我国在实践中摸索出的一种中间路线,即引导型政府职能的发挥,政府既不能放任社会自由发展,也不是完全干涉社会的发展,政府是引导社会开展理性自治行动。政府在发挥引导型职能时是不可能价值中立,政府只能以道德为标准来引导社会自治。政府对社会进行道德治理的方式在互联网的虚拟空间中得到了最有力的证明,网络技术就是信息技术,网络实名制就是在网络的虚拟生活空间重现了法治的社会治理模式。法治在现实社会中取得了较好的治理成效,但是对于虚拟社会,网络本身就是具有自由、开放特征的场域,控制导向的管理模式并不利于网络的发展。道德治理的模式能适应这种复杂的社会结构,法制是对人类行为底线的要求,道德则在事前就要求人们的行为要具有德性的因子。总之,服务型政府不再是价值中立的执行者角色,而是具有道德理念的行动者。

三 管理型职能向引导型职能的演变

社会行动者的归来为社会科学研究开辟了一种全新的分析框架,或者说,主客二元论不适合用来认识后工业化社会。从属于后工业化社会的标志性技术——互联网,它已经改变了社会的运作方式和人们的生活起居。也就是说,互联网时代改变了人们认识社会和自然的形式和方式,互联网把人类的行为永久地保存下去,人类的行为通过运营网站的服务器转换成数据,随时可查。个人隐私权基本丧失,如"脸书"网站的出现,通过脸部技术的图像搜索可以轻易了解一个陌生人的大量隐私信息。互联网技术带来了解构隐私的社会,在这种背景下,人们开始质疑通过外在约束来规范行为的方式,人们开始关注有主观的思考判断力行动者的具体行动趋向。思想家们从哲学的视角分析了社会结构的变化,20世纪60年代以来,哈贝马斯还在强调主体的概念,他构建了主体间性以供人们能够深入认识社会。当时人事关系学派已经初成气候的背景下,福莱特的动态管理理论对人与社会的关系给予了重新定位。福莱特提出了互相渗透定律,即人与人之间的交往接触会造成分歧的综合,从而使他们之间的组合出现新的形式,这时群体的成员实际上就成为彼此互相影响的调整力。换句话说,这个互相渗透和综合分歧的过程将生出一个新的"整体",一个已经脱胎换骨、与其组成部分完全不同的整体。她所谓的整体包括了各种形式的组织及组织内的各种制度,在组织内,制度和人之间的关系是相互影响、相互作用的。那么古典行政学所认为的完全通过科层、等级化的制度来对人进行管理的方式就显得较为单一化,福莱特与传统的静态原则论彻底决裂,把行政学与心理学有机结合在一起,大力提倡研究组织内部人与人之间的互动,从而把行政学推向了更关注人而不是只强调制度的新阶段。弗雷泽则已经进入无主体、客体之分的社会认知层面,面对复杂性和不确定性逐渐增长的社会,来源于认识论的实践论、决定论被学者们所质疑,一种崭新的复杂性分析视角被应用来分析社会。人们从这些理论中了解到,根深蒂固的实证主义需要进行思维方式的转变,主客体二元论的概念被扬弃,行动者的出现模糊了主客体意识,行动者成为认识这个全新社会的基点。图海纳从社会运动的视角展开论证,他旗帜鲜明地提出了社会行动者归来的思想。在这个理论发展的进程中,我们看到,人类社会从语言、交往、行为、价值的哲学对认识论做出了否定。

  由于社会行动者角色的崛起,管理型政府的社会治理模式不再适合新的社会形态。在后工业化社会里,社会治理模式需要突破管控导向的思维定式,面对后工业社会的网状社会结构,及高度不确定性和高度复杂性的特征,管理型政府对社会的控制显得举步维艰。因为,在网络状结构的社会背景之下,很难界定即将发生的社会问题的影响因子,从而导致不能准确提前预测社会行为,那么根据预测误差较大的内容来制定的规章制度就会显得与社会现实不符,管理型政府在执行政策时,就失去了供其执行所参照的标准,自然很难有效控制社会。进一步而言,在后工业化社会中,所有产生执行者的条件均已被弱化,作为执行者的条件逐渐走向消失,迫使社会成员成为自主的行动者，人们需要具备自主活动的能力，构建出积极的合作关系，在求同存异、包容他者的理念下创造性地行动。

　　管理型政府是从属于法治社会模式的产物，为了实现控制社会的目的而被赋予了政府管理的职能。然而，当后工业化社会以势不可当之势来到我们面前时；当社会不再以抽象的主权者出现时，民众主动提出承担社会治理责任，开展自治行动的诉求，政府与社会合作治理的模式已经初现雏形。社会合作治理模式的出现势必会影响到政府的结构，管理型政府不再适应新的社会治理模式，服务型政府模式呼之欲出，服务型政府引导型职能的实现，才能符合合作治理的社会模式。与服务型政府引导型职能相对应的是管理型政府的管理型职能，管理型政府试图通过制定社会秩序，从而对社会进行控制，使社会处在一个可控范围，政府才能有效实现对社会的管理。由此可见，政府对社会的控制就是为了尽量消除不确定性因素，或者说，将复杂的因素进行抽象的普遍化和简化处理，以便能够纳入政府的制度体系内。汤普森对这种情形描述到，广泛存在于行政过程的局限性是对于确定性的偏爱，这种偏爱以各种形式表现出来，包括偏好短期计划而非长期考虑；偏好定量数据而非定性数据以及偏好先例而非创新。从政府追求确定性的行为表现上看，行政行为具备了确定性和灵活性的双重特征。以时间维度来解释，短时间内，政府通过技术的应用试图消除或淡化社会中的不确定性因素。但在长期内，政府会通过保持免于承诺的自由而争取灵活性，以确保政府面对难以控制的不确定性因素时，能够争取足够的时间来平息不确定的社会因素。

　　由此可见，管理型政府通过控制来达到社会管理目的的背景必须是在低度不确定性的工业社会。随着后工业化社会的到来，社会的不确定性因素已经完全超出了政府的可控范围，政府总会感到对社会控制的力不从心。为了改变这种状况，政府通过扩充机构和增加行政人员数量来加强自我对社会的控制强度。结果却适得其反，政府规模逐渐膨胀，可政府膨胀的规模非但没有增强它的控制力，由于政府又需要对越来越多的组织内部人员实行控制，反而使得政府陷入内外夹击的状态，甚至引发了政府失灵的局面，政府自身成为一个社会问题。引导型政府职能就是在新的历史条件下产生的一种政府作用于社会的新型方式，这种方式让政府彻底摆脱控制社会的想法，而不是通过技术改良控制方式。当政府以引导型职能主导政府行为时，必然从本质上有别于管理型政府的管控职能模式。服务型政府不会为了管理的目的，去打压和同化差异；反之，也不会以自由主义的态度完全放任各种社会因素的存在。服务型政府首先是会承认差异和社会自治组织的存在，然后再以引导性的方式促进自治组织之间的良性合作。可能在行为特征上，引导型政府职能模式也会表现出与管理型政府职能模式运作的相同性。如以法律和公共政策为工具确立社会的合法性和正义所在。但是，对于管理型政府而言，政府确立的标准就是社会正义的标准，对于服务型政府而言，则会把确立合法性和合理性的判断权赋予社会合作治理者，他们可能是当事人，也可能是对此行政事务的关注者。只要社会的合作治理者不触及正式规范的底线，政府就可以不予干涉。

参与合作治理的主体都拥有充分行动自主性的合法化权力，社会治理的探讨不再局限于政府制定什么样的规范能够更加有效地控制社会行为的思路，政府的能力通过如何能够合理和科学地引导社会自治行为来体现。政府在社会问题发生之前提前发现问题，主动引导社会其他治理者共同预防或解决问题。引导型政府职能具体体现在两个方面，首先，政府的引导型职能包含着政府干预和社会自主两项内容，政府的干预是为了保证社会道德自主性的实现。其次，引导型政府职能模式在实现过程中所采取的是鼓励差异、促进合作、追求和谐的原则，因此，在行为特征上，政府会在一定程度上把合法性与正当性的判断权交给当事人，只要当事人的判断不触及正式规范的底线，就可以不予干涉。因此，服务型政府就是为多元化的社会治理行为确立一个大体的制度框架，政府引导社会开展合理性和科学性的自治行为。

从某种程度上而言，引导型政府职能模式意味着一种开放性社会治理模式的兴起，政府不再对社会行为横加干预，政府只是为社会的合作治理提供一个行动空间。在这个空间中，所有的合作治理主体都有足够的自主性，他们可以畅所欲言地表达自己的态度，无论任何社会阶层都能够展开平等的辩论和争论，以实现实质的民主，形成真正的共识。政府能否为社会的发展指明方向，能否为社会生活提供基本的原则,能否为多元化的社会确立起一个制度框架。所有这些,都可以归结为政府的引导功能。所以,当今政府的能力是体现在它引导社会的合理性和科学性之中的。[①] 对于服务型政府而言,对社会的管理和统治的职能也是存在的,但不再是主要职能,服务和引导民众自治成为主要职能。或者说,管理和统治是工具和手段,其目的是实现社会合作治理的模式。制定的社会规则可能是一个大的框架,自治主体拥有发挥自主能动性的空间,进行相互对话、沟通,决定最后的实质结果。如以公告产品的提供主体为例,由政府、市场和社会共同负责公共产品的生产和提供,政府、市场和社会分权,政府不再垄断公共服务的供给过程,市场和社会对公共产品的生产和提供的参与是直接的而非间接的。

第三节 服务型政府的组织架构

一 从线性结构到网络结构转型

政府的运行本质主要体现在两个方面,一是组织形式,二是人员的行动。只有重新规范组织结构和定位组织内部的人,才能实现服务型政府的引导型职能。新型政府的组织结构不能局限于对官僚制组织形式的修修补补,官僚制组织无论是"金字塔"式的等级制还是扁平化的改革,均是在线性结构形式下的设计。合作制组织则以全新的网络结构取代了以往组织的线性结构,只有组织结构发生根本性的变革,政府才能从控制社会行为的目标转向引导社会理性自治的职能。张康之教授勾勒出了网络结构模式,"网络结构组织把组织整体与环境互动的单一通路分解到组织的每一个构成要素之中,环境压力总被及时地察觉并做出无时滞的回应"。因此,合作制组织打破了官僚制组织的封闭性,实现了组织与外部环境充分的互动,表现出合作行为的开放性特征。也就是说,合作制组织所意味着的是一个无边界的合作网络体系。在这个网络结构中,行政人员作为行动者是自由和自主的,他们用自由、自主的行为诠释了组织的属性,阐释了组织的功能

---

① 张康之:《公共行政的行动主义》,江苏人民出版社2014年版,第246页。

和描绘了组织的社会责任。

官僚制组织赖以成长的工业社会是一个复杂性和不确定程度相对较低的社会，在这种历史条件下，官僚制组织的层级化垂直结构是一种理想选择。官僚制组织最典型的形式就是层级分明的等级制，而政府则是这种"金字塔"式组织架构的代表。下级服从上级的命令，下级与上级的沟通也需要根据严明的程序进行，否则就是越级上报。无论是自上而下还是自下而上都遵循纪律严明、规则清晰的观念，这种组织架构使得行政人员的行为显得整齐划一，行政行为具有了强烈的组织纪律性。但是，无论是纵向的层级形式，还是横向的机构划分，都以线性结构作为组织形式的本质特征。致使这种线性结构发生根本性变化的原因来自两个方面：一是统一行动模式面对高度不确定性的社会时，总是反应迟缓、处理不及时；二是合作治理模式的出现是引发政府内部结构改革的导火索。

其实，早从20世纪90年代开始，就已经有大量学者关注到政府陷入社会管理的困境之中。由于社会的各种组成因素越来越不能确定，使得政府所管辖的领域日益增多，行政人员自由裁量权的范围也随之拓宽。特别在工商业的领域，行政人员拥有大量的自由裁量权来决定这个行业的审批和管制。行政人员的自由裁量权范围早已超过了古德诺所限定的范围，他们除了负责政策执行工作之外，已经进入立法活动的决策过程。而且行政人员立法权甚至有逐渐扩张的趋势，立法部门和国家考虑到社会对政府十分倚重，面对这种局面也只能对政府做出让步。政府拥有了部分立法权却在形式上秉承执行者的价值中立观念，从而致使对政府决策的监控成了空白地带，各种不受约束的越轨行政行为开始出现。唐斯在其著作《官僚制的内幕》里就深入批判了官僚制的弊端，他指出，当组织行为因所执行任务的不确定性而具有不确定性时，层级化的垂直结构就暴露出了僵化的一面。如果说市场失灵尚且有政府干预解决问题，那么政府失灵就只能寻找政府自身的问题了，也正因如此，从20世纪90年代开始，全球各地的政府都在纷纷改革其结构形式。

伴随政府对社会治理乏力的是政府开支却越来越大，随着私人部门组织扁平化改革的盛行。公共部门也开始借鉴这种方法，来缩减组织层级和精简组织，希望能够减少科层制里的"层级"。然而现实中，科层制组织的层级本身就拥有着自我存在和自我繁殖的天然基因。也就是说，政府的存在本身是应社会需要而建立的，但是，组织都有维持其本身存在的本性，政府自然也不例外。从理论逻辑上而言，政府是为了维护社会运作的有序性而构建的，结果政府作为组织存在的一种形式，一部分精力用作管理社会，另一部分精力则用来维持其组织本身的存在。我们看到，无论世界上哪个国家的政府，都面临着行政人员膨胀、行政层级自我繁育的难题。因此，科层制政府改革的首要任务就是要压缩纵向的"层"。然而，人类社会的公共组织，在它自身运行过程中充满了自身繁育的充沛活力。各个层级不光会追求各个层级的独特利益，还会膨胀层级本身。英国学者帕金森充分地关注了这一现象，他的表述被命名为著名的帕金森定律。根据这个定律，组织扁平化的改革不仅难以实现，反而适得其反，等级逐渐划分得越来越多，等级森严的特征越来越明显。其实，即使扁平化组织能够改革成功，对于解决社会治理困境问题的作用也不大。因为，无论是垂直式的等级结构还是扁平结构，都是线性结构的不同类型，扁平结构是相对于垂直结构来说的，扁平结构在应对不确定性方面拥有更多的灵活性。依然是作为官僚制组织的进化结构而存在的；依然属于线性结构的范畴。当政府还沉浸在自我改革的理想中时，社会行动者角色却在悄然兴起，合作治理模式的出现迫使政府必须对其结构做出根本性的改变，而不仅仅停留在压缩层级的修补式改革。

　　合作治理模式并不一定选择扁平结构的政府组织形式，因为政府作为合作治理体系中的一个组织，其赖以存在的社会不确定性方面远远超出了官僚制组织所能遇到的任何一种不确定类型。在高度不确定性和高度复杂性的后工业化社会背景下，组织的扁平结构也会因为其线性实质而显得灵活性不足，特别是扁平化组织需要授予每一个官员大量的权威，这是不可能在合作治理模式中实现的。在合作治理模式中，不同组织的人员也会拥有权威，但是，权威的合法性来源却变了。职位不再是行政人员获取权威的唯一合法性渠道，而是针对不同的合作体系，权威在不同的行政人员身上轮换。因为，每次的行政任务是不确定的，行政人员完成行政任务所采取的手段也要随时调整。

不同行政任务对行政人员专业知识背景和能力的要求也有所不同，在每次不同的合作体系中就应由当时最具有任务所要求能力的行政人员担负领导职位，拥有领导的权威。当新的行政任务又出现时，权威就会自动转移到新的能够有执行任务能力的行政人员身上。权威的非固定性是不可能在线性结构的任何一种组织中实现的，在线性组织里，权威的变更需要履行严格的程序工作，经过复杂而漫长的程序之后，权威才能被合法地转移。权威试图能够在组织中根据实然需要发生灵活的转移的话，意味着政府组织的线性结构一定要向网络结构转型。

随着全球化的兴起，人类生活在一个相互联系的网络结构中，微观的个体存在将不再具有任何意义，但是，又是这每个网络上的节点把个体的人联系在一起。所谓"网络"，是指组织中一种全新结构形态。由于合作组织以全新的网络结构取代了以往组织的传统结构，也必然会使组织行为间的关系、组织的运行机制、组织的制度模式和行为模式发生根本性的变革。进而，使组织的性质发生根本性变革，那就是使组织从以统治或管理为目标转向以服务为目标，由控制体系或协作体系转向合作体系。网络结构组织把组织整体与环境互动的单一通路分解到每一个构成要素之中，环境压力总能被及时地觉察并做出无时滞的回应。从而增强了组织整体上对环境的适应性，实现了组织与环境的充分互动。网络结构与科层制形式组织的最大区别就在于信息渠道的改变，在官僚制组织，信息一般采用的是自上而下的命令式沟通形式，自下而上则以一种反馈的形式实现。在扁平化的组织中信息流通虽然已经成为平行的模式，但仍然是线性的流通。那么网络性组织的信息沟通则是四通八达的形式，行政人员的行动者意识发挥不再受限于职位和岗位的约束。也只有这样，才能真正实现基层的开放性。对于公共组织的员工来讲，有效参与的机制就是通过增强员工独立决策和影响组织正常方向的能力来实现的。治理的概念可以被视为是授权给低级官员的一种方式，并形成一种由下而上的政策制定过程。这种来自基层的开放性意见，有助于政府更客观地做出决策。因为这些处在第一线的行政人员最了解相关情况，他们能反映出社会现状最真实的面向。

在网络结构的组织中，组织中的每个成员不论在何种职位都是网络结构上一个关键的节点，他在与其他节点互动时发挥出自我的职业效用，单个成员的力量可以忽略不计，但是一旦个体的某种变化引起网络结构的其他成员关注时，就会产生集体的行动。在这个行动过程中，并没有固定的领导者存在。如某人可能微不足道，但是通过社交平台发布的某条信息或提出了某个提议，引起了大家的关注，就会引起大范围的行动者的参与行动。

在网络结构中，社会治理过程中的每一个成员都是社会治理网络上的一个必要节点，都会处于与其他节点的互动中，甚至，每一个节点的任何一种微小的变化，都会在整个社会治理网络中得到相应的反应。[1]当政府组织内真正建成这种网络结构时，就会从根本上打破等级之间的坚冰，每一个行政人员的每项有意义的建议和看法，都会得到相邻或上层节点的回应。信息流通形式不再拘泥于自上而下或自下而上的单一形式，低级别的行政人员不再限于照章执行的功效，他们作为与社会民众直接接触的人，对社会的有效意见会得到尊重和重视。反之亦然，也只有在政府内部实现这种网络结构的组织形式，行政人员才能具体参与社会合作治理活动。否则，特别是基层行政人员只能单纯地服从上级命令，开展社会治理活动，那么他们是不可能有主动性与社会其他成员进行合作治理的。当然，也只有基层行政人员拥有了合作能力，才能通过网络结构的组织真正反映出民众最真实的呼声，民主的意见也就不再局限于有限数量的人民代表身上。从这个意义上而言，合作治理模式是对形式民主的扬弃和超越，是实质民主的实现方式。

政府与社会二元对立关系中，政府与社会的互动局限于政府单方的信息发布和政策实施，政府相对于社会处于一种较为封闭的状态。政府内部工作人员行为由此也主要受制于政府的官僚制组织结构，以岗位职责明确行政人员的职业行为内容，行政人员的行动受到层级制和规则的制约。在官僚制组织结构中，政府本身作为工具性的存在物，政府的行政人员被设定为价值中立的立场，因此，控制政府内部行为主要方式就是尽量缩减行政人员的自由裁量权空间，使其充分体

---

[1] 张康之：《公共行政的行动主义》，江苏人民出版社2014年版，第148页。

现执行者的特质从而丧失了自主性追求。即使在有限的自由裁量权空间范围内，行政人员面对具体社会问题所采取的自主行动也会受到来自政府内部各方阻力的掣肘。政府与社会一元化的背景下，政府他治与社会自治相结合，政府处于一种开放性状态，具体地说，把少数人通过行动控制社会的行为转化为多数人甚至人人参与社会治理的行动。只有赋予行政人员行政行动的合法性地位，行政人员才可能实现与社会公众开展合作治理的目标。因为，合作行动需要以灵活的形式根据社会实然情况而进行，只有在自主行动空间才可能拥有选择多样性合作形式的权利。从这个逻辑上说，行政自主是建立合作制组织的必要条件。

行政自主的概念从理论上讲，可以看作行政自由裁量权的性质或持有者的改变。本来在行政体系的运行中，都会以行政人员个人履行职务和处理非程序的问题设置一定的自由裁量权。如果个人的自由裁量权放到组织层面来考察，被赋予政府的一定层级，那就以行政自主的形式出现了。行政自主是建立在平等的基础之上，形式平等并不是人的平等的真实状态，在作为形式平等理论前提的权利概念中，是不包含走向人的实质平等的内涵的。只有充分考虑人的先天差异，才能找到创造人的实质平等的道路。每一个社会成员在合作体系中的位置也就是真实平等的关系，每一个人也都会成为独立自主的人，每一个人都能够在合作行动中自主选择自己的角色，一切外在于人的支配性力量都在人的合作关系中得到根本性的消解。

二 从部门界限到无边界虚拟组织

互联网技术的出现，改变了人类生活的固有模式，虚拟组织起初最早出现在私人生活领域，比较有代表意义的就是网上商店的出现。网购模式的开启对于改变人们固有思维认知具有里程碑式的意义，因为，当人们开始在网络上进行交易时，说明人们开始逐渐信任这种虚拟存在的形态。"虚拟"指的是这样一种能力：表面上看来浑然一体，实际上源自各个分位机构能力的快速传递和共享。当政府的高层管理者在利用官僚机构组织应对高度复杂性和高度不确定性的社会时，他们总是显得力不从心，难以应对复杂的社会问题，试图从根本上破解这个难题的首要任务就必须先解决官僚组织与互联网的关系。其实,早在过去的20年,无论是理论界还是实践界就开始积极构建解决思路,要求工作和决策的流程合理化,也就是进行跨越传统功能界限的工作,即发展组织间的网络以及进行跨越管辖权和功能界限的管理。

因此,对科层制政府组织形式中横向"科"的解构方案就是跨越和整合,通过发挥互联网的虚拟功能,在处理公务时不仅仅是跨越组织内部不同部门和机构,还整合了社会其他组织的治理资源,也就是说,打破政府的组织边界,真正实现政府的开放性。充分利用互联网技术来对政府组织的结构进行调整,最典型的应用形态就是打破了科层制组织横向部门之间的边界。虚拟政府的无边界表现为两个特征:一是政府内部机构实现无边界信息沟通;二是政府组织与社会组织的无边界合作,或者说,政府不再扮演社会对立面的角色,通过虚拟组织的构建促使政府与社会实现真正意义上的合作治理。虚拟政府这两个特征之间是相互作用、相互影响的关系,政府内部机构的无边界沟通,就是为了实现给社会提供更加便利的服务。虚拟政府的核心思想是通过互联网建立一个连接行政人员、服务对象、行政项目、信息和机构的网络,对机构的信息及服务进行"虚拟性"的重组。信息技术和组织流程再设计的结合,就会减少官僚机构繁文缛节的程序,提高了政府服务向一些公众的传送速度。对于那些可以接触互联网和万维网的人来说,政府信息和越来越多的服务从网上可以获取。[①] 当然,目前大多政府组织的形式尚未达到这种标准,基本是处于公共服务外包、政府部分职能的虚拟化的状态。

对于政府内部而言,政府的科层组织形式与虚拟组织形式的最大区别就在于信息处理手段的不同。从某种程度上而言,信息就是一种权力。虚拟组织的一个主要特征就是信息传递模式的转变,在马克斯·韦伯所设计的科层制组织里,信息传播一般采用自上而下或自下而上的方式。科层组织未曾出现的传播流和信息流,现在则可以通过

---

① [美]简·E. 芳汀:《构建虚拟政府》,邵国松译,中国人民大学出版社2010年版,第21页。

互联网在任何地方搜索到所需要的信息,而且个人所需负担的传播和搜索的成本也十分低廉。这种掌握信息能力的转变也意味着权力的转移,因为,信息对于政府的结构和能力而言有着巨大的政治经济层面的含义。当服务对象和一个虚拟的政府机构互动时,他们似乎在与一个紧凑的物质的机构互动,可实际上,他们是在与多个机构互动,这些机构仅通过数字网络就可以被整合。正是通过这些关系网络和网上服务,政府机构正越来越趋向于网络化。将那些没有关联的、权限上分离的、地理上经常分散的组织或者服务整合起来以至于表面上看来天衣无缝,虚拟就是指这样的一种整合功能。

科层制组织主要采用各部门承担不同职责的分工形式,因此,当需要多个机构共同处理一项行政任务时,信息共享就会因为涉及很多复杂的程序性工作导致信息流通不畅。虚拟组织的政府则就不存在这种横向机构之间的沟通问题,因为,通过计算机信息系统而进行的信息构建模式本身就使信息处于一种共享状态。也就是利用互联网构建组织部门之间无障碍、零距离的平台,在信息沟通流畅的基础上,组织部门的边界才可能被真正打破,单位和人之间的人为界限才能消除。在官僚系统里,依靠档案管理、工作报告、绩效考核的标准化方式来了解行政人员的工作情况。为了适应网络机构,行政人员的工作内容变得更加富有弹性,不再拘泥于文件政策形式,行政人员也拥有了根据实际场景处理行政事务的自主权力。这一切意味着作为一种控制方式的等级制度,已经无法以标准化的形式限定行政人员的工作内容。我们认为只有政府内部的虚拟组织形式搭建成功,才能实现政府组织与社会组织的互动合作。只有当政府内部各部门之间的信息能够实现完全共享,政府内部的信息流动和传播渠道越来越多样化时,才能让民众通过各种渠道掌握信息。虚拟组织的无边界不仅仅意味着民众可以通过网络与政府多个机构同时打交道,还意味着,政府和社会其他组织的区别在网上可能也被模糊了。因为,不只是公共部门,还有私人部门或社会其他组织也都可以通过相同的门户网站提供公共服务。虚拟的政府组织可能存在于组织间的网络以及网络化的计算系统内,而不再是各自独立的官僚机构。可以说,当虚拟的政府能够基本覆盖官僚组织的正式机构,并赋予其互联网的政策网络逻辑时,官僚组织与虚拟组织便可以清晰地区分开来。

在官僚制政府里，民主只能通过代议制的形式实现，关键在于组织所有人参与民主讨论的成本过于庞大。人民代表其实也只是拥有了表达权，真正决策的权力在于国家，执行政策的权力在于政府。随着网络的出现，虚拟政府的优势就可以最大限度地节约维持组织本身运营的成本，也可以真正实现政府的开放性。因为，通过网络，民众参与社会治理决策的平台形式多样化、成本又低廉，无论政府还是参与决策的民众都可以负担起参与的各项成本。从这个意义上而言，这种参与形式可以说是完全颠覆了代表制的本质，社会不再单纯地遵循表达继而服从政策的行为模式，社会成为实际参与社会治理的行动者。与之相对应，政府不再是管理者的角色，而是与社会合作、对话、协商共同实现社会治理的行动者角色。虚拟政府为政府实现角色的转化提供了基础的组织结构支撑，在虚拟政府组织形式里，公共政策不再是政府垄断性的产物，由于实质民主的实现，民众可以通过网络平台与政策决策者进行有效的交流和互换意见。民众可以直接与政策观点不同的群体展开讨论，也可以直接与政府机关协商。其实，目前政府虚拟组织的建设已经进入实践尝试阶段。如英国政府明确规定，各政府部门都应当在主要社交网站上拥有账号，每天发布两条到十条信息。"电子政府"概念的普遍化，意味着所有庞大和等级明确的体系都在衰退；与之相反，在水平化的网络中，人们可以相连、分离、相聚、分散，整个社会和政治组织的形式都在发生变化。

具体而言，虚拟政府的组织形式应该包括五个方面的转变：一是网络结构彻底改变了科层制的线性结构。二是通过网络技术的发展，行政问题关注者、利益相关者和制定政策者都可以无障碍的平等沟通和对话。三是所有与政策有关的人都可以参与决策，不必受限去参与成本的约束。四是所有行动者之间的对话内容都必须公开透明，只要不涉及必须保密的内容即使是行政高层的商讨内容也应公开。这种方式可能会增加对社会控制的难度，但是，当合作者大多都已具备行动者能力时，这种方式表面上带来的争论实则就是一种达成共识的必经过程，政府通过理性的引导促使行政决策最终能达到实质上的共识。五是行动者的对话程序要达到合作各方一致认可。由此可见，通过政府组织架构的改革已经赋予了行政人员行动自主性,但是行政人员如何发挥这种自主性,仍需要相对应的规则,促使行政人员以服务的价值观念来行使自主权力。也就是行动者的行政人员是以与民众共同治理的平等合作姿态出现的,行政官员不再是某个特定利益群体的代表,或者说是民众的对立面。

三 规范行政人员"自主性"的规则

早在20世纪90年代开始的政府改革中人们就已经注意到了官僚制组织失灵的局面,各国政府改革的最终目的就是通过改善内部控制形式,以提高公共管理者的管理能力,释放公共部门蕴藏的能量,提高政府的执行效率。具体而言,也就是指解除内部繁文缛节的限制,使政府的活动更具有创造力、效率及效能。但总括起来无外乎改革两个方面:一是试图将科层制的纵向结构压缩为扁平化;二是希望打破部门机构之间的边界。然而,改革结果却事与愿违,等级更烦琐、部门不仅未减反而更多。改革失败的关键原因就在于,整个改革采取的都是工业社会的管理主义思维模式,渐进式地修补着政府的组织形式,也就是利用崭新的技术修补着官僚制组织架构。行政人员长期受到人事、预算等法规的限制,想要通过管理主义提高效率几乎是不可能的。互联网技术的出现为彻底变更政府组织架构提供了契机,这种技术也极大地影响了行政人员的工作,一是他们可以通过强大的信息系统获得更全面的社会治理信息。二是由于信息被广泛分享,行政人员可能会失去独断专行的权力。从这个角度而言,行政改革必须经历从集权向分权和合作式治理的转变历程,才能重塑属于服务型政府行政人员的行动者角色。因此,真正意义上的行政改革是管理型政府向服务型政府的形态转型,是重构属于服务型政府的组织形态。

政府组织架构改变了,对行政人员的管理规则也要随之转型。管理型政府中人事制度是为了约束行政人员的违法行为,提升其工作效率。结果却适得其反,严格的规则反而使得行政人员行为缓慢、工作缺乏灵活性。公务员制度本身变成规则的迷宫,它被设计为防止公务员滥用权力、确保更公平的雇佣政策、避免政府职位私相授受及政治剥削的体系。有关公务员制度的规则还被设想为有助于管理者雇用、奖励、提升与解雇员工。但现在许多公共管理者却发现，这些规则实际上是一种障碍，其他的管理方面似乎能产生更好的结果。[①] 服务型政府的行政人员管理规则会呈现出另外一番景象，管理型政府越来越细化行政人员制度是为了尽量缩小他们自由裁量权的范围，服务型政府则正大光明地赋予行政人员自主性以合法性。因为，服务型政府认为行政人员的自主性是使其具备与社会自治者开展合作的基本条件。管理型政府是科层制的组织形式，通过规则、程序限制行政人员的自主性，以职位、岗位的形式对行政人员的职责进行分工，从而塑造了从属于管理型政府的执行者角色行政人员。服务型政府无论是主要职能还是存在历史背景都与管理型政府完全迥异，服务型政府与管理型政府承担着不同的历史使命，所以服务型政府的组织形式自然也就不能采用官僚制的形式。

由于政策与行政二分的破产，行政人员在作必要的价值决定时就必须要拥有自由裁量权，如何保证行政人员负责任的自主行动成为政府人事制度亟待解决的问题。在新的组织架构形式下，面对拥有自主性行政人员的弹性化工作内容，现有的人事制度显然已经无法规范行政人员行为。我们需要寻求新的规则以规避行政人员滥用自主权力。政府需要从根本上改变行政人员管理制度的设计机理，以往对行政人员考核类似于政府自己的事情，政府自己考核行政人员然后政府组织自我定论。由于管理模式向合作治理模式的转向，新型社会治理模式对行政人员的考核不能重演以往的方式，需要将合作治理体系中的其他行动者纳入对行政人员的考核模式中。如果说人力资源管理是一门技术和一项工具，那么，服务型政府对此的使用和管理型政府对此工具的使用的最大区别就在于政府追求的目标不同。具体可以体现为，管理型政府以人事考核促进行政人员追求效率，服务型政府以人事考核的工具来界定行政人员服务民众的能力，效率并不仅仅是服务型政府行政人员所追求的唯一目标。

---

① [美] B. 盖伊·彼得斯：《政府未来的治理模式》（第 2 版），吴爱明、夏宏图译，中国人民大学出版社 2013 年版，第 76 页。

第五章　从行动者视角看服务型政府

在科层制组织中每个职位与岗位是固定不变的，在职位和岗位上的人却是充斥其职位和岗位的灵魂，人的价值观念是可变的。可是问题就在于，在对这个可变的"人"的行为进行考核时，却以僵化的职责内容作为行政人员行为的标准。官僚制组织是一个控制行政人员行为的体系，由于对行政行为实施了外在强制性的监督措施，从而使组织中行政人员之间很难建立起信任关系。比如，在领导与下属之间，领导对下属的监督控制每强化一分，下属与领导以及下属之间的信任关系就会同比例地受到削弱。在工业社会的组织形式中，人借助于制度等管理工具来达到控制行为的目的。但是，任何一种类型的控制都具有两面性，一方面，它使组织成员成为一个整体；另一方面，它又在组织成员中不断孕育离心倾向，控制的强弱以及控制方式方法的选择，都成了等级组织管理中一门很重要的艺术。然而，合作制组织用网络结构取代了以往一切组织的等级结构，因而使一切出于控制目的的制度、机制和技巧都不再需要。其实，合作制组织的架构就不是建立在控制的理论基础之上，或者说，合作制组织中行政人员的行为是在沟通、协商的过程中产生的，而不是由于组织的有力控制而迫使他们必须采用某种固定的行政行为方式。

企业的人力资源管理技术被政府充分借鉴与使用，政府以行政人员职责为中心设计了绩效、培训、薪酬、激励等一系列的标准化考核程序，然后再以量化的指标形式体现出行政人员的绩效。这种行政人员管理机制俨然是符合官僚制组织需求的，因为，控制执行者行为才能进行统一化管理。然而，面对行动者角色行政人员的弹性工作内容，考核指标就难以分类制定成统一化标准。因此，服务型政府行政人员的管理机制不能再单纯地以职责为中心，它要从这个具体的"行动者"个体入手探讨能适应行政人员自主能动性发挥的规则。政府机构组织形式的变革，可以归结为一句话：内部规则越少，政府表现就越好。尽管如此，为了实现责任制和民主控制的目的，政府还是需要一些内部规则，至少应有基本的管理要求。新规则构建的问题在于某种规则是否适合某类组织？或者说，赋予行政人员自主性后，如何保证其行政行为的公共性，在新的组织架构里新的规则该如何制定?①

从形式上看,规则本身与自主性是一对矛盾的共同体,规则与价值的二律背反性体现到个体的心理层面,就是理性与欲望的二律背反的政治相似物。我们需要寻找超越矛盾形式的解决思路,如在铁器时代,矛与盾的解决方式就是加强矛的锋锐性或加强盾的强硬度,随着原子弹、导弹的出现,本身就已经超越了矛与盾之间的矛盾性。我们需要以这种超越性的思路来解决规则与自主性的矛盾,而不是停留在如何细化政府规制限制行政人员自主性空间的思维定式。在服务型政府组织形式中,政府的组织边界已经被打破,意味着对行政人员行为的监控不再是政府内部的事情,成为参与行政事务所有行动者的事情。行动者的行动并不能完全由组织规制决定,行动时具体的场景决定了行政人员的具体选择。当社会开始走向行动者角色时,社会必将打破政府的密室效应,对于行政人员而言,行政行为的优劣衡量不仅是政府内部的事情,还是整个参与合作治理行动者集体关注的焦点。

服务型政府对行政人员的管理也会采用绩效考核和薪酬发放的形式,但是,管理型政府仅限于政府内部对行政人员行为的认定,得益于服务型政府内虚拟网络结构的支持,行动者角色行政人员的绩效考核权力却掌握在政府和社会治理过程相关者双方的手中。但是,需要注意的是这并不是指对行政人员行为监控更加全方位了,而是,由于其他合作行动者赋予了行政人员信任促使他们更好地展开自己的行政行动。其实这种通过社会合作治理行动者共同评判行政行为的现象已经初露端倪,如目前很多行政行为现象被行政过程的相关者发布在网上,由于广大网民的关注而引起政府的注意,该行政人员的违规行为得以及时处理。当然目前这种方式尚处于探索阶段,由于尚不成熟会引起很多问题。如发布者的信息是否全面和准确,网民是否能够理性对信息做出独立、准确的判断等这些问题,还需要通过制度安排的方式加以解决。可合作治理模式已经呈现出一种趋向,政府的虚拟组织形态完全可以通过支付低廉的成本在网络平台上实现对大范围的人的

---

① [美] B. 盖伊·彼得斯:《政府未来的治理模式》(第2版),吴爱明、夏宏图译,中国人民大学出版社 2013 年版,第 103 页。

意见调查和收集。

我们必须面对这种行政行为评判主体范围扩大的现实,制定较为完善的参与行政人员行为考核的规制。如制定加权式的行政人员评判规则,对社会治理过程中利益相关性大的相关者就赋予其较大的权重;反之,对与该行政事务相关性小的群体就赋予较小的权重,最后汇总多方意见来实现对行政人员的公平、公正的考核。也就是说,行政人员在行政过程中的使命感、责任心、荣誉、非理性和理性的应用、人的情感的应用,都可以通过合作治理体系中的其他行动者得以实现公平的考核。在这种考核模式下,行政人员自主性的价值取向自然就受到了规范,因为,这种对权力的监控不是来源于单一的政府内部制度控制,而是源于合作治理的行动者彼此间的全方位、无死角的注视,和自我道德感对行政行为的监控。从这个方面来说,行政人员不再是某一具体行政事务中的核心或中心角色,当他丧失了这种地位优势时,他要用自己的行动获得其他合作治理行动者的信任,才能共同开展合作性的社会治理活动以完成行政事务。政府也就能公平地对行政人员服务质量进行考核,不再停留在表面数据形式的政绩锦标赛层面。将公众对政府施政满意度纳入官员的政绩考核内容中,更好地发挥舆论监督作用,在我国,可以更好地发挥人大和政协在问责政府官员方面的制度化渠道作用,以降低上级政府考察下级官员所需的信息成本和指标设计困难,进而使锦标赛模式逐步让位于一种现代型和规范化的政府治理。[①]

行政人员拥有了自主性是为与其他合作行动者展开更有效的合作,行政人员为了获得其他行动者对自己行动的认可,他们会主动认识到自我职业行动的合理性界限。他们会认真看待自己所拥有的自主性权力,尽量不滥用自由裁量权。其实,合作治理模式归根结底就是打破了公共权力封闭运行的格局,为民众提供自治行动的平台。如目前电视问政的出现,当然这种模式目前尚不成熟,但是这种现象表明民众渴望更多常态化的合作之道,渴望权力运行公开化的探索。在服

[①] 张凤阳:《激励机制再造:政府治理改革的着力点》,《新华日报》2014年7月11日第3版。

务型政府中，行政人员会前瞻性地思考行政事务处理的方式，行政人员的注意力不再局限在职位晋升之上。总而言之，从形式上看，服务型政府对行政人员的要求是宽泛的，但是，服务型政府赋予了行政人员极大的信任感，行政人员的行动不再是对政府职责负责，而是对社会治理过程中的相关者负责，服务型政府中的行政人员扮演了具有主观意向性的行动者角色。

第六章　行政人员行动者角色的形塑

　　如果说制度、结构尚属于一种较为静态的观察状态的话，那么行动者则是一种动态的观察视角，行动者更加关注个体行动与结构之间随时变化的关系。随着带有制度主义、结构主义色彩的理论遭受了怀疑，一种更多地把社会治理行动放置在视域中心的行动主义倾向逐渐兴起。在行动者视角下研究人的行动，为我们重新厘定行政人员的行动提供了新的研究范式。只有行动者角色的行政人员才能履行服务型政府的引导型职能，或者说，执行者角色的行政人员是属于工业社会管理型政府的，服务型政府需要行动者角色的行政人员。反之，服务型政府的组织框架为行政人员提供了角色转换的空间，同时，服务型政府也对行政人员提出了新的要求。行政人员从执行者角色向行动者角色的转变，意味着一个根本性的颠覆。因为，作为执行者的行政人员只要照章办事，对岗位所明文规定的职责负责即可；自主行动的行政人员则需要考虑他者的承认，需要获得合作治理者甚至社会关注者的"他者"承认。对行政人员的关注不再局限于政府内部的范畴，需要将行政人员放在其行政行动的合作体系中来加以考察。

　　行政人员在与其他治理者互动时，为了获取他者的承认，必然迫使行政人员反思自我的行政行动是否恰当。当行政人员开始反思自我行动是否道德、是否有利于其他合作治理者时，行政责任已经悄然内化，行政人员自然而然的会创造性地完成行政任务，以能获取他者承认。因为，行政人员只有拥有他者的承认才能开展有效的合作，从行政人员个体心理来分析，他者的承认可以让行政人员对行政工作充满自我成就感。行政人员可以从工作中获得愉悦的心理体验，行政人员的行动已经突破了通过他律或自律来约束其行动的阈限。因为,"律"就意味着约束的外在性特征,责任内化的行政人员不依赖于外在约束展开行动,他们会依靠道德和健全的理性来展开行政行动。通过对服务型政府中行政人员生存场景的观察,我们总结了服务型政府行政人员作为行动者的三个主要特征:一是行政人员要具备自我反思和行动的能力,行政人员面对变化的社会场景能够灵活应变展开行动,而不是被动等待政策制定完善后再照章执行。二是行政人员要有足够的责任意识,才能有效开展与社会其他治理者的有效互动和合作。三是行政人员需要具备作为符合行政职业的道德感,行动者拥有了行动的自主性,道德是决定行政人员行动方向的最重要标准。

上述描绘了行动者角色行政人员的基本形象,重塑服务型政府中的行政人员,除了政府组织框架形式的外在结构外,还需要在政府内部构建一系列完善的制度体系。首先,对行政人员的管理要从制度设计的理念发生转变,管理型政府在人性恶假设基础上设计了一系列纪律、法制来控制行政人员的行为。服务型政府则要在人性复杂的理论假设基础上,设计一套新的道德化制度,这套人事制度不是对行政人员违法乱纪行为的惩罚,而是能够激发出行政人员"善"的一面。其次,通过德制对行政人员发挥导向作用,从而在政府内部营造出一种正能量的工作氛围。软环境是一种潜移默化的影响力,不从属于外在的硬性约束体制,通过政府良性组织生态的影响,打造行政人员有道德、有良心的规范性取向。最后,需要行政人员在合作治理体系的他者承认下,能够形成新的自我认同,服务型政府中行政人员的行动者角色才能塑造成功。

第一节 服务型政府中的行政人员

一 从属于服务型政府的行动者

管理型政府对行政人员的认识局限于数量上的层面,政府认为行政人员就是需要政府财政出资的消费者,一些行政人员甚至是用权力破坏市场经济的破坏者。但是,服务型政府认为行政人员不是机器而是具有创造性的人,他们可以作为生产力的构成部分。对于为社会服务作为职责的行政人员而言,他们的服务能力就能转化为生产力,促进经济社会的发展。服务型政府认为行政人员的数量多少和机构大小的问题不是关键,关键是他们能为社会具体提供什么服务。如果合作治理体系需要他们,行政人员的数量就可以增加;反之,社会已经通过自我的力量开展自治,那么就可以不设机构和行政人员。从对行政人员的数量到质量要求的转变,就是管理型政府和服务型政府对行政人员要求的分水岭。管理型政府与服务型政府是从属于不同历史时期的政府形态,并无优劣之分。管理型政府出于对社会管理的目的形塑了执行者角色的行政人员,服务型政府为了发挥其在合作治理体系中的引导型职能,也必须得到行动者角色的行政人员的支持。因为执行者角色的行政人员是不属于服务型政府的,我们可以从两个方面看出执行者角色的行政人员与服务型政府模式的不融合。

一是构建行政人员执行者角色的行为主义理论已经难以规范行政行为。经验主义为提供社会行为预测阐述了对外部世界现象的理解,经验主义运用在自然科学领域,或许科学家是可以认知剖析自然界出现的各种现象。但是经验主义运用到社会科学领域后,则呈现出另外一幅景象。首先,无论在展开任何研究之前,研究者自我是不可避免地将自我价值观理念带入到研究之中。其次,社会运作的人类行为也是有相关观点在背后支撑的,社会本质不同于自然,自然界的行为可以用严谨的科学术语以标准化的形式给予描述,人类行动是难以用量化指标公式测量的。在严格的实证主义思想体系中,主观方面的东西只存在于功利主义的成分里,至少处于非附带现象的地位。功利主义立场非常不稳定,它倾向于不断分化为激进实证主义。这种分化的趋势就是排除主观方面的东西,逻辑上的最后结果就是行为主义。行为主义衍生出管理主义,通过制度、绩效对社会进行有序管理。因此,在此方法指引下,对社会行为的动机进行分类和量化,进而要求人们行为需要"照章办事"。如审批的层层复杂烦琐程序,其目的就是规范社会行为,在工业社会的低度复杂性和低度不确定性背景之下,主观观点和客观观点或许在一定程度上能统一,被管理者对管理者的政策有一定的认可度,并且社会基本的思想状态也是遵循和服从组织、政策、制度安排,精英制定的细致标准还能在一定程度上从外在意义上规范社会行为。但是，随着后工业化社会的高度复杂性和高度不确定性兴起，预测社会即将发生的情况本身就随着不确定性因素的增多而变得困难重重，那么对行政人员行为的规范就很难细化到具体行为的每个环节。从而使规范行政人员行为的规章制度落入"走程序"的窠臼，既然正式制度没有实践的可行性，那么非正式制度就开始萌芽，由于社会受功利主义意淫太久，所以非正式制度总是伦理匮乏的交换，这就是为何目前政府内部"潜规则"盛行的根本原因之所在。

二是行政人员作为执行者的天职是完全"服从"，这与服务型政府对行政人员要求的灵活合作相违背。管理型政府要求其内部的行政人员价值中立，并且无条件地服从命令。制定这样的要求是为了防止行政人员的公权私用，从这点来看，行政人员的制度已经预先把行政人员的人性钉在自私自利的十字架上。既然政府都这样认为它的工作人员，那么行政人员逐渐也就认可了这种自我是"经济人"的人性假设，并将这种个人主义付诸他们的工作实践中。对于私人生活领域而言，每个人都是为了自我私利最大化而行动。并且，由于市场经济的调节手段，使得他们在满足追求自我利益目标的同时，也满足了他人对商品的需要。可是，"经济人"假设这种理论论调只能存在于私人生活领域，在公共生活领域和日常生活领域这种论调都是行不通的。可公共生活领域却全方位大面积地借鉴了这种人性假设理论来制定行政人员的管理制度，问题自然会出现。因为这种认识忽略了公共生活领域的公共性本质，从而没有注重人与人之间的伦理，也不重视人们关系之间的道德性。可想而知，一名形式上服从命令实质上追求自我利益最大化的行政人员，一旦拥有了足够的自由裁量权，他便会以执行公共政策为名义，实质在制度边缘追求私人利益最大化。对于道德严重匮乏的部分行政人员可能会尽量规避制度的约束限制，会充分利用自由裁量权为自我谋利，开展政府公共性的追求可能早就被他们抛诸脑后。

由此可见，执行者角色的行政人员不能承担起服务型政府的职能，究其深因，管理型政府和执行者角色的行政人员是工业社会的产物，它们不属于后工业化社会环境。后工业化社会是社会主观要求兴起的时代,这一点可以从社会多样化和个体化纵深发展的趋势得到印证。由于社会变化的加快,理性预测社会行为的逻辑思路不再适用于新的现实。理性设计的前提是真实描述的现象能够被测量,也就是说,社会行为具备能够被预知的性质,所以它能够被量化测试和解释其动机。不可否认的是,在理性、科学和技术的社会治理框架内,理性化的政府设计建立了整齐划一的社会,为经济的发展创造了稳定的外部条件。但是随着物质财富的积累,人类的存在目的却变得越来越单一化,仿佛除了自利行为的本质外,其他的都成为虚无的存在状态,这是社会异化的表现。随着全球化进程的推进,人们接受着来自世界各地的各种文化的更猛烈冲击,人们价值观念的多样化会使其行动目的逐渐抛弃理性这个单一衡量标准,在这种背景下,理性设计的先验规范性假定的价值判断观点就不再准确。因为,如果民众不再仅仅以功利目的作为所有行为的出发点,而开始思考各种价值观问题,如人类关系、对话、不信任、公平和民主治理等,那么理性设计的功利目的假设前提不复存在,后期做的行为量化预测工作就会与事实不符。从这个角度而言,为了适应社会的需要构建了服务型政府,为了实现服务型政府的引导型职能,行政人员的行动者角色兴起。以行动者的视域来考察行政人员时,他们的职业存在环境和本质特征都发生了彻底的变化。赋予行政人员行动的自主性,是恢复了他们作为人的基本性质,人的存在就是具有完整性特征的。行动者角色的行政人员不再是冷漠的"机器零部件",他们是为获取他者承认而具有道德感的行动者。

在合作治理社会的模式下,政府组织从科层制形式转向了网络结构的虚拟形态,这种全新的组织结构是为了适应合作的目的,它为合作行为的持续发生提供了充分的技术平台支持。组织的结构决定了组成成员的行为,作为新型社会治理模式的合作治理将更多突出分散的、随机性的治理行动,这种治理行动又是存在于治理网络之中的,在网络状的结构中实现合作互动。[①] 新的政府组织结构促使行政人员角色发生嬗变,即由管理型政府的执行者向服务型政府的行动者转

---

① 张康之:《公共行政的行动主义》,江苏人民出版社2014年版,第194页。

型。虽然以往组织在运行中也是存在合作行为的,即存在超越了协作概念的合作行为。但是,由于这种合作行为得不到组织结构的支持,所以它是不稳定的。行政人员的行动者角色则是保证政府开展合作行为的最有力的保障,或者说,政府实现合作治理必须依靠行政人员的具体落实。在新的政府组织结构中,行政人员的行动者角色由两个方面共同决定。其一,服务型政府内部对组织工作人员的服务性质界定。当"他在性"作为政府构建机理取代政府本位主义时,科层制组织形式发生转向,网络组织结构赋予了行政人员工作内容的弹性化。行政人员作为行动者可以灵活开展工作不再是单纯为了执行政策而"执行",但是,这种自主性也需要政府对其性质的界定。行政人员思想上的防腐堤坝一旦决口,私欲就会无限膨胀,在这种情况下,行政人员的自主性反而为他们的"寻租"行为提供了便利条件。因此,对于政府组织而言,赋予行政人员自主性的前提是实现公共利益的服务性本质。

其二,对于直接与社会成员开展合作治理的行政人员而言,他们的行动者角色里又蕴含了合作信任的意识。在合作治理模式里,行动者之间的社会关系建构不仅局限于行政人员之间的范围,而是指所有参与社会治理的合作行动者之间关系。由此,行政人员为了处理某项行政事务而结成的社会关系网可能会呈现出纵横交错、内外连接的网络形态,量变到一定程度就会引发质变。面对这种庞大的社会建构,行政人员从社会管理者认知转向合作者意识变得尤为重要。总之,在服务型政府与合作组织的双重要求下,行政人员作为行动者的特征凸显,其明显区别于执行者的特质,其中他在性和自主性则是行动者角色行政人员的本质特征。服务型政府的网络化组织结构使得信息传递和沟通更加灵活,组织成员除了自上而下或自下而上的线性沟通外,还有突破层级限制的无距离沟通方式。信任是合作沟通的基石,可以说,服务型政府就是建立在行政人员对组织的高度信任的基础上的,信任的源泉来自行政人员的责任意识。如表2对行政人员的执行者角色和行动者角色进行了对比,进一步论证行动者角色的行政人员是如何体现服务型政府职责的。

表 2　　　　　　行政人员的执行者角色与行动者角色比较

执行者角色的行政人员	行动者角色的行政人员
明确的劳动分工，清晰的执行权限	工作内容弹性化，根据具体场景行动
行政人员个人职位等级明确	根据具体行政情境，合作对话做出决策
一般有特定办公地点	实际工作存在于虚拟的网络型组织中
按照规则、标准化原则、价值中立、技术理性执行公务	规则范围宽泛拥有自主性 以责任意识和道德感创新完成行政任务
政府内部信息沟通渠道呈线性 信息沟通不畅	四通八达的信息沟通 信息反馈和持续监控更新更及时

管理型政府的目标就是实现追求效率的目的，因此，无论是行政人员还是政府服务对象，"人"的主观感受都不在政府考虑范围之内。管理型政府的行政人员具有明确的专业分工，等级分明的科层制使得行政人员的一切行为都有据可循，在价值中立的立场下行政人员以标准化的行为方式执行上级命令和政策法规。管理型政府只需要借助技术来实现经济效率的增长就可以了，如今天政府对行政人员的考核体系中，反映经济总量的 GDP 数字增长仍是主要考核项目。但是在形式科学的量化数据掩盖下，公共行政为民众提供服务的终极目的反而被忽视。服务型政府中的行政人员与受到严格控制的管理型政府行政人员则完全相反，他们拥有行政行为的自主性。行政人员的行动并非仅仅为了完成既定的绩效考核指标，而是行政人员通过与社会民众的沟通、协商形成共识性的决策，从实质上实现为社会服务的政府职能。行动者角色的行政人员信息接受面广泛，信息来源不仅限于政府内部，他们为了展开有效的合作治理必会接受来自社会四面八方的信息。政府非人格化的管理措施被人们的感受所取代，如以城市管理为例，政府企图要求城市干净整洁，一部分民众却认为小商小贩的存在为其生活带来了便利，一部分民众认为可以规制小商贩的经营范围，但是要使其购买方便，小商贩也有自己独特的见解，甚至与之没有任何利益关系的热心民众也会发表意见。那么对于服务型政府而言，行政人员的职责就是尽量与这些合作治理者沟通，并为这些合作者搭建沟通的平台和桥梁，以做出合理的共识性决策。总之，以合作

体系作为研究框架，行政人员既受到了政府制度的影响，又会受到其他合作者和自我价值观的影响，但是，最终是为将他们的行动引向公共性趋向。

在高度复杂性和高度不确定性的后工业化社会中，人的自主性空间会越来越大。那么，影响自主性行为最有利的因素就是道德，因为，人的自主性行动是依靠自我内在价值观作为判断标准的，道德是个体价值观的基本认知，只有道德是从人的内在感受层次约束和规范人类行为的。具体到行政人员，行政人员的自主性需要以道德和理性作为支撑，放在合作治理体系来考察，就是合作中行政人员的自由需要得到其他合作行动者的承认，他才可能认可自我的行为，而只有道德和理性的行为才能够得到他者的承认。因此，道德理性行为是行政人员实现自主性的必要充分条件。他既不需要为了权力而产生人身依附，也不需要工具理性人格，是道德性主导了他的自觉性行动。

二 合作治理体系的生成

行动者角色的行政人员主要任务就是引导社会治理者展开合作式自治活动，避免社会行动者之间无意义的争吵。当然只要行动者之间存在沟通和对话，那么，就不可避免会有争论，也只有无所顾忌的辩论才能产生共识性的决策。但是，辩论与无意义的争吵不同，辩论是行动者综观全局从不同视角产生的理性意见进行相互讨论，可争吵是完全感性或完全处于私利考虑的无意义争论。所以，行政人员必须引导社会自治者开展有意义的合作，而非单纯意义上的博弈。在行政人员发挥政府引导性功能的过程中，行政人员的他者在此处可以分为两类：一类是组织内的他者，即行政人员的同僚、上下级；另一类是政府组织外的治理对象、各类可以参与社会治理的行动者。也就是说，与行政人员进行互动的行动者可以分为两个层次，行政人员除了要在政府内部与同僚建立合作关系外，还要与社会治理过程中的相关者充分互动。合作治理体系里的行动者关系，就是指行政人员与他者的充分互动。因为，对话理论、协商理论就是合作制的本源，只有行政人员与他者实际开展合作治理活动才能回应社会的复杂性问题。

哈蒙首次从行动者视角来分析公共行政领域问题，他意识到行动者互动的重要性。他将主动的与社会的互动关系作为分析行政问题的框架，也就是所谓的面对面境遇。哈蒙在其书中一再强调公共行政理论与实践上的规范意涵，他认为即使像理论建构这种知性的活动，仍然具有政治性的后果与伦理道德上的问题，更何况是行政人员在实际推动政策和解决诸多有关民众利益福祉的问题时，一项公务上的行动都可能导致严重的后果，在这一点上，哈蒙提出了主动的与社会的自我假定，并提出了面对面境遇的分析框架。可以说，哈蒙的面对面境遇就是最原始的社会互动模式，其他的互动模式可以从此衍生出来。哈蒙定义了个体自我的主动—社会的本质特征，他认为个体要开展有效行动要建立在相互依赖的关系之上，或者说，行动者之间常常会以相互承诺为基础达成预期的行动结果。由此，哈蒙为行动者之间构建相互信任的关系提供了理论基础。同样地，由于以相互承诺为基础的个体行动要求对抽象原则及外在标准减少依赖，所以通常倾向于以非矫揉造作的方式来行动。哈蒙认为，互动的对话模式可以避免独裁式的决策，决策可以依据实际的行政场景由参与面对面对话的人们共同做出。在对话的过程中，可以充分避免理性与工具行动系统的生成，因为，人们会顾忌到伦理情感的存在。在主动的与社会的自我分析框架内，哈蒙先对行政人员作为被动执行的行为者进行了批判，他认为，行政人员除了必须承担职责外，还应当承担起"个体责任"。哈蒙创建性地提出了行政人员并非消极、被动的执行者，而是拥有决策能力的行动者，以积极主动的方式参与行政事务。这种思想对我们的启发很大，因为行动者之间的关系是完全不同于执行者之间关系的性质的。

　　行动者角色的行政人员所建立的第一个合作关系，就是行政人员与同僚的关系。在管理型政府的正式组织中行政人员之间的互动呈现出其特有的性质，因为，正式组织一般而言都具有非人格化的特征，其运行模式也基本依据清晰的制度展开。特别是在较大的正式组织中，个体之间的关系很大程度上是工具理性的，个体只是微不足道的行动者。具体表现为，在管理型政府中行政人员可能不知道对方的姓名，但是却清楚对方所处的职业位置。这种情况下，组织成员对他们所应承担角色的责任是较为清楚的，从表象上和逻辑上看，行为似乎能够得到较为准确的预测。现实却与理论演绎相互矛盾，因为组织成员的互动常常与预测相悖。持续不断的模式必定依赖持续的互动，可是，提前预测的行为模式却总是在具体行动面前具有滞后性。由于政府的明文规定使得行政人员之间只能建立形式上的工具理性关系，在正式组织里诞生了不成文的非正式规则，行政人员之间心照不宣地认同这些非正式规则，他们之间常常按照这种彼此心照不宣却又与组织非人格化相悖的情感、利益整合等因素为标准生成实质上的同僚关系。我们看到，政府的明文规定似乎已经提前界定了互动中同僚之间的关系，但是现实确与之相反，行政人员为了适应当时的情况，他们经常在规则之下重新缔造行政人员之间的关系。行政人员之间这种既符合组织规定的非人格化关系，又与非正式组织的各种复杂情感关系交融混合，这些复杂的关系就构成了管理型政府行政人员的生存空间。

　　服务型政府中的行政人员由于本身具有了自主性特质，则不用受这种形式化的组织非人格化所限制。其实，行政人员作为人的主要本性之一就是存在情感因素，行政人员本身也不可能完全价值中立。行政人员与同僚之间长期共事，会让他们彼此之间结下各种利益与情感交融的复杂关系，可如果这种情感关系被私利追求所挟持，那么他们之间的关系就已经因变质而沦为工具性的相互利用关系。对于行动者角色的行政人员，他们之间可以不用避讳政府的规制而建立公开的情感关系，但是，正因为这种关系的公开化，所以构建关系的双方都受到了外界的监督和制约。他们在日常生活和私人生活中的关系可以出现友谊性质的互动，可是他们在职业中就要体现出共同的为民众服务的价值观念，在这种观念主导下行政人员彼此之间结成良性互动的关系，进一步促进政府服务职能的实现。

　　第二种关系是行政人员与社会自治行动者的关系，我们认为，从某种程度上而言，这种关系将成为服务型政府行政人员所应建立的主要关系。在管理型政府中行政人员与行政对象的关系就是单纯的执行与被执行的关系，或者说，他们之间就是被动的制度建构关系，对于服务型政府而言，双方应该建立理性支持但又有良好情感性互动的合作性关系。这种合作关系建立的基点就是双方地位的平等，行政人员

第六章 行政人员行动者角色的形塑　235

和民众不再是管理者和被管理者的关系，而是平等的合作关系。其实，这种平等性已经在现实社会中有所体现，人们对行政人员职业的看法能够理性回归，不是仍然以"官"的视角仰望的姿态来看待政府行政人员，他们的特权意识由于不再被民众承认已经在社会上有所收敛，如"国考热"的降温，说明社会已经开始正确地认识行政人员职业。只有行政人员和社会自治行动者双方从心理上都已经承认了地位平等，才可能建立合作关系。当然，社会自治的行动者作为概念具有宽泛的外延，它包括了民众直接参与自治行动，不再局限于民选代表的表达层面，特别是边缘群体和小众群体不能被排除在自治群体外。从个体角度而言，行政人员个体可能同时肩负决策与执行双重角色，特别是高层级的行政人员，又决定了下属政策的执行方向。因此，与高层级行政人员开展合作行动的对象一般是社会精英，这就是所谓的精英治理，形式的民主导致真正的社会治理权力掌握在社会精英阶层。但是，合作治理体系的一个最重要的转变就是让普通民众甚至弱势群体都拥有自治的权力，行政人员需要与他们对话、沟通。所以，合作治理更多是针对于低层级行政人员，他们在工作的第一线，直接接触普通民众的行政对象。这种对话形式不再拘泥于哈蒙的面对面形式，因为这样的参与成本也难以承受，我们可以采用虚拟网络的沟通形式，而政府的虚拟组织则为这种沟通形式提供了技术支持平台。

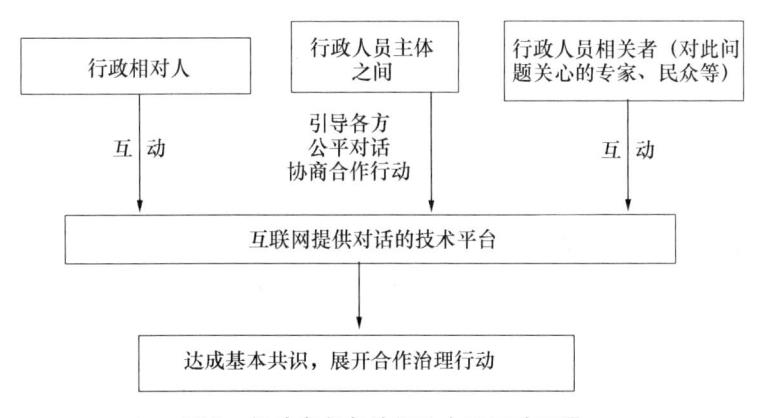

图3　行动者角色的行政人员互动场景

如图3所示，一个完整的行政人员通过与他者互动产生合作治理行动的过程，从社会问题界定到合作行动生成都是由行政人员与其他行动者共同参与。所谓社会建构就是拓宽了公共组织的边界，具体小范围公共政策的修订和地方性社会秩序的制定不仅是政府管理者的任务，而是由整个参与其中的行动者共同制定。政策形成过程的转变，决定了政府内部行政人员的角色转换。在社会治理的过程中，政府不再是处理社会问题的唯一组织。在确定社会治理方案这个环节中，民众、第三部门等其他社会组织都被包括在内，价值追求不再被政府提前预设。典型的效率与公平之争，对于某个亟待解决的特定社会问题而言，追求效率还是公平不再由政府独自决策。现实告诉我们，效率与公平本身就有矛盾性，结果就是社会经济的提升背后付出了沉重的代价。如我国目前虽然经济连年增长，但是贫富差距所引起的社会冲突也越来越激烈。那么这种价值矛盾针对到某个具体社会问题时，由利益相关者中占据较大权重地位的发表意见提供解决方案，社会关注此问题者也可以加入讨论和对话但是权重比例要小，行政人员则是维持他们展开理性辩证的引导员，通过政府的虚拟组织为民众合作提供技术支持的对话平台。当然，这种场景的构建也需要成熟、负责而理性的民众支持，这种类型的民众就是我们所谓的行动者，通过大量行动者之间的辩论，才能达成实质上的民主意见，最终付诸合作性的行动。

三　行动者对"他者"承认的诉求

行政人员生存空间的拓宽，使得他们不再拘泥于对政府组织内部明文规定的职责负责，他们为了实现与他者合作的目的，势必就要获取他者的承认。自我是与他者相对应的概念，自我是社会心理学由来已久的概念，自我是人类才具有的特征。自我是个体与社会在互动过程中，个人心理上产生的对自我在社会所应扮演角色的定位。通俗而言，自我就是自己认为"我是谁"。生活在工业社会的人们认为每个人的私有财产权神圣不可侵犯，个体追求私人利益最大化是具有合法性的。因此，工业社会是一个自我意识萌生的时期，自我存在和自我认同被放置到社会认知的首位。直到 19 世纪，社会学才开始关注他者的存在，才意识到"人"的意义必须在与他者互动和沟通的场景中才能实现；自我的认同必须得到他者的承认才具有意义。也就是说，只有他者对自我的尊重和承认，才能形成客观的自我认同。对于构建行动者互动场景而言，他者存在需要突破自我的界限，因为行动者只有获得他者的承认才能产生真正意义上的互动。

貌似简单地从自我认同到他者承认的跨越，却是经历了学者的大量理论辩证和推演，社会科学研究才从只对自我的关注，走向对他者承认的关注。从学科分离角度而言，严格地说，自我是属于心理学的概念。心理学对自我的探讨也大多停留在自我内心世界形成的层面，乔治·H. 米德从社会心理学的角度中，把自我这个充满主观意味的概念剖析出主观的"主我"和客观的"客我"两个方面。或者说，米德从主客体视角划分出"自我"中"主我"和"客我"两个面向，简言之，"主我"是有机体对他人态度的反应；"客我"是有机体自己采取的有组织的一组他人态度。从本质上而言，"客我"的形态是指社会对个体角色的界定，而自我从心理上对这个社会角色的接受程度就以"客我"来体现。"主我"是来源于个体经验到个体自我本身，个体从自我认知经验出发对自我角色所应拥有权利和承担责任的认识。当然这种经验并非完全是直接的经验，有时可能是间接的经验来源，或许是来自同一社会群体中其他个体成员的观点，或从他所属的整个社会群体的一般观点来看待自我。因此，一个完全独立的自我，是产生于社会经验和社会规范的双重范畴之中。"客我"的形成已经蕴含了他者的影子，因为所谓"客我"就是他者的对自我的看法所形成的。

一般情况而言，"主我"与"客我"的辩证统一关系，是个体的自我正常状态。主我是自己认为的社会角色，客我则是社会中他者认为我该如何行动而形成的社会角色认定。在工业社会，追求私人利益被赋予了合法性。所以，"主我"定位自己为个人利益最大化的理性"经济人"，而"客我"则要求个体要对所扮演的社会角色负责，为了在特定场合扮演特定角色，需要规避一些私利的追求。哈贝马斯也认同米德对自我的观念，即自我是在社会中建构起来的，自我不可能凭空产生,自我的认同是人们的互动过程中出现的一种社会学的结果。全钟燮这样评论米德"主我"和"客我"的思想,主语的"我"是思考和行动的实际过程,而宾语"我"则是反思过程。因为自我参与到作为一个沟通过程的主语"我"与宾语"我"的关系之中,自我就是以一种对话的形式涌现出来。[1] 这其中包含了深刻的认同和承认的关系,认同是自我个体的认同,但是认同的建立来源于他者对自我的承认。所以,自我是社会的建构之物,个体实现客我的过程就是个体如何履行社会所赋予自我角色所应承担责任的过程。由此可见,在"客我"之后已经可以看到隐隐约约呈现的"他者"影子,对自我关注的视线已经开始向他者转移。黑格尔的主奴论证思想,承认和认同已经成为同一话语体系的正反面出现。黑格尔认为,正是由于主人对奴隶角色的承认,形成了奴隶的自我认同;反之亦然,也正是奴隶的承认才生成了主人的角色。至此,他者承认的思想已经开始公然进入人们的视野。

查尔斯·泰勒则从政治视角旗帜鲜明地提出承认政治的概念,承认差异的主体就是他者。泰勒认为,从18世纪末开始,人们逐渐认识到承认的重要性。由于人们开始逐渐认识到,承认与认同的紧密关系,对承认的诉求就显得十分迫切。认同一般而言是针对自我,即自我对"我"是谁及我有什么特点的认识。自我对自己认识的这种观点则是来源于他者的承认,如果他者不承认自我的认同,或者他者歪曲地承认自我形象,那么自我认同也会随之发生改变。如个体或某一部分群体被他者认为是卑劣、狭隘的形象,自我长期处于这种歪曲的他者承认环境中,他自己渐渐也会接受自己这种不堪的形象认知。泰勒以黑人和原住民为例,论证了白人征服者是如何通过歪曲的承认,从而迫使黑人自我贬低的过程。可以说,由于工业社会中个人意识的觉醒,使得个人对自我的认同出现,因此,认同是个人对自我价值的看法。正是认同确立了承认的重要性,承认的是他者对自我的看法。从概念上可知,承认是认同的主要组成部分。承认影响了认同是否客

---

[1] [美] 全钟燮:《公共行政的社会建构》,孙柏瑛、张纲、黎洁等译,北京大学出版社2008年版,第124页。

观和正确,如女性主义中论证的关于女性的扭曲承认,从而导致女性自我认同的歪曲。也就是说,得不到他人的承认或只是得到扭曲的承认能够对人造成伤害,成为一种压迫形式,它能够把人囚禁在虚假的、被扭曲和被贬损的存在方式之中。

泰勒从他者承认的视角来研究社会,进一步看到了人的差异性,这种差异性和独特性也正是行动者所特有的特征,因为,行为主义存在于被动地遵从同一化的制度中,只有行动者才会拥有自主思考的能力。泰勒虽然没有明确提出行动者的概念,却从承认差异性的视角描绘出行动者的特征。他提到,18世纪以前,尚未有人注意到人与人之间本身特质上的差异存在,可没被注意并不意味着不存在。个体仍然以其自我特定的方式存在,那是自我内心发出召唤的独有生活方式,世界上没有完全相同的树叶,也就意味着每个人不可能被完全抹平差异。赫尔德认为,我们每一个人都有一种独特的作为人的存在方式;每个人都有他或她自己的"尺度"。[①] 这其实也进一步说明了行动者的特征,既会受到社会中其他人看法的影响,或者是社会场景变化引起的影响,但是对于不同的人而言,由于人的多样性,又会导致每个人的独特观念有所迥异。每个执行者的行为动机可以认为由两个方面所决定,一方面是由感情的道德情感所决定的;另一方面是功利的理性计算。但是,每个行动者的动机是复杂多变的,无法做出提前预测。泰勒所提及的承认差异与马尔库塞的单向度的人有着异曲同工之妙,马尔库塞意识到人的同一性向度,泰勒认为必须承认人的差异性。行动者则是需要他者承认其差异性的人,行动者是拥有自主行动意识的人,不再是根据制度而产生单向度的行为和思维模式的人。

行政人员需要获得两类群体的他者承认,首先,行政人员要获得政府内部他者承认,行政人员不能通过非正常手段获取内部同僚的承认,而是要以服务于社会为目的建立起单纯的业务关系,即使有情感关系也不能建立在相互利用的工具理性基础之上。对于官僚制组织形式的政府而言,不存在行政人员他者承认的问题,因为,有关行政人

[①] [加拿大]查尔斯·泰勒:《承认的政治》,转引自汪晖、陈燕谷《文化与公共性》,生活·读书·新知三联书店2005年版,第294页。

员的职业生涯都是由政府内部确定的，社会并没有实际的权力影响行政人员的晋升或降级。行为主义是设计行政人员管理机制的主要理论前提，通过刺激—反应机制来说明并预测人的行为。在行为主义理论框架下，对行政行为的规范方式是通过这样一套逻辑展开的，先对社会发展趋势进行预测，再提前确定政府计划，继而通过发包制将责任逐层分化落实到具体每个行政人员身上，最后，通过绩效考核的方式促使行政人员履行职责。也就是说，通过他律的制度形式规范行政行为，通过秩序规范行政行为是 20 世纪以来最主要的行政行为规范方式。但是在这种行为规范模式中，自由裁量权行使的问题显然被悬置起来，因为，在工业社会里可确定性因素较多，政府的工作计划就较为明晰，政府工作人员行为的范围基本都已经被涵盖在制度规范之内，少量的自由裁量权可以忽略不计。可见，对于社会而言，行政人员扮演管理者角色，行政人员只需要能对上级和职责负责就是一名合格甚至优秀的行政人员。即使存在行政人员同僚之间的承认，也是出于功利目的的承认以及对非人格化职位的承认。

其次，行政人员获得政府外部的承认，服务型政府的行政人员境况则与管理型政府行政人员的生存组织空间完全不同。行政人员的职业比其他任何职业的从业者都需要更多的他者关怀，因为，参与合作治理的所有行动者，都可能会不同程度地影响到行政人员的职业生涯状况。在服务型政府框架内，对行政人员的认识应该将其定位为完整的人，他是具有自然生命与社会生命双重属性的构成存在。在行为主义对行政人员的认识上，过于重视人的物资属性，而忽视了作为人的主观能动性本质。行政行为的约束方式就是建立在行政人员是"经济人"的人性假设基础上，利用刺激—反应的生存论设定规则约束行政人员的执行行为。但是，行政人员面对规章、制度不会简单地做出条件反射式反应，而会经过他们复杂而独特的脑神经系统做出判断，才会具体执行政策。处于合作治理模式的行政人员，面对特定的行政事务场景，在具体开展行政工作时，是会受到其他合作行动者影响的，也就是所谓的合作体系里的他者，并且也需要与这些他者发生互动。那么行政人员每处理一项行政事务不再是单纯服从上级，只需要获得上级行政人员的承认，他的职业晋升不再单纯由上级领导所决定，而是所有合作治理的行动者决定了他们的职业发展路向。行政人员为了获得所有合作治理行动者对他行动的承认，他们面对上级的决策错误，就会采取质疑的态度与上级领导沟通。反之，官僚制的等级组织被打破，上级领导也要承认下级行政人员的建议和表达权，而不能将之视为对领导不尊重的表现。面对不同的社会问题构建的合作体系也不同，不同合作体系里的权威性领导也非同一人，在权威发生转换时，行政人员需要承认新的合作体系里拥有权威的同僚。行政人员要拥有合作者的意识，以同僚的服务能力、道德品质、专业素养作为承认的标准。

相对政府内部对行政人员的承认，行政人员的行动能够获得政府组织外的社会行动者的承认则显得更为重要。对于管理型政府的行政人员而言，他的自我认同来源于组织所制定的非人格化规则甚至来源于上级对他效忠行为的认可。行政人员个体的差异性已经被同一的制度规定所抹平，行政人员的管理制度就是忽视差异，制定同一性的规范。因此，执行者角色的行政人员行为越是具有同一化，越容易获得自我认为有意义的他者所给予的承认。对于服务型政府的行政人员而言，他们更为在乎的是政府组织外的社会行动者给予他行动真心的承认，而不是出于某种功利目的的形式化承认。行动者角色的行政人员自我的观念通过与合作体系里的"他者"的互动和对话生成。只有在行政人员和参与合作治理的民众处于平等地位的基础上，民众才能在有尊严的情况下正确地承认行政人员行动的合法性，行政人员才能缔造出个人正确的认同。总之，认同是源自个人的角度，承认是源自他者的角度，二者的关系由双方的对话相连接。由于每个个体作为行动者所经历的互动场景不同，自我原生的认知不同，所以每个行动者也必定具有各自的差异性。但是，所谓的他者承认也正是需要承认这种差异性。从这个意义上而言，社会作为他者并不介意行政人员是否有整齐划一的行动，行政人员具有差异性，但能取得良好社会效果的创新性行动更能获得社会他者的承认。行动者本身就标志着自我对个体独特性认同的出现，他者承认差异的出现，是形式民主取代实质民主的标志。因为，在形式民主里，社会受限于民选代表所制定的制度约束，行政人员只要按照制度照章办事就具有合法性，至于最终导致社会出现什么结果则不在行政人员考虑范围之内。一旦出现政策决策失误导致社会出现问题，这种决策失误成本最后一般都由当事人和政府所承担，政府只是一个抽象意义上的组织，具体到行政人员只要他符合规定，他所承担的这种失败成本几乎微乎其微，甚至可以忽略不计。而在服务型政府，合作治理体系不再出现任何代表，合作行动者真正尊重具有差异文化的民众和弱势群体的利益诉求，行动者在对话和协商中形成共识性决策。社会不再受限于规则的约束，而是把规则变为工具以实现更好的社会治理效果为目的，这就是实质民主的出现。行政人员在对话过程中，他们只有承担起引导者的角色，抛弃管理者的心态和作风，才能获得民众的真心拥护，社会治理过程中的"他者"才会从真正意义上承认行政人员的行动。

第二节　行政人员的"行动者"维度

一　自我反思与灵活应变的能力

反思不同于行为主义的反应，反应是所有动物都具备的一种特征，只要受到外界的刺激就会在行为上做出相应的反应。人是一种不同于低等动物的理性高级动物，受到外在的刺激除了会做出应急反应外，还会在事后对当时的情境进行反思，从而形成自我独有的经验。由此可知，反思是行动者所具有的能力，是具有自主性的行动者在行动过程中，依靠经验等主观智能判断，从各种可能性中做出选择的过程。反思过程是行动者在具体社会场景中产生的，不同的行动者在同样的场景中，由于感观、认知、经验不同，反思所形成的私人心理状况也有所差异。可以说，拥有自主性的行动者依靠伦理责任与理性，通过主观意识对客观环境的分析，从而形成了他们的反思能力。人的行动既要受制于制度和社会关系的客观约束，但是，也不完全遵从根据规则而产生行为的因果关系，在这个过程中有人的主观能动性发挥作用。进一步而言，自然界的规则是天然的，我们只要去了解和遵循。社会的规则本身就是由于人的自主性活动积累了经验共识制定而成，在社会规则的客观性中就蕴含了主观的意蕴。在社会中，只有规则被大多数人从主观意识上认可和承认，客观的规则才具备了实践意义，人们才会遵守，这就是所谓的主观和客观的辩证统一关系。如主观的自主行动需要借助语言来完成，语言就是最具社会特征的产物。

在行动者互动场景中通过对话和协商，形成他者对自我的承认，为了获得他者的承认行政人员学会反思自我的行动是否恰当，在自我反思和批判的基础上进一步开展理性行动，在这个循环的过程中形成了自我的认同。根据存在主义现象学和存在主义心理学的观点，自我部分地被自我反思所建构，也就是说，自我被看作一个反思和知识的对象。人类存在有一种联系着他人审视我们自己的反思性质。[1] 对于其他职业的从业者而言，可以以自我的价值理念为标准展开行动，唯独从事政府行政工作的行政人员，他们的职业行动对他者承认的要求非常高。换句话说，行政职业的服务性性质确定了他者承认对于行政人员的重要性，在上述分析中，我们知道从他者承认到具体行动的过程，自我反思能让行动者理性思考他者的观点，从而转变成有效行动。对于执行者角色的行政人员而言，他们按照制度政策和上级命令遵循执行即可，至于执行对象则可以不在考虑范围之内。由于执行者和执行对象之间没有平等的协商和互动，也就不存在他者承认和自我反思的环节。对于行动者角色的行政人员而言，行动者的自我反思则是考虑行政对象感受的活动。与之相对应，执行者在行为中只会考虑上级意图和政策指令，行动者在行政行动中则需要将社会他者承认纳入考虑范围。

行动者能够自我反思就意味着他们可以对自己的行动做出调整，行政人员需要以灵活应变的能力面对不确定性因素很高的后工业化社会，执行者角色行政人员僵化的照章办事模式无法应对变化中的社会问题。对行政人员灵活行动能力的考核无法完全采用绩效评估方式，行政人员的应变能力很难用量化的指标体系来表现。客观衡量标准可以对行政人员的执行效果进行考核，可是此种考核方式却不能有效衡量行政人员的行动过程和行动结果，或者说，民众对行政行为的满意度很难在行政人员量化考核指标中得以体现。特别是直接面对民众执

---

[1] ［美］全钟燮：《公共行政的社会建构》，孙柏瑛、张纲、黎洁等译，北京大学出版社 2008 年版，第 129 页。

法的基层行政工作，在行政过程中行政人员所发挥的实践作用更重于那些数据证明。因为，在行政过程中，民众需要感知到有人情味、公正的行政人员，而不是僵化、被动、冷漠的执法者。行政人员能够灵活地处理具体社会问题，并且与当事人基本达成共识性的意见和情感诉求，即使这个行政过程可能没有与政策完全吻合，但是，行政人员这种处理问题的方式却是被服务型政府和合作治理体系所认可的。

官僚制的政府组织形式没有孕育行政人员自我反思和灵活应变能力的土壤，官僚制组织追求理性、高效的管理效果，行政人员被塑造成非人格化的技术专家。行政行为在制度所限定范围内展开，成为行政人员最为关注的问题之一，至于对公共利益的关注则被抛诸脑后。执行者角色的行政人员接受过正规的技术训练，他们的行为标准是被明文规定的，即使现实场景与制度规定有所出入，他们也会继续按照既定方案来执行。执行者角色的行政人员本身也被政府作为客观支出成本，行政人员就是维持政府机器运作的零部件，那么这些零部件的存在价值则需要进行成本和收益的核算，在这个过程中人的主观能动性本质被完全抽空，反思能力更是无从谈起。行动者角色的行政人员则与之完全不同，他们拥有独立思考的能力，除了遵循制度外能思考固化的规范。换句话说，行政人员在互动场景中可以创造部分社会秩序，而不是社会秩序完全统治了民众的行为。行动者角色行政人员的自主性是对规则的一种突破，是个体与社会系统的真正对话。其实，社会既由固定的社会系统所建构，同样也受到个体的各种主观意识所影响，社会处于这种静态和动态的张力之中。我们可以把这种行动者之间的关系称为社会关系，社会关系可以理解为两个层次，第一个层次是行动者与秩序的关系，行动者处于运动状态，期望自主性和自我思考。而秩序试图创造稳定不变的按部就班的社会运作，动态与静态之间不断影响和交融。第二个层次是行动者之间的关系，正是由于行动者之间的互动达成的共识，推进新的秩序的构建。行政人员不是没有感知能力的机器，他在执行命令时不可能完全不假思索。行政人员执行国家政治命令的同时，同样对国家的政治目的十分关心。他们是有意向性的行动者，而非机械的执行者。特别对于级别较高的行政人员而言，他们越来越频繁地参与到制订政治方案、草拟法律的决策环节中，其主观意向性的发挥也日益重要。但行政人员毕竟不是最终的决策者，行动主义的思潮给予了我们一个新的启发，服务型政府的行政人员既不是决策者也不是执行者，他们扮演了行动者的角色。

行政人员的自我反思和灵活应变能力建立在他们的自主性和独立性基础之上，或者说，这两个特征是行动者角色行政人员的基本素养。行政人员在行动中能根据实际情况灵活应变，首先他们要有灵活变动的自主活动空间。一些学者意识到政府需要赋予行政人员自主性的思路，只是尚未显性化，行政人员能够根据行政场景自主处理公务也是执行者与行动者的最大区别。行动，此观念注意到人的意向与主观意识，它提供行政行动一个描述性架构的基础。[①] 为了解释人类行动的本质，主动的观点认为人类在自己设计的规则基础上行事，而非纯粹超乎人类控制的力量所驱策，更有甚者认为人类从过去的经验和对未来经验的探索所形成的主观意识也会起着调节人类行动的作用。然而，当后工业化社会出现的新问题已经超出人们的经验范畴时，处理问题需要具备创新的能力，因此，只有具备主观创造性的行政人员才能解决好行政事务。行动者角色行政人员的第二特征就是具有合作主体的独立性。每次行政活动都有许多新的场景出现，行政人员必须保持一定的独立性。由于社会的不确定性因素与日俱增，参与合作治理的行政人员每次所面对的社会问题不可能完全一样。他需要具有独立判断社会场景的能力，即使事先对情况已经有所计划和预料，当进入某种具体的行政场景时，周围就会产生一种力量，或许是社会其他合作者的影响，也或许是本身就较为复杂的社会表象掩盖了本质问题所在。在这种情况下，行政人员必须保持独立判断的能力，辨别事务真相，行政人员才能真正发挥出政府的引导型功能。在合作共同治理的社会架构中，行政人员与其他合作治理行动者的关系既是平等的，又是能够引导社会合作参与者合理开展自治的。因为，行政人员所依托的是专业社会治理机构与政府，所以能够拥有足够的资源更加了解社会问题的实质。当然，管理型政府也拥有这项技术，但是，管理型

---

① [美] Michael M. Harmon：《公共行政的行动理论》，吴琼恩译，台北五南图书出版有限公司1993年版，第10页。

政府是根据社会现状,自行制定政策,然后行政人员再照章执行即可。服务型政府则是引导民众了解问题本质,使民众参与到政策制定的过程中,再由行政人员与行政相对者一起行动,共同开展社会治理的过程。

在合作治理体系中,社会其他组织成员都可以追求合法的自我利益,唯独行政人员在工作中必须具备彻底的"他在性"的理念。因为,在某项社会问题中,利益涉及者需要的是多方利益的博弈、对话、协商以达成公平的合作意向。行政事务相对者可以从旁观者视角理性分析该项问题,也可以代表某一特定利益群体表达意见。唯有行政人员在这种合作关系中,不能掺杂自我利益的追求,只能尽量协调所有群体表达出自己的真正意见,并引导社会行动者实现公平的合作,在这个过程中,行政人员的"他在性"尤为重要。"他在性"与"自利性"的关键性区别在于,个体考察问题的参照物不同,前者以他人利益作为行动的目标,后者以自我获利作为行动的目的。他在性是考虑自我在社会中有什么存在价值,这种思维导向下的行政人员必须理性地克制私利追求的欲望。行政人员在互动过程中考虑的不是如何从中获利,他们应试图理解和鉴赏其他合作行动者的思想和体验。行政管理者要建立一种公民意识,与公民一起投身于共同合作的行动。[①] 作为行动者的行政人员在行政实践中,不能以既定的政策法规作为自我行动的唯一指南,他们拥有能够独立进行选择与判断的能力,能够清楚地认识行政情境中的问题实质。管理型政府最棘手的问题就是对行政人员自由裁量权的管理,所面临的最大障碍是行政人员运用自由裁量权来追求私利。由于职位与岗位的固定化,使在此职位上的行政人员长期掌握权力,围绕着权力建立起了功利性的关系网。有权者和无权者因关系的连接可以超越制度规范,而以人情和面子作为连接关系的工具。无权者依靠特定关系的连接,向行政人员"寻租"引起违规行政行为。服务型政府中的行政人员则不存在这种问题,从形式上看,服务型政府的行政人员拥有合法的自主性,因为职

---

① [美]全钟燮:《公共行政的社会建构》,孙柏瑛、张纲、黎洁等译,北京大学出版社2008年版,第32页。

业性质建立了社会关系网,仿佛钱权交易更为便利。但是,从本质上而言,管理型政府的行政人员拥有对民众进行管理的执法权,执法权的执行量度由行政人员自行确定。行政人员与民众之间存在地位势差,民众在这种情况下,除了遵循政策就是向掌权的行政人员示好。服务型政府行政人员与民众都是平等的合作行动者,政府组织机构类似于任务型组织形式,每项行政事务的掌权者由拥有处理该事务专业能力的人所承担,而非由职位将掌权者固定化。所以,民众就没有向行政人员"寻租"的动机,以权谋私的行政行为丧失了生存土壤,行政人员自然就会自觉规范自我行为。总而言之,服务型政府中作为行动者的行政人员,是从合作治理的社会建构来定位具体的行政工作。为了在合作治理中获取他者的承认,行政人员不会再被动、僵化地服从上级命令,而是会选择主动、灵活的方式与合作者沟通、协商,达成共识性的社会治理方案,实现服务型政府的引导型功能。

二 行政人员的行政责任内化

解释社会治理行动需要广泛的视野和辩证的态度,这要求我们在探讨行政行动时需要同时关注客观环境和主观存在。实证主义和功能主义的政府环境中生成了行政人员的执行者角色,在这种组织生态环境里,行政人员认同组织制度、上级命令和职责规定对他们行为的支配权威。执行者角色的行政人员只需在组织内部展现出对这些制度客观设置的服从即可,即使他们是被动的形式上的履行职责,一般也会通过政府内部的各种考核。但是,行动者角色的行政人员需要与政府组织外的社会自治者展开实质性的合作治理行动,他们的行动必须真正体现出其职责所在。因为,在后工业化社会,强大的民众自治动力源兴起时,政府不再是单一的社会治理主体,社会关系进入政府与民众平等合作共治的新时期,行政人员和民众从管理者和被管理者转向双方合作者的关系,在合作关系的确立中,行政人员的职业理念就是为民众自治提供服务。双方不再是管理者和被管理者的对立面,而是共同理解和信任的合作伙伴,面对合作伙伴而不是被管理者,行政人员必须学会反思自我的行动是否得到他者认可。那么,具有这种服务意识的行政人员会在合作关系中表现出同情心、诚信等道德品质。行政人员的行动在反思与判断的过程中展开，他会思考"我的"这种行动是否能获得他者承认。拥有自我反思能力的行动者，才会有责任内化的动机。在反思过程中，行政人员不再把职责作为自我的外在附属物，行政人员自我会深入考虑，"我"对合作他者的责任是什么？"我"对自己的责任又是什么？"我的"行动对于合作和服务的他者有意义和价值吗？行政人员的这种反思的过程，其实就是他们将行政责任内化的过程。

赋予行政人员的自主性并非意味着行政人员完全自由，前述也提及了有关规范行政人员自主性的规则。行政人员接受组织和政治的约束，这些约束包括权威、权力和规则等。通过行政实践产生自我反思是沟通限制规则，因为，反思可以使行政人员把外在的职责内化，他们会心甘情愿地选择负责任的行动，而非由于制度限制的被动执行。行政人员反思能力的建构基础是合作治理体系，因为，在官僚制组织体系内，行政人员只对上级和组织负责，所以，他们的行为动机就是服从上级命令和组织规制。在社会治理的合作体系内，行政人员需要对其他合作者负责，所以，他的关注点开始转向，除了服从组织规制和上级意愿外，还要负责任地处理好行政事务。行政人员认识到，只有合情合理地处理好行政事务，才能得到其他合作行动者的认可，行政人员也才算真正完成了自我的职责和任务。这种职责和任务的存在形态不再以外在规则的客观责任形式体现，而是内化到行政人员内心的主观责任。行政人员不再以被动执行政策方针的方式来完成职责，他们为了完成该项行政任务会独立思考和其他合作者对话协商，以创新性的方式完成行政任务。在行政人员自我思考的过程中，职责就已经内化为行政人员的主观责任。

合作意识的体现就是行政人员要具备主观责任意识，如果遇到承担责任再相互推诿、不敢承担，那么行政人员就不具备合作者的基本素养。当然，行政人员不可能把工作职责作为个人责任的所有内容，他也有私人生活的存在。但是，行政人员可以建立起自己的工作成就感，当行政人员得到服务对象的真心拥护和尊重时，他就不会再把工作职责仅仅看为单纯地为了谋生而迫不得已做的工作。他们会从内心产生一种被民众所需要的责任感，他们从内心认识到自我工作的高尚性，从而使得他们不由自主地把职责内化为主观责任；把职责纳入个人责任的一部分。当行政人员在行政行动时，并不把功利计算作为其行政行动的唯一衡量标准，他们会从工作中获得乐趣，会充分发挥自己的主观能动性，按照所处行政场景和自己的能力完成行政任务。行政人员参与合作行动就要主动从其他合作行动者的立场和观点出发来思考问题，试图掌握社会问题发生的真相和原因。在这个过程中，行政人员在社会自治中服务的体现就是能够引导社会自治者开展理性的自治。当行政人员在承担个体的主观责任时，他就已经与行政对象建立了良好的伦理关系，而非简单的工具理性关系。行动者角色的行政人员是道德承担的当事人，他们发现社会治理出现问题后，就不会把错误或责任推给他人或外在的制度。

哈蒙以课责和个人责任的形式区分了传统责任与行动者角色行政人员的责任形式，他认为，在官僚制的政府里，行政人员只需要对制度和规则负责，制度使得个人的责任感完全消失了。这种现象在艾贤博的《揭开行政之恶》一书中有过深入的描述，德国纳粹人员在执行残忍的杀戮任务时，他们没有丝毫的痛心和内疚。因为，在官僚层级制中执行者已经被剥夺了基本的人性，更遑论去谈他们个人的主观责任感之所在。行政人员只要严格服从命令，他们就会认为自己已经担负起了职责。当然，这并不是指行政人员受制度规范行为的方式有误，他们利用公权追求自我无限膨胀的私欲追求时，制度是保障行政行为合法的最后一道安全阀。只是物极必反，如果犹如执行者角色的行政人员那样，所有的行为都只需对制度负责，那么，行政人员个人的主观责任感完全被剥离就会产生所谓的行政之恶。在合作治理体系中，行政人员的行动受到政府规则的约束，但是除了规则约束外，作为行动者的行政人员个体，在具体的合作治理的行政场景中，为了获取他者的承认必须重新承担起个人的主观责任。当行政人员作为行动个体，意识到自我所应履行的责任时，职责就内化为行政人员的主观责任了。

内化的行政责任会变成行政人员的一种心理常态，他们在执行行政任务时会自然而然地履行职责，而不是被迫、消极地应付职责。其实，制度治理的最高境界就是通过长时间的行为积累，让制度定义的规范行为成为人的一种心理认知的常态。唤醒行政人员个人主观责任感是引导行政人员正当、合法运用行政权力的心理源泉；是行政人员抵御各种不良诱惑的意志力来源；是行政人员内化行政职责的重要心理基础。行政人员的职责内化关键在于他们拥有自主价值判断权后，能够以"为民服务"的价值作为行政行为标准。拥有个人主观责任的行政人员的价值观是服务于众，他们在努力处理好同僚关系也是为了更好地完成行政任务，而不是为了构建私底下的利益权力交易关系。行政人员的服务理念构建与服务型政府的基本思想是一致的；反之，也只有拥有主观责任意识的行政人员才能担负起服务型政府的职责。

因为，行政人员的职责不再让其感觉是一个外在的异化物，他们为了薪酬才从形式上承担责任。当行政人员通过积极承担责任能够体会到社会民众对他的承认和肯定时，会激发出他的被需要性和自我重要性的认定。能够主动担负行政责任的行政人员就会有服务民众的行动动机，这种动机使得行政人员会努力把行政任务完成得更出色，会通过行政行为向民众展现他的服务能力。当行政人员从内心认同他的职责内容时，他们会主动反思他们与其他合作治理者的关系，他们试图让其他合作治理者认可他们的能力。与此同时，他们也诠释了他们的责任并建构了有意义的他者（如组织成员、民众）相关行动的意义。行政人员的职责内化意味着行政行为的标准改变了，行政人员不再单纯依靠理性的法规执法，这里不是排除行政人员个体的理性职业行动标准。行政人员也不可能完全根据自我的感性认知来开展行政行动，因为，人不可能凭借一己之力就认为自我的感性决策能够完全客观和公正。行政人员的行动是依靠多方对话，做出最终决策，行政人员可以提供这个对话的技术支持和平台。行政人员的自主性恢复后，他不再需要价值"祛魅"，但也并非仅仅依靠他的个人道德修养作为价值标准，应该有专属行政人员的道德来规范他的价值观念。

总之，在与社会治理者的互动与协商过程中，行政人员最能得到他者承认并拥护的行动就是负责任的行动。责任的根基在于道德，只有拥有道德感的行政人员才能真正感受到主观责任的存在。行政人员积极、道德的行政行为是获取民众认可的唯一途径，拥有自律性人格的行政人员会以"善"为标准展开行政行动。当行政人员以服务的姿态、道德的行为面向社会治理过程中的相关者时，民众对行政人员形成了特有的情感依赖和尊重的情感，政府与社会之间融洽的合作也就自然而然地建构起来了。随着民众治理力量的兴起和社会虚拟性和个性化因素的增长，政府与民众合作共治的社会形态已经呈现。合作双方的组成人员是良性合作能否实现的关键，只有道德作为合作中价值判断的主要依据，合作关系才能有条不紊地进行。行政人员管理制度道德化的设计呼之欲出，因为，在这种制度引导下塑造的行政人员自然会选择道德作为价值判断的依据，他们积极主动配合民众对社会进行治理，这才能从实质上适应时代的需要、适应社会关系转型的需要。

三 "行动者"角色行政人员的道德感

人类除了"经济人"特性外，还存在多方面的特征，只是工业社会把人的"经济人"特征放大化了，使人的理性特征掩盖了其他特征。但是"掩盖"不等于不存在，张康之就论述过人有三重存在，物理存在、精神存在和道德存在，人的存在是"三位一体"的。人的第一层存在形式是物理存在，也就是人在生理上的基本生存形式。这层存在是人类的最原始的存在形式，可以以原子化个体来描述物理形式的存在。属于人类物理存在的自然属性，是人类的自然特征。人类的第二层存在就是心理学层面的精神存在，即人所经历的心理活动、信念等内容，具体可以包括人的感情因素、情绪波动以及思想等内容。这两层存在并非人所特有，动物也有这些存在，只是人类的这两层存在形态较为高级而已。人除了这两层存在外，还有作为人的最为实质性的第三层存在，也就是道德存在。人之所以成为一个矛盾和复杂的统一体，就是因为人的三重存在是相互对立的，人的物质、精神和道德的诉求不能全部实现，但是人又要将其有机统一起来。因为，人只有将这些对立的倾向和冲动协调起来，才能成为完整的人。所以，在人性假设上，自利不是唯一的标准，人既有善的一面，也有恶的一面。行政人员自然也不例外，除了追求私利外，也有道德本性的存在。公共行政一直以来承受着身份危机与合法性危机的一个重要原因就是对行政人员纯粹自利性的人性假设，基于工具理性的机械化处理。官僚制的价值"祛魅"就是为了规避行政人员功利主义的价值取向，行政人员职业道德的建立的制度设计却一直缺位。其实，只要行政人员选择了公务人员的职业，就决定了其在公共领域内就不能只展现出"经济人"的特征。特别是在政府模式转型的特殊时期，行政人员角色也随之发生了巨大的变迁，新的政府模式对行政人员的道德要求程度更高。因为，从统治型政府中统治者的身份等级制，到管理型政府中执行者的职位等级制，再到服务型政府中行动者的合作治理体系。新的政府模式与社会建构赋予了行政人员新的角色，行动者与执行者最大的区别就是自主性，行政人员拥有自主性的前提就是他们道德存在的发挥。

公共行政中发展价值理论为公共行政提供一个架构，以理性或自我反省的方式评估行政体制或实践的规范性意涵，因此非但没有使公共行政免除了对价值理论的需求，这一领域在实践上的承诺反而突出了对价值理论的需要。[1] 行政人员在执行政策的具体行动过程中，不能只以政策为行动标准，应该根据实际的行政场景，对政策内容进行灵活性的考虑。那么在行政人员对政策进行反思之时，就已经注入了行政人员个人的价值观。行政人员与社会治理过程中的相关者对话和合作时，他们面对的是形形色色多样化的行政对象，行政人员不可能以同一规范来对待所有合作对象。但是，当伦理道德是行政人员行动的基本标准时，符合道德的行政行动就能取得合作者的理解与支持，从而实现良好的合作治理。具体而言，在合作治理的体系里，行政人员与社会自治者结成了特殊的合作关系。社会治理过程中的相关者参与合作治理是为了争取特定群体利益最大化，所以他们之间是一种博弈关系。在这个合作体系中，行政人员是唯一不能以自我利益追求为合作目的的群体，他们的存在是为了以一种客观、道德、理性的态度来协调和引导其他行动者的合作治理能良性运转。但是，行政人员不再是拥有决定权的裁判，他们要以平等、理性的态度看待相关利益群体之间的对话和讨论，以达成社会治理的共识。需要注意的是，这种客观中立态度不同于官僚制的"价值中立"。官僚制的"价值中立"

---

[1] ［美］Michael M. Harmon：《公共行政的行动理论》，吴琼恩译，台北五南图书出版有限公司1993年版，第35页。

是指行政人员在工作中，面对行政对象没有任何价值观，只需要按照制度执行政策即可。在合作体系中行政人员的客观中立态度是指他们在参与社会组织的对话和协商时，对待所有的合作群体都要有不偏不倚的公正态度。行政人员在合作体系里的存在价值就是为了实现公共利益的最大化，与社会行动者商讨出最佳共识性行政实践方案。

行政人员为了能够更好地合作，就必须取得其他合作者的信任。当不信任程度高时，合作的功能运行就随之瓦解。行政人员试图博得其他合作者的信任，就会在与他们进行互动、沟通、交谈和协商时，考虑他者的感受，以公平客观的态度衡量各方利益，以保证最终实施方案的公正性。行政人员在行政过程中的公正态度要建立在他的主观责任基础之上，只有拥有道德感的人才会具有主观责任，或者说，才能将职责内化为自己的主观责任来认知。管理型政府对行政人员也是有道德要求的，但是，由于整个官僚制就建立在"经济人"的人性假设基点之上，在这种制度之下要求行政人员作为个体提升道德修养就会流于形式。因此，我们看到整个官僚制对行政人员的管理都陷入技术主义的追求中，行政人员把完成绩效指标作为工作的终极目标，实现公共利益的目标却迷失了。也就是说，技术可以用来解决问题也可以用来制造问题，关键要看"道德的他者"是否在场。

功利主义并非人类社会行动的唯一衡量标准，行政人员的道德属性完全可能通过制度安排被激发出来，不能只寄希望于个体修养的单一方式，通过制度规范重塑行政人员职业道德也是重要的方式。人们所要关注的行政人员应当是完整的人，人本质上是积极主动而非消极被动的，是社会性的而非原子论的个体化。人在决定行动时具有某种程度上的自主性，同时也会受限于社会环境。对于行政人员而言，他们既不可能成为马克斯·韦伯设计的价值中立的执行者，也不可能完全取代政治成为决策者，更不可能成为单一的"经济人"或"道德圣人"，他们只是承担了行政职业的人，行政职业的特质决定了他们必须为了公共利益开展行动。如果考虑到公共行政的人是现实开展行动的人，那么，对于这样的行动者而言，虽然属于这个人群中的人是有着自利追求的，但是，他在职业行动中就不可能让自己的行为完全无限度地从属于自利追求。总之，行政人员扮演行动者角色就是为了通过合作来实现社会善治的目的，执行者角色行政人员则无法承担合作治理的重任。服务型政府中行政人员的道德感与普通民众的道德感会有所区别，他们的道德水准不仅仅是为了提升自我修养，而是为了获取他者承认。因为，对服务型政府的开放性赋予了合作者对行政人员能力考察的权力，政府内部与社会合作者共同界定行政人员的能力。在合作体系里，行政人员的感情因素以一种道德价值观的形式出场，但最终需要理性的主导。

总之，由于行政人员职业完全从属于公共领域，因此，该职业的从业者需要具备较高的道德修养。或者说，道德是赋予行政人员自主性的前提，他们在参与合作治理的过程中，同一性的规制不可能具体到行政人员个体的每个行动环节，行政人员行动的基本标准尺度就是道德规范。行政人员在合作治理体系的功效是引导民众开展良性自治，而不是单纯地提高个体的道德修养，所以，行政人员的道德感并不止包括普适性的社会道德规范，中国历史上积淀出清廉、谨慎、勤劳的为官忠告，时至今日，也是需要引起我们高度重视的。对于行动者角色的行政人员而言，主要的道德感可以包括以下内容，如信任、互依、善良、公正、公平、正义，健康和健全的理性，其道德感的终极形式就是良心。因为，当行政人员与社会的行动者处于平等地位时，合作能否最终实现的关键因素就是双方的良心，或者说，只有具备良心的人才可能有责任感，只有能够担负起责任的人才可能考虑到"他者"的存在，合作而非博弈的本质区别就是前者能考虑到"他者"，而后者只有"自我"的存在。从这个角度而言，正是行政人员的良心才给合作治理的实现提供了必备的条件；反之，也只有在平等合作的空间中才给道德提供了生存土壤。也就是说，在合作体系里的他者承认是处于真挚的态度而非功利主义的违心奉承，行政人员的权力不会再让民众艳羡和恭维，只有他们具有道德感的服务行动才能获得社会治理过程中相关者的承认。

四 行政人员的自律性人格

对行政人员行为规范源于两种不同的理论范式，第一种是行为主义，即与动物的行为作类比来看待人的行动，通过刺激—反应机制来说明并预测人的行为。在行为主义理论框架下,对行政行为的规范方式是通过这样一套逻辑展开的：先对社会发展趋向作预测,再提前确定政府计划,继而通过责任化的形式落实到具体每个行政人员来承担,最后,通过绩效考核的刺激促使行政人员履行职责。也就是说,通过他律的制度形式规范行政行为,显然,通过秩序规范行政行为是20世纪以来最主要的行政行为规范方式。但是在这种行为规范模式中,自由裁量权行使的问题显然被悬置起来,因为,在工业社会里可确定性因素较多,政府的工作计划较为明晰,政府工作人员行为的范围基本都已经被包括在制度规范之内,少量的自由裁量权可以忽略不计。

第二种行为规范途径则是自我控制性的行为规范,而这种模式由于难以量化考核,导致实施困难,一直被人们所忽视。但是随着人类社会进入后工业化进程,复杂性和不确定性因素的增多,政府对社会趋势的预测总是显得滞后和不准确,从而导致行政人员面对具体工作时,政策的可调控空间较大,意味着行政人员的自主性空间也较大。在这种背景之下,行政人员的自由裁量权边界日益拓宽,制度控制行为的范围就越来越窄。而自我控制方式则是控制自由裁量权行使方向、发挥权力公共性的主要手段。人格作为"自我"的一个主要载体,故此处从"自我"的视角出发,以人格作为分析的切入口,探讨行政行为自我控制的实现途径。

从两个层面对自律性人格给予解读,自律的第一层含义来自个体层面,就是行政人员作为一般社会人,自我心理对行政行为的约束,如良心谴责、内疚自责等自我感受,这种认知归属于普遍性的个体道德修养范畴。第二层是指由行政职业塑造的行政人格,即由于行政职业要求而必须具备的特殊品质,此处,对自律性行政人格的定位建立在个体的基础上,但是更偏重于职业的特殊性要求赋予自律性行政人格内涵。

由于"经济人"的理论假设在工业社会大行其道,公共领域也完全接受并承认了这种观点,为了避免行政人员以经济人导向行使公共权力。便提出了价值中立观点,设计出行政人员的工具理性人格。结果是行政人员作为人是一个完整的整体,他们不可能通过制度规范就完全摒弃经济人追求。因为,他们一直生存的社会环境中,追求个人利益本身就是合法性的观点,不可能由于进入政府工作观点就会发生颠覆性的转变,他们只能把这种私利追求巧妙地隐藏起来。所以,行政人员不可能生成单纯的工具理性人格,最终形成了混合性人格。

行政人员在私人领域追求个人权利最大化是合法甚至受到鼓励的,可是一旦这种认识带入公共领域,作为公共管理主体在公共领域范畴为追求私利不择手段,必然会引发违规行政行为。公共领域是属于社会中一个最为特殊的领域,也唯有这个领域是不能完全把个人权利追求带入职业之中的。也正是这个职业对从业人员的自律性要求是最高标准的,只有行政人员能够充分认识和区分好公共领域与私人领域的本质不同,认识到个体权利追求是必须需要在公共领域摒弃的,才能形成真正的自律性人格。这样,就不会因为在公共领域不能追求权利而产生矛盾,就会统一辩证地认识问题。那么人的自我界定清楚了,就自然成为一个完整的人,而不是分裂矛盾的认识。

所以,自律性人格是职责界定的"客我"与自我心理认知"主我"统一的桥梁,也就是在"自我"个体层面上对职业责任认同,这种"认同"会以自律性人格的构建而呈现出来。当"主我"价值观理念能对客观责任产生认同,也就实现了"主我"与"客我"的统一,这种统一形态的外在表现就是自律性人格。自律性人格的重塑也就实现了米德所言的人的自我控制和自省。自省是米德经常使用而未加定义的一个术语,社会心理学家用它来指称个人的反思能力——反思他们自己的环境,反思他们自己的(想象的、可能的或现实的)行动的意义与结果,反思他们关于他们自己的信念,反思他们关于其信念的信念。对于行政人员而言,就是指行政人员深入认知其所处职位、岗位的责任义务,当他们把外在的职业责任义务内化为自我责任义务时,具备这种意识的行政人员不再是被动地执行公务,而是创造性地出色完成行政任务。

随着社会不确定性因素的增多,行政人员自由裁量权的范围越来越大。行政行为的规范机制也随之变得越来越细化和明确,对失范行政行为的惩戒措施也更加严厉,虽然取得了一定的成效,但结果却终究不尽如人意。那是因为,无论多么详尽的制度都不可能完全规范个体的所有行动,人是拥有自我意识性的动物,而不可能完全被动执行制度。如果行政人员从心理上能够感受到自由裁量权背后所赋予的信任,那么自主权就会发挥巨大的创造性效应。也就是说,恢复行政人员作为人的完整性本质,赋予了他们道德支持的自律性价值判断观,让他们主动地客观理性判断自我发展走向,在行政行为中有原动力以积极完成行政任务,只有塑造出这样的行政人员群体,才能从根源上杜绝行政行为失范。而通过重塑行政人员人格的道德自主性来规范行政行为,就是出于"社会人"的理论假设,人是复杂的社会动物,他会根据所处环境的不同选择不同的行为模式。

自律的背后是责任的体现,还原行政人员价值观,激发出他们的"善",这个"善"就是道德价值,用道德来判断行政行为形成自律意识,使他们慎独地面对行政任务。自律是恢复行政人员作为人的整体性本质,摒弃混合性特质为他们带来的人格分裂,自律性人格的行政人员不再把职责当作外在约束行政行为的强加框架,而是把职责内化为自我生命的一部分,从内心主动担负起职责所在。自律性人格的行政人员实现自我私利最大化会采用理性路径,而不是在法规的掩护下,以一种不正当方式获取自我最大利益,他们自我认知到,自己利益的实现就是获得民众对其服务能力的承认,才能心安理得地获得自我利益。自律性人格的行政人员具有职业的使命感,为了实现这种工作成就感自然会自我规范行政行为。

而自律性人格的行政人员是建立在对自我有着理性清晰定位的基础之上,他们主动选择与民众合作共同完成行政任务,清楚行政人员一切自我利益的获得都取决于行政客体民众的给予,行政人员不再被价值"祛魅",恢复价值判断的行政人员需要独立思考他们的工作职责和合法利益获取路径。相应地,民众对行政人员不再是"父母官"角色的仰望心态,也不是全权由行政人员做主、民众被动遵循的心理认知。而是认识到行政人员是一个理性、有力量独立合作者的形象,民众自我也是社会治理的重要因子,行政人员不是"掌舵者"角色,而是扮演"引导者"角色,行政人员与民众共同合作达到社会优良治理的目标。

第三节　行政人员行动者角色的塑造路径

一　行政人员的德制构建

亚里士多德说："世上一切学问（知识）和技术，其终极（目的）各有一善；政治学术本来是一切学术中最重要的学术，其终极（目的）正是为大家所最重视的善德，也就是人间的至善。"[①] 由此可见，社会秩序里势必要包含道德的理念。其实，道德与社会规则本身是同一事物的正反两面，一面是道德通过公平和正义的社会规则得以弘扬；另一面既是道德又是公平和正义的社会规则得以出现的前提条件。社会秩序是一个较为宏观的概念，它包括了所有的管理社会的各方面规章制度。那么，在此处具体而言，行政人员管理制度的设计也应该以道德为出发点，我们简称为德制。从社会秩序层次而言，当社会规则失去了道德支持，当社会制度排斥了道德，社会就会很快失去道德基准，无论法律多么的严明、法治多么的严厉，整个社会总会陷入混乱的秩序之中。从政府内部制度安排来说，一旦行政人员管理制度里的道德因子严重匮乏，那么政府中行政人员的乱作为、不作为就会出现。

道德建设是一个历久弥新的话题，从农业社会掌权者对社会统治之始，就对官吏的道德进行了严明规范，迄今为止，通过个人美德修养的方式仍是行政人员道德获取的主要路径。从传统文化汲取道德精华再进行诲人不倦的教育、培训以提升行政人员道德水平，修身、齐家、平天下依旧是今日行政人员从政的心理旨趣。不可否认优秀的传统道德思想为工具型的行政人员增添了一抹人性关怀的亮色，但是农业社会的个人美德建设方式已经不能满足高度不确定性后工业化社会对道德的迫切需求。因为，农业社会是统治者为了维护其权力而进行社会统治的时期，朝廷治理本质就是为了保护统治者的权力和利益，为此目的，统治者根据权力地位制定了身份等级秩序的官吏制度。从西周的"世卿世禄"，到秦代的"军工爵制"，到两汉的"察举征辟

[①] ［古希腊］亚里士多德：《政治学》，吴寿彭译，商务印书馆2013年版，第148页。

第六章　行政人员行动者角色的形塑　259

制",再到隋唐的"科举制",都体现着统治阶级的身份等级制。等级社会的官吏是为了维护少数统治者的利益而存在,因此,官吏制度的核心理念是向统治阶层表示忠诚,大向国家表忠诚,小向家族利益示忠诚,其实由于"家国天下"的理念存在,国家就是统治者的"家",归根结底还是为了维护统治者的权力和利益。这个时期在我国历史上延续了几千年,在帝王、官吏的权力统治下,任何外在的权力监督力量都是有身份限制性的(如刑不上大夫),在权力高压状态下,只有寄希望于统治者的自我道德修养提高以减弱权力对民众的剥削和欺压。为此,农业社会构建了全方位的官吏道德要求。在我国,有孔子的"其身正,不令而行;其身不正,虽令不从"。对官吏提出了道德水平的要求,认为统治者一定是德高望重、身体力行的"君子",这样,为政者起表率作用,就会上行下效,自然就会政通人和、国家得治。而老子看到惨不忍睹的民不聊生社会,向统治者提出了"无为而治"的道德要求,统治官吏少点残忍剥削,能够让百姓修身养性就是"无为",这种"无为"就是最优"治理"了。

在西方,柏拉图的《理想国》（Republic）就绘制了这样一个理想的世界。在此指涉的不是柏拉图生活于其中的世界,而仅仅是他所虚构的那个世界。应记住,我们所说的是这样一个国家,在那里,有着三种阶级的明确划分和四种核心的德行。可以看到,中、西方在农业社会对官吏美德建设的本质是民众面对统治者强势权力欺压时所发出的卑微而软弱无力的请求,可无情的历史告诉我们,这种通过官吏个人美德修养以约束权力的想法,基本就是民众对统治者的奢望而已,能够成为"君子"的统治官吏在悠悠千年历史中可谓屈指可数。目前,行政人员道德的建设路径除了依靠自我修行外,政府大多就通过各种类型的教育和培训的方式提升行政人员的道德水平,教育的作用是十分有限的,专业知识和技能可以通过教育来获取,但是人的价值观念是很难通过耳提面命有所改变的,因此,通过教育来提升行政人员道德水平的方式收效甚微。由于道德理念较为抽象很难做成标准化的量化绩效考核指标,制度化的道德考核流于形式。究其深因,"德"的本质是人的内在属性的存在形式,依靠一切从属于外在规则的管理方式来提升行政人员的道德水平,本身就有悖道德本质属性的特征。

按照道德的实质，激发人的道德内在性存在才能实现道德建设。但是仅依靠政府内部对行政人员开展道德培训以激发他们的道德存在，这显然是一种理想状态，因为行政人员的角色冲突问题是不能放在政府内部自行消解的。如行政人员在家庭生活中的责任承担与职业领域中的公共性承担相互矛盾时，简单而又流于形式的道德教育是难以让行政人员在其中做出正确抉择的。只有将行政人员放置到合作治理体系中，他者承认能让行政人员自我内心深处生成荣誉感，从而促使他们主动选择道德行为，重构行动人员的道德感。库珀曾针对这个问题提出的解决方式就很有借鉴意义，如伦理法规对伦理立法的超越，其实他的思想里已经蕴含了德制的影子，只是尚未明确化而已。故应该在行政人员行动之初就设置德制，以营造出政府道德的内部气候，通过规范性取向来加深行政人员对道德的认识，从而实现行政人员的道德感建设。强调行政人员个体的道德修养没有错，只是不能单纯地依靠个体的力量，不能不切实际地把行政人员架上道德的神坛，政府需要利用制度的力量来重塑具有道德感的行政人员。也就是说，德制不单纯是个体道德的发生过程就能够达到的结果，而是在整体道德的发生过程中实现的。只有构建完善的行政人员道德生成机制，再以个体道德修养方式为辅助，才能真正赋予行政人员行动以道德内涵。如果我们能够建立起一种行政人员道德制度，它将是对法律路径、技术路径和教育路径的全面超越，也是这些路径的共同归宿。[①] 所以，从理论和现实的双重意义上讲，只有建立了道德导向的行政人员制度，行政人员才能摆正自我的服务角色定位，具有服务意识的行政人员在实践中体现出他的道德存在一面。行政人员制度的设定就是为了激发出他们人性中道德的一面，而尽量屏蔽人性恶的一面，这就是行政人员德制思想的本义。

首先，需要突出制度中道德的内容，即在行政改革过程中，在制度设计、体制转型和政府再造的过程中，应充分地考虑把道德价值的因素吸纳其中，使制度包含着道德化的内容，为行政人员的道德意识

[①] 张康之：《促进政府工作人员廉洁的有效路径》，《人民论坛》2010年第4期。

的成长提供充分的空间。构建完善的道德制度体系，把日常生活的温馨人情用于行政人员的合作治理过程中，行政人员能够人性化地面对行政相对者，而不是冷漠、粗鲁地执法。如被管理者转变为被服务者，服务对象为行政人员评分，加强服务者和被服务者的双向互动以增添双方的了解，建立行政人员与服务对象的良性合作关系，由此，道德制度比灌输生硬的道德理念更能有效增强行政人员的道德感。因为，在个人美德修养的路径中行政人员是否具备道德感，是很难做出具体判断的，违反道德行为不易被发现，即使被发现了也没有依据来对此行为进行相关处理甚至惩罚，行政人员的行为约束完全靠自我的内心信念，道德制度中行政人员的道德理念则具有了考核性，考核的主体就是合作治理体系中的"他者"。

其次，要加强行政人员的道德素质培养，在行政人员的选拔、使用、晋升等各个环节上都引进道德评价的手段，建立起一整套行政道德评价体系，以求通过若干年的努力，使行政人员的总体道德素质实现全面提升。把法制建设与道德建设有机地结合起来，通过行政法制来促进行政道德的生成，同时，让行政道德促进法制的完善。如某些地区目前实行的社会服务承诺制，就把行政人员的道德意识转化为具有可操作性的制度，通过引进民众的外在监督形式，把对行政人员的道德考察转变为一整套完善的制度。具体而言，就是指将道德因子加入行政人员的考核制度中，使其具有可操作性。新型考核制度需要转变制度设计理念，这种融入道德内涵的考核制度建立在行政人员道德存在的人性假设基础上。对行政人员的考核不再局限于对效率的考察上，而是让民众参与对其服务过程的考察，把对行政人员的人性化服务方式列入考核范围，扩大行政人员的绩效考核的主体范围。在现实中，我们看到政府设定了许多量化的行政任务考核指标，可是，随着指标越来越细化，考核却日渐沦为形式上对量化数据的高新技术追寻。因此，考核的依据要转变，作为服务对象的民众需要被赋予直接评价行政人员能力的权力。也就是说，除了政绩量化考核外，要让公众意见理性化地参与到对行政人员的评价中，行政人员的服务能力体现只有服务对象才是最了解的，而不局限于形式上的政绩考核。

通过科学方法来对行政人员的道德感进行考核，打破单一的量化指标考核方式，引入行政人员质化的考核体系。如设计社会服务承诺制，把行政人员的服务能力直接与服务的民众相联系，通过一系列监督、评价和制约机制保障其实施，民众对为自己服务的行政人员的了解是非常清晰和深入的，当民众对行政人员的质化评判成为一项规范性操作时，行政人员的服务民众能力就能建立起来。在简政放权的背景下，政府更多的是提供服务，因此对行政人员考核更多应该集中在服务指标上。但是服务如何评价，不是让上级领导来评价，而是让公共服务的受众来评价。如行政人员在环保、医疗、教育等方面的表现，大家都可以看到、感受到，不需要量化，就可以通过人大、政协等体制内已有的力量，对官员进行评估和投票，这个力量就可以矫正量化考核机制的缺陷，自下而上的考核和监督机制变得很重要。通过德制来形成一种新的政府内部组织气候，关键在于恢复行政人员自主价值判断观后，他们能够以"为民服务"的价值抉择行政行为。也只有在这种道德化的制度影响下，行政人员才会逐渐转变行动标准，把为社会提供优质服务的目的作为行动动机，他们以符合服务本质为目的来选择行政方式。

二 培育行政人员服务理念的规范性取向

以制度规范社会行为是通过两个步骤来实现的，第一步是较为明显的行为规范作用，就是照章办事式行为约束功能，或者说，是一种强硬的震慑模式以约束违规行为。第二步是发挥制度对社会行为的引领作用，这需要制度的长效性和连贯性。社会长期存在于统一的制度文化下，人们不再是被动守纪，而是能够充分发挥人的主观能动性，从内心理解这种制度背后的意图。即使不再有制度约束，自我潜意识也会遵循这种行为，也就是将一种行为模式固化。《墨子·所染》记载一段故事，子墨子言见染丝者而叹曰："染于苍则苍，染于黄则黄。所入者变，其色亦变；五入必而已，则为无色矣。故染不可不慎也！"墨子这段话就意指个体的生活环境，对个人品性养成有着至关重要的作用。政府内部会形成特定的价值观念，我们把这种行政人员之间颇为认同的价值理念称为规范性取向，也就是组织气候。

规范行为的两个步骤通过两种方式得以实现，即他律和自律。他律就是通过制度的理性要求实现行为约束的目的，自律就是按照自己的已有道德观规范自己的行为。只要是"律"就仍然蕴含着外在约束的意思，就是说人们在做出行为选择时，仍然是经过了提前的考虑和利益衡量，而不是潜意识中毫不犹豫就产生的行为。如果，当人的道德认知与制度理性能够一致时，人们就会自然而然地根据道德存在做出行动选择，就已经突破了"自律"或"他律"的理解阈限。在公共管理者德性生成的过程中存在着自我选择，但这种自我选择是与公共管理这一职业的选择相一致的。[①] 规范性取向的构建是从属于一种软性的潜移默化式的约束行为方式，它需要硬性制度的支撑，却又是一种难以明文规定却对人们行为影响深远的社会风气。因此，从规范性取向的性质而言，它是超越"律"的外在本质的一种强有力的行为规范模式。达尔认为，在具有广泛政治共识的多元、民主政治系统中，根植于合法性、法治以及政治性传统的信念和习惯缩小了社会认同策略的范围，而这些信念和传统又通过大量形成对政治准则认可和遵守的社会过程得以持续强化。如果在社会中形成了这种公认的观念，那么违背这种观念的人都会为自己招来很大的风险。因为，在统一的文化氛围内，行为越轨者所付出的代价肯定比越轨者所获取的收益要多。一般而言，行政人员所采取的行动会尽量限制在内部知情者同僚的可接受范围内，而且在某种意义上力求使他们的行动符合同一集体其他成员认为可取的模式。可见，无论中西方都意识到规范性取向对人们行为影响的重要性，因此，通过发挥德制的引导作用，形成行政人员的规范性取向，是建构行政人员对自我行动者角色认知的关键步骤。

随着制度导向的转变，对行政人员的控制导向转为激发出行政人员的"善"，政府内部氛围也会悄然为之转向。目前政府对行政人员管理的体系是建立在控制导向上，政府要求行政人员只需具备照章办事的执行能力即可，不需要拥有自己独立的价值判断观。政府采用先进技术制定科学标准对行政人员进行考核，实现行为控制，可是实践证明，再严明的制度体系也无法规范到行政行为的每一个角落，行政

[①] 张康之：《公共管理伦理学》，中国人民大学出版社2003年版，第259页。

人员的主观认知在行政行为的最终落实中还是发挥了巨大作用。况且，行政人员还拥有一部分自由裁量权，政策执行效果可以量化考核，行政人员行使自由裁量权所做出决策的优劣性则超出了行政人员制度的考核范围。因此，通过制度设计，激发出行政人员人性中的善良一面，当行政人员用道德标准作为行政行为依据时，公共管理体系的服务价值理念就会与行政人员融为一体，行政人员会自觉规范自我行政行为。

其实，在公共行政实践的领域，通过营造良好组织气候形成行政人员新的规范性取向的方式已经有所呈现。一个良好的政府工作环境对于重塑行政人员行为的意义重大，就是所谓的"习与性成者，习成而性与成也"。组织环境氛围是一个软环境，却发挥着巨大的行为约束功效。如果长期处于一个贪腐的环境，即使个人道德修养再高的行政人员也会逐渐染上腐败的恶习。由此可见，行政环境的重要性，即使行政人员个体的自我控制能力再强，拥有坚定的理想和信仰，但是面对无影无踪的组织氛围影响，依然会出现"温水煮青蛙"的效应，让行政人员在不知不觉中丧失了人格的底线。反之，充满正义的组织气候也能重塑行政人员正确的规范性取向，如果组织中营造出有道德和负责任的人就能够受到同僚认可和敬仰的氛围，行政人员在潜移默化中也会逐渐提升自我的素养。由于行政人员与社会行动者的合作，这种道德的生活方式和理念也会影响其他合作者，甚至影响到社会风气。全钟燮对此认识到，社会设计途径包含了对相关行动者价值观的高度重视和鉴赏，关注的方式是聚焦于对组织和社会关系（和行动环境）的解释、理解、共享和学习，采取前瞻性的态度看待冲突化解、问题解决和变化设置。[①] 如行政人员通过推动会议和论坛，让参与社会治理的行动者表达其价值观，这样能够取得一致，也以争论的形式发现不一致的观点，但是会实现真正合作的目标。并且，通过行政人员的行为方式，把正义、公平的政府风气传递给社会，社会反过来推动合作治理的公正实现。

---

① ［美］全钟燮：《公共行政的社会建构》，孙柏瑛、张纲、黎洁等译，北京大学出版社2008年版，第74页。

马克思认为："人的本质不是单个人所固有的抽象物，在其现实性上，它是一切社会关系的总和。"可见组织气候对行政行为的约束作用，而行政高层将会成为建构良好组织气候的中坚力量，"上有所率，下有所进；上有所行，下有所仿"，行政高层行为导向的影响效果深远，通过高层行政人员的行为表率，自上而下地在政府内建构起"服务民众能力决定论"的规范性取向。即高层领导的一言一行都是导向，如果行政高层自身表现出"民众服务者光荣"的姿态，政府内部就会逐渐形成这种规范性取向。而目前我国政府的组织气候却呈现出一种病态状态，市场经济的发展使得利己主义与个人主义盛行，政治领域内民主政治和平等观念受到了强烈的冲击。在这种价值多元主义和道德相对主义的组织氛围内，错位的行政行为不但不再接受行政人员群体的共同审判，有时，以权谋私的行为甚至会收到艳羡的目光，这种组织气候导向致使严明的行政行为规范纪律落入形式主义的窠臼。当行政人员有着与职业伦理违背的想法却与政府氛围格格不入时；当行政人员对金钱的无休止追逐受到身边同僚唾弃时；当他们的奢靡腐败生活不再让身边人艳羡，而是自我都感觉羞愧时，便在政府中形成了"民众服务价值观念"规范性取向。对于行政人员而言，个体对现实的思想认知、价值观及政策的领悟程度到本然的社会现象之间的关系，决定了行政人员的最终价值观念的形成。在制度的引导下塑造政府内部正义、公平、敢于承担责任的组织气候，才能从根本上塑造行政人员的行动者角色，使行政人员成长为拥有主观责任和道德感的完整的人。

三 构建良性的行政生态

生态是指生物的生活状态，生物与它所处环境之间存在着环环相扣的关系，以此类推，行政生态是行动者角色行政人员的生存环境。完整的行政生态是行政人员从执行者角色向行动者角色转型的必备条件，行政人员只有在新的行政生态环境下才能生成行动者角色的自我认同，扬弃执行者角色的固有观念，行政人员才能真正担负起服务型政府的引导型职能，他们才能与社会自治者展开良性合作实现善治的终极目标。行政人员把他所需承担的职责不再当成一种外在负担，而内化为他的使命，并从民众对行政行动的承认中寻求到成就感和荣誉感，这就是行政人员新的自我认同观念。通过长期德制的实施以形成组织气候，养成行政人员道德支持的个人责任意识，从而重塑行政人员的自我认同。行政人员从内心深处达成新的自我认同理念，才意味着行政人员从执行者向行动者角色转型成功。对于服务型政府而言，服务既是政府的角色定位与职能导向，也是其个体官员的行为取向。我们只有运用批判性的反思视角全面审视官僚制的组织形式，重新构建网络虚拟政府组织形式中制度、规则、文化的具体方面，形成崭新的行政生态，才能重塑属于服务型政府的行动者角色的行政人员。

从理论上而言，管理型政府对行政人员的关注集中在职位、岗位的数量上，进而确定执行者的数量。服务型政府则是注重行政人员作为行动者的行动质量如何体现，而不把注意力单纯地放在数量控制层面。也就是说，如果一个合作共同体里需要更多的行政人员，并且这些行政人员也具备良好的合作能力，那么行政人员数量就可以多多益善。反之亦然，倘若某项行政事务不需要行政人员的参与，那么就没必要设置职位，也不需要行政人员。这是一个从量的认知到质的认知的转变层面，我们不能将对政府的思考仅仅局限在对规模范围考虑的层次上，因此，政府机构的状况不是改革的重心，而是政府中行政人员本质的重塑，这就是行动者概念提出的必要性。发挥行政人员的道德作用，仅依靠道德教育是难以达成效果的。需要配备完善的配套制度支持，制度需要一系列运行机制、体制等完整模式的支持，这个模式就是服务型政府。服务型政府是成就道德化行政人员的政府模式，行动者角色的行政人员又是实现服务型政府的核心力量，这就是两者相辅相成的关系写照。

在私人领域生活范畴中，追寻私人利益的个体主义是可取的，但是，在公共领域则需要的是整体主义的价值取向。政府是公共领域的主要组成部分，由于行政人员所处公共领域，因而政府的公共性特征也赋予了行政职业以特殊性。具体而言，公共领域是一个特殊的领域，公共领域中的道德前提恰恰是从业于公共行政的个人对其权利的转让，即让个人权利服从公共权力的要求，行政人员对其作为个人的权利的放弃，恰恰是他能够掌握和行使公共权力的前提。① 只要行政人员在公共领域范畴内仍然保留着权利意识，就意味着他们有运用公共权力谋取私利的行为动机。工业社会对人性假设前提就是"经济人"，但是这种假设是存在应用范围的，并非在社会任何领域都可以对人性做此假设。最典型的就是从属于公共领域的政府工作人员，就不能完全用"经济人"的假设来考察。一旦行政人员没有区分清楚公私领域，认为无论什么情况下追求个人权利都是合法的，那么当他成为掌权者时，他常常有可能自觉或不自觉地借助于这种公共力量去侵害他人的权利和扩展自己的权利。因此，在服务型政府里，对行政人员的人性假设要彻底摒弃权利意识的干扰，用服务性的本质取代权利意识的特征。

马克思对服务这样定位，服务的理念不是政府特有，对于追求私利最大化的企业就经常提及服务观念。如我们每天所接触的各种形形色色的企业广告，都在宣传他们所能提供的无微不至的服务。但是，企业与政府的服务本质却是不同的，企业为了追求私利最大化而提供较好的服务，政府则是为了实现公共利益而提供公共服务。对于行政人员的服务而言，意味着他能意识到社会作为合作治理体系的主体，民众是他服务的对象而不是他的管理对象。行政人员要主动放弃固有的控制性思维模式，形成与民众合作治理的新的认识理念，行政人员的存在就是尽量为其他行动者的合作提供便利。从行为取向而言，行政人员的服务理念就意味着"他在性"的存在，在行政行为过程中能考虑到治理相关者的感受。公共服务更是一种和蔼态度的体现，甚至是行政人员良心发现所表现出的一种义务感和道德感。"一个具有伦理意识的行政管理者能够揭示组织政策和实践中某些自相矛盾的地方，并且能够在组织内应用自己的价值观来处理一些事宜和施加个人判断，而不是被动地执行组织义务。"②

伦理判断和承担道德责任是公共行政实践主体固定不变的职业承

---

① 张康之：《寻找公共行政的伦理视角》，中国人民大学出版社2012年版，第372页。
② ［美］全钟燮：《公共行政的社会建构：解释与批判》，孙柏英等译，北京大学出版社2008年版，第150页。

诺，通过道德教育传播传统的道德知识已经无法让行政人员获得这种素养。只有通过实践主体将自己置身于特定的情境之中，行政人员在与他者动态的互动过程中，为了获取他者承认，经过个体持续不断的自我反思和自我规范的过程，在行动者之间的关系中，行政人员才能真正重构起道德的素养。在公共行政实践中，实践主体通过情感嵌入情境生成的涉身认知更容易产生个体的内在承诺与责任认同，并同时强化了主体的道德认知和道德实践能力，此过程即为公共行政实践主体的伦理建构过程。从个体的伦理感知、选择与判断来说，行政人员需要不断地深入情境之中，借助于家庭、习俗和学校教育等社会化过程所获得的知识与各种经验，不断生成其道德感知与认知取向，即将自己置身于社会治理互动情境之中并通过实践导向的自我省察，批判性地从一种内外部互动关系中来审视自己与他人的关联与互动，并有意地反思与修正自己的伦理感知与选择的局限性。换句话说，就是通过公共行政实践中情境主体之间的交互式影响过程，合作行动者通过批评地检视他人的观点来反省和形成自我的伦理取向。行政人员关于自我行动者角色认同的形成，关键是改变了他们的行政行为模式，不再以执行政策作为行为的唯一标准，而是通过理性的考察，反复与合作对象的沟通、对话和协商，以确定行政决策和行动方式。公共行政的目标也不再局限于政策文本的规定内容，政策规定只是一个原则性的标准。具体行动细节是由行政人员和合作治理者一起通过互动性的对话和协商，根据实际行政场景进行理性思考、反思，确定最终的社会治理目标。

　　行动者角色的行政人员主要需要从两个方面重塑自我认同观念。首先，转变完全按照规定办事就是合格甚至优秀行政人员的观念，行政人员除了遵循规则的原则性要求之外，还应承担起个体的主观道德性责任。这里的道德责任并非指单纯的情感因素，而是经过理性处理的情感因素来主导他们的行政行动。这需要行政人员在实践行动中具有理性反思、理解他者情感、独立判断行政场景的综合能力，他们的行动没有现成标准可循，但是他们有自主性通过自我判断来把握住道德情感与社会理性相结合的尺度，以此为标准来展开合作治理行动。从表面而言，道德是情感化的产物，从形式上看，理性与感性从属于不同的研究范畴。但是，作为行动者而言，并不是将两者对立，而是将感性和理性辩证统一起来处理社会问题。具体到行政人员，理性指他们不能偏袒某一方合作者，道德则指要公平、正义地引导社会治理过程的相关者实现平等合作，最终形成共识性的决策。

其次，由于行政职业的特殊性质，从事公共管理职业的人不能把私利追求作为唯一目标。行政人员职业性质促使他们把服务社会、服务民众作为主要职业目标。服务型政府的形态决定了公共管理职业具有公共性本质，职业性质迫使行政人员必须把自己的职业定位在服务他者的方向。但是，公共管理职业所要求与行政人员的价值观念不能完全一致，因为，不可能以职业要求为名就强迫行政人员放弃追求自我利益的想法。为此，管理型政府为了摒弃行政人员的私利追求的价值理念，对行政人员进行价值"祛魅"，并利用制度约束和提升自我道德修养的方式来规范行政行为。服务型政府则对行政人员的私利进行了分解，一是政府不排除行政人员通过职业获得私利追求的合法性，行政人员的能力和付出在社会合作治理过程中得到民众认可，就可以获得相应的物质奖励。二是政府毕竟不是私营部门，不能把物质奖励作为激励行政人员的唯一手段，私人利益也不局限于物质层面，还有精神层面的奖励。将公共管理职业做得很优秀的行政人员可以得到社会民众真心的尊敬，这种工作成就感的获得也是激励行政人员的重要手段。总之，如图 4 所示，我们只有在服务型政府特有的组织架构中，构建出完整的、良性的行政生态，才能真正形塑行政人员行动者角色的自我认同。

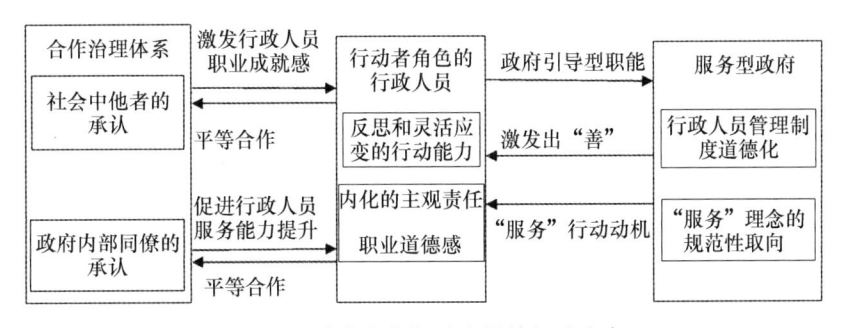

图 4　行动者角色行政人员的行政生态

具有行动者角色的行政人员只有在服务型政府和合作治理体系中才能存在，或者说，只有构建出符合行动者生存的行政生态环境才能实现行政人员行动者角色的形塑。在合作治理模式中行政人员要获得同僚和社会治理过程中相关者双方的他者承认，他们在工作中，不再将照章办事作为唯一的职业行为方式。因为，服务型政府制定的政策只是一个大范围的原则性要求，具体行动的策略和实践细节目标由行政人员与政策利益相关群体、社会关注者、处理该社会问题的同僚共同对话、协商而商定。协商对话以确定问题处理的最终走向，通过合作达成真正的共识。但是，为了确保合作的透明化和公开化，合作利益的公共性不是只为了实现小部分合作群体的利益。合作体系的范围应该扩大，涉及相关行政事务的所有的利益群体，特别是小众群体和弱势群体也应该拥有话语权。行政人员引导民众理性对话、做到合作程序的透明化，公开协商的意见和方案，对该项行政事务感兴趣的群体都加入评判和讨论中。行政人员以自我服务民众的实践行动向社会治理过程中的他者和同僚证明自己的能力和服务态度，从而获得双方承认和认可，行政人员从工作中感受到被他者认同的自我实现，这种精神激励会让他们以更加负责任的态度灵活处理社会问题，进一步稳固社会合作治理体系。

行政人员存在的价值就是履行服务型政府的引导型职能，他们只有通过政府才能对社会发挥巨大的治理功效。从这个角度而言，政府内部的行政人员管理制度是行动者角色行政人员的主要生存空间。行政人员道德化的人事制度可以保证激发出行政人员"善良"的一面，每个人都有善与恶的两面特征，关键在于制度设计能够提供给人们发挥哪一面的环境保障。库珀是有关行政伦理学研究的著名学者，他提出了道德决策的方式，他认为道德决策较少采用理性主义方法，这种决策方式不是线性思维方式，因为在表达感情、道德分析、伦理分析和后伦理分析的道德决策过程中，不是先后秩序而是交融混合的一个思考阶段。但是，库珀的道德决策处于管理型政府的框架之内，因为这种思路仍然存在表达与回应的治理模式中，只是管理者对被管理者的诉求表示信任。服务型政府是建立在合作治理的模式中，政府人事制度的道德化意味着尽可能通过制度的方式释放出行政人员良好道德的一面，大量拥有道德感的行政人员的行动方式培育了政府服务理念的规范性取向，但是，最终目的是行政人员的行动能够获得他者承认。总之，行政人员的行为方向既受到政府人事制度的约束，又必须得到其他合作行动者对其行动的承认，一个完整行政生态必须包括这两个方面，才能彻底取代执行者角色行政人员的生存环境，成为行动者角色行政人员的新生态环境，行政人员才可能形成行动者角色的自我认同。

第七章　行政人员行动者角色的本土化

在管理行政思维导向下的社会治理模式里，社会与政府被设定为相互独立的主客二元对立角色。自20世纪以来，政府陷入社会治理困境的现象频发，学者们开始重新审视管理行政，并从理论上设计出合作治理模式，政府与社会的行动者角色取代了双方主客二分之势，作为"民"的一方"社会"从被动客体角色转变为主动的行动者角色。但是，从理论走向实践尚需不断摸索。合作治理模式构建的首要任务是打破政府与社会之间的界限，或者说，把决策范围突破精英群体的限定。当然，在此并非意味着不再需要精英的能力与知识做出最终裁决，而是精英群体不再固化在某些特定人群的身上。本书从我国县级政府的基层治理模式的创新试验中，提炼出了其中所蕴含的合作治理初始形态，这种模式尚未成熟，但是已经将行政相对人纳入了决策体系之中。即选取了贵州凤冈"议事会"的实践探索进行分析，对其中渐成雏形的合作治理模式给予深入分析，尝试以此为实验范本，从政府与社会的角色认知、职责担任方面剖析了合作治理模式的构建历程。

从抽象的层面而言，社会的这三种治理方式体现在不同的领域。近现代社会是领域分化的社会，社会被划分为公共领域、私人领域和日常生活领域。在现实社会生活中，公共领域一般由政府掌控，市民社会属于私人领域，日常生活领域则被传统农业社会的家庭形式所占据。在农业社会时期，这三种领域尚处于一种混沌状态，工业社会则由此分化出了公共生活、私人生活、日常生活。围绕着如何协调三种生活方式的问题，近代的思想家们设计出了一套适合工业社会的治理模式。日常生活由于其所具有的个体性和家庭性特征而不被纳入社会治理模式构建范畴，其主要内涵就是政府占据主管公共生活的唯一主体地位，社会扮演接受政府管理的客体角色，政府以制定规则的形式来治理社会，就是"他治"的主要实现路径"法治"。"自治"和"德治"的实现需要唤醒行动者的主体意识，也就是打破主客二元的治理结构才能唤醒真正意义上的"自治"意识，拥有"自治"意识的行动者则需要道德作为行动准则，从而实现"自治、法治和德治"相结合的治理体系。在这种治理体系里，政府行政人员的自主性发挥着重要作用。当然，自主性与绝对自由的概念是完全不同的，合作治理体系既要允许行政人员自主性的存在又要避免陷入绝对的权力导致绝对腐败的困境之中。我们发现，制度是规范个体行为的外在硬性约束，内生的自我道德理念生成则能产生行为自控能力。如果说，为了改革的成功提出的容错机制是赋予行政人员自主性以合法性的话，那么，这个"错"的可容范围就是行政人员的自主行动空间。辨别行政人员所犯的错误是否在违规违纪范围内，关键一点标准就是行政人员的行动动机是为公还是谋私。那么，非正式制度则是引导行政人员正确行为动机的最佳路径。由此，本章在深入分析深受诟病的官场潜规则生成机理的基础上，提出了非正式制度与行政人员社会偏好良性互动的观点，重塑行政人员的道德理性。

第一节 管理行政向合作治理转型的探索性实践

一 管理行政逻辑中社会治理的本土化体现

福克斯·米勒以环式民主的概念描述了现代社会治理模式的蓝图，程序民主理论的设定开始于个人倾向，然后集中于大众意愿，由立法机构编纂成法典，再由各级官僚机构来实施，最后由专门的选民进行评估。也就是说，政府设立代议制民主作为收集民意的渠道，社会通过合法渠道将民意表达给政府，政府根据所掌握信息进行科学判断，确定社会所反映问题的轻重缓急，开启政策之窗，政府整合民意形成相应政策回应社会诉求。通过政策的实施对社会进行管理，民众代表再对政府管理成效给予考核，考核结果与新出现的社会问题再反馈给政府，从而形成新一轮的民主治理过程，民主实现的过程呈现出一个封闭式的环式形状。在这里，我们使用政府一词的广义概念，政府参与了环式民主的整个实际操作程序。我们看到，整个环节核心部分在于政策执行的落实情况，否则之前的所有准备工作都只能停留在"清谈"层面，而不能见到行动所带来的实际效果。作为官僚机构的政府承担了执行政治命令、管理社会的职责，因此，政府以追求执行效率作为其最终追求目标。马克斯·韦伯所设计的官僚制组织则为实现政府效率诉求这一目标提供了现实支撑，自上而下的等级式组织形式保证了政策传达的完整性和统一性，无条件执行上级命令的行政集权行动使得政策以最迅速的方式得以付诸实践。

如果从社会的视角来审视政府功能，这种传统治理模式又呈现出另一种情形。政府从属于公共生活领域，社会属于私人生活范畴，政府通过管理行动规范社会追求私利的行为，使社会能有秩序运行，而不会陷入霍布斯所言的"一切人反对一切人"的动荡之中。为此，在既定的传统社会治理模式设计中，政府必须以一种独立于社会私人领域的姿态存在。政府与社会之间存在一条泾渭分明的界限，不可逾越，政府与社会分别扮演管理者与被管理者的角色，这就是管理行政的内涵所在。在管理行政逻辑的引导下，政府处于管理者主体的地位，社会处于被管理者的客体地位，政府当仁不让地成为社会治理的唯一主体。从此，在无数次的社会治理过程实操演练中，政府与社会都逐渐固化和统一了双方的自我角色认知，两者都会理所当然地共同认为，社会治理的职责理应由政府承担，社会只需要遵循政府拟定的规则照章办事即可。政府作为独立于社会而存在的组织，决定了政府在执行政策时更加注重政策执行的效率，而对政策所发挥的社会效益有所忽视。在实际政策执行过程中，政府潜意识便会把自己置于社会对立的角色。当政府无论因何种原因不能及时回应社会诉求时，社会便会对政府随之心生不满。由此可见，如果企图在处于角色二元分化立场的政府与社会之间建立一种真诚的信任关系是何其艰难。

管理行政基本贯穿了整个工业社会，这种治理方式对于促进工业社会的经济腾飞功不可没，管理行政中所蕴含的普遍性追求和制度主义迎合了工业社会对政府的诉求。如何既保证个人的特殊性同时保全国家的普遍性，是近代以来一直困扰政治学的一个难题。关于这个问题，黑格尔的解决方案是极具特色的。黑格尔是通过将古希腊的城邦原则与近代启蒙的个人原则辩证统一来解决这个问题的。天赋人权所衍生的个人主义是近代政治的根本思想，随着个人主义的合法性地位被确立，追求理性的幸福最大化原则的功利主义、极端自由主义下的无政府主义、极权主义逐一被论证。为了克服个人主义所带来的困境，黑格尔引入古希腊城邦的普遍性原则，他认为国家可以统一普遍性和特殊性，国家作为高于特殊性的普遍性领域而存在。国家的运行不是依靠传统礼教，国家以理性的制度作为其管理社会的标准。制度主义由此被学者们津津乐道，并且被成功应用于社会治理领域之中。制度主义认为，制度优先行动，通过制度规范社会行为，规则成为各种行动的唯一准绳。在社会确定性因素比较多的工业社会时期，对社会情况进行提前预测的结果较为准确，加之社会问题的多样性情况不多，依据提前规划的制度轨道运转，社会的发展就会有条不紊。这种外在环境的平稳使得工业社会能够专心发展经济，工业社会积累了丰硕的物质成果。

可后工业化社会的不确定性和复杂性因素越来越多，社会变化快，预测就容易出现失误。可能新的社会问题已经爆发，相应的制度却没能及时出台。制度经历了漫长的各种讨论、酝酿程序终于成型面世之时，这类社会问题早已演化为新的问题成像。总之，制度反而制约了治理行动，照章办事却面对无"章"可循的困惑。政府治理频陷困境，政府信任危机、风险社会等论调开始涌现，这迫使我们必须做出深入反思。任何高屋建瓴式的决策最终都需要落实到基层的行动才能得以实现，那么基层的具体操作规范就可以采取协商的合作形式来加以具体确定。

二 合作治理行动的发生

理论在一个国家实现的程度，总是决定于理论满足这个国家的需要的程度。合作治理一词的提出是源于对新社会运动兴起的观察，20世纪70年代以来，新社会运动在全球范围内先后兴起。在具体方式上，新社会运动采取的行动方式既包括投票、游说等传统行动，也包括互联网串联、街头抗议、消费者抵制和直接行动等替代模式。与以工人运动为代表的传统社会运动不同，新社会运动向不同于阶级压迫的自由民主的支配形式提出挑战。或者说，新社会运动体现出社会不再满足于通过代表表达民意的层面，社会在治理过程中从表达转向了实际行动。政治理论家首先发现这种现象并突破了固有的民主模式，公民参与也不能对此现象做出准确解读。因为，无论传统的国家主义民主形式还是新兴的公民参与理念，社会都是被置于表达的角色，只是公民参与扩大了表达民众的范围和数量。但是，新社会运动的现象表明社会已经打破了政府与社会那条泾渭分明的界限，社会以自治的意识参与到政府的治理行动中。一旦管理者与被管理者的主客二元关系被突破，政府的治理主体地位的唯一性便不复存在。特别是随着非政府组织的出现，它既不属于政府内的任何部门又非存在于社会私利性组织范畴之中，它与政府同样履行着向社会提供公共服务的职责。也就是说，非政府组织是独立于政府的社会自治机构。20世纪以来，这种组织的数量逐渐增多，并且以各种方式实际积极投入各种社会治理行动中。当政府与社会主客二元的基本框架设定不能成立，管理行政的根基已然动摇。社会现实的改变迫使我们重新审视政府与社会的关系，社会自治并非意味着"无政府主义"卷土重来，政府早已成为社会发展中不可或缺的组织。当政府与社会共同参与到社会治理行动之时，双方不可能构建出企业之间的竞争关系；否则，社会将会陷入混乱之中。那么，双方就只能建立起合作治理的关系，这便是合作治理兴起的渊源。

  合作治理打破了政府与社会的主客二元界限，从表达到行动的转变使其有别于历史上任何时期所发生的治理变革运动，主要体现在两个方面：第一，这种改革的内生驱动力来源于社会，而非政府主动推进的改革。它以一种社会运动的形式拉开改革的序幕，未采取历史上改革惯用的暴力推翻固定政权的形式。为了迎合社会势头正猛的变化趋势，全球各国政府都展开了相应的改革。第二，社会有史以来第一次从被动的局面走向主动行使治理行动权的前台，无论是古雅典的直接民主，还是现代社会的代议制民主，社会拥有的都是表达民权的主权者权利，即使是被时下当局逼迫无奈采取暴力推翻当前统治政府，也只是寄希望于成立一个新的公正的政府当局以聆听民意。新社会运动和非政府组织的出现既没有暴力存在的背景，也不存在民主压迫，只是社会有信心地主动走向治理行动的前台，而不是将治理责任委托给政府一家。我们认为，合作治理模式的出现并非昙花一现，而是随着后工业化社会的来临，呈现出一种新型社会治理模式，只是目前只有雏形，尚不成熟而已。因为，工业社会的发展使得社会积累了前所未有的财富，能接受高等教育的民众也日益增多，工业社会为社会自治行动创造了物质基础和人才基础。社会民众具有了精力和实力参与到社会自治行动中，社会组织的蓬勃发展已经不容忽视，只能正视这种现象重构社会治理模式。

我们看到在知识更新换代迅速的今天，政府每天要接收大量的信息，面对社会未知因素的日益增多，管理型政府的决策停留在了力不从心的尴尬境地，靠经验总结做出的各种预案束之高阁，现实状况的应对又显得反应迟钝和僵化，政府很难再支撑"一家独大"的局面，必须要做出与各方力量合作的应对策略。总之，后工业化社会的高度不确定性和高度复杂性促使政府在面对未知状态时，必须选择与社会力量合作的治理方式。现实选择与地方政府职能转变的时代诉求引发了治理主体结构的变迁，治理主体的扩大必然对主体责任进行新的划分。因此，需要合理划分政府、企业、非政府组织和其他社会力量的组合模式的责任归属，多元治理主体模式选择是一个涉及不同层面、相互交织的复杂过程，一般来说，多元治理主体大致可以从三个层面进行分析，即制度层面、意识层面和操作层面。如表3所示，分别从制度层面、意识层面和操作层面比较了管理型政府治理模式与合作治理模式的区别，从而为多元治理主体的责任归属奠定了基础。

表3　　　　　管理型政府治理模式与合作治理模式的比较

	主体	制度层面	意识层面	操作层面
管理型政府治理模式	政府	社会资源的主导者	行政官僚化高	绝对的行政权力
	企业	不完善的市场竞争	社会责任缺失	产品盈利
	其他社会力量	被动、形式化参与	社会认同度低	闭塞的表达渠道
	非政府组织	公民社会的兴起	参与话语权低	参与市场协调
合作治理模式	政府	社会资源的协调者	行政官僚化中	相对的行政权力
	企业	较完善的市场竞争	社会责任强化	产品盈利与责任
	其他社会力量	主动、实质性参与	社会认同度高	宽广的表达渠道
	非政府组织	公民社会的成熟	参与话语权中	参与市场引导

管理型政府主动弱化政府权力。社会治理过程中需要更多社会主体的参与，管理型政府必须转变执政理念，从过多的政府管制、干预到逐步放权，集中更多的社会力量，实现政府主导、其他治理主体参与的格局。主体结构性转变中，地方政府应该逐渐弱化自身权力，特别是一些垄断性的权力应该予以规制和约束，努力形成权力由政府单一主体向政府、市场、社会多元主体的转移。管理型政府的基本职责则是重新界定权力边界，确保市场和社会领域的自主性。在制度层面积极框定有利于社会自主发展的法律环境；在意识层面认识到权力主体的多元选择；在操作层面积极为社会自主发展创造条件。管理型政府要对自我位置的定位有所转变，政府的管理职能需要有所弱化，政府的主导职能转变为引导社会自治的功能。政府不需要指挥和安排具体的执行细节，顶层设计提供一个高瞻远瞩的方向性建议，在微观层面的具体操作流程中仍然涵盖许多决策环节，这些环节在不违反保密原则的基础上可以将行政相对人纳入决策体系中。例如，在北京雾霾严重的环境下，政府制定车辆限制政策所采用的方案是各方意见征求融合的方式，这就是在寻求一种合作治理的方式体现，而不是领导作用的发挥。

其实，当前引入公共物品的竞争性供给模式，就需要融入企业的力量构建合作治理体系。在市场领域,通过公共服务外包的形式向各企业公开招标等办法提供更廉价优质的物品和服务,尤其是随着市场经济组织的发展,由企业以竞争来提供某些产品也成为重要方式。在同一区域可能有多个相似的私营企业和公共企业存在,这些私企和公共企业就存在竞争,谁能提供更优质的公益物品,谁就获得更大的支持和更多的生存空间。新加坡就通过国营企业组织竞争的办法来提供社区服务。哪个公关企业组织能以更低的价格提供社区服务,该组织就能获得政府的财政支持。因此,通过市场化的竞争实现以更小的成本投入获得社会提供更多的公益物品。

其他社会力量的主动参与性提升。其他社会力量参与社会管理,并不提倡西方的利益集团对政府的作用,而是在整个社会的治理理念和框架下,谋求政府和各社会组织的多种沟通。诚然,其他社会力量参与决策,如果认识不清,很可能会成为部分个人或组织谋取自身利益,损坏整体利益的渠道。对此,需要把握组织化参与的原则:一是其他社会力量通过社会组织化的参与应是公开、透明和制度化的,即所有的组织利益表达,都是以先定的制度为前提,参与治理力量有权了解整个参与过程;二是其他社会力量的参与以所代表不同组织所拥有的社会义务为前提,即组织的活动应当在社会正义的原则下进行,履行社会公共责任,从而获得社会合法性,并因此得到政府制度化承认。

发挥政府对非政府组织自治的引导作用。改革开放以后,随着经济的市场化、社会的组织化和沟通的网络化,各种利益表达的需求也日益多元。过去与计划时代相适应的政府体制和政治参与机制难以对这种需求做出制度性的应对,特别是各种新兴社会组织的出现,非政府组织的社会化力量逐渐强大,从而为非政府组织的参与提供了新的空间。强化非政府组织的参与程度,这是政治民主的重要内容,民主政治的发展离不开一套民主参与机制的确立。因此,应当顺应当今社会自组织力量不断增强的新形势,整合非政府组织的社会力量,积极引导非政府组织的自治,充分发挥其在城市精神引领、利益表达方面的优势,推动社会的组织化参与。多元治理主体的合作治理模式能够通过动员社会各方面的资源参与社会发展,弥补过去完全依靠管理型政府的单一主体而造成的社会发展失衡。此外，不同的社会主体参与治理在实现政府与社会的良性沟通方面也发挥着不可替代的作用。因此，从传统管制到多元治理的主体结构性变迁，既是经济体制改革的外在张力，也是政府行政改革的内在诉求。

可以说，管理行政构建在制度主义的理论基础之上，这是针对工业社会的特点设计出的治理模式。但是面对后工业化社会，制度规则至高无上的地位已被撼动。后工业化社会将是一个多元化和多样性的社会，托夫勒预测到，后工业化社会只会使生活越来越多样化，而不是更进一步标准化。后工业社会的生产体系，为了它本身的存在，要求一个比我们迄今所知道的远为多种多样而丰富多彩的、开放而又有差异的社会。在这种社会背景下，工业社会的同一性和标准化特征逐渐被弱化，承认差异性就意味着社会将会呈现出越来越多的从未遇见的新景象，也会涌现出很多新问题。面对这种复杂的场面，再采取经验主义、代表反映、实地调研的方式对社会行为轨迹进行提前预测，预测结果也就只能反映当时所处场景，而不再具备普遍性。以此为标准制定的规则政策，面对瞬息万变的现实社会，规则管理不但疲于应对，一些过于烦琐的制度程序甚至有时成为约束行动的桎梏。可见，制度优先于行动的优势在后工业化社会的背景之下难以体现，社会各方面问题都呈现出个体差异性，制度的普遍性却只会与这种差异性之间迸发出矛盾。既然要尊重社会的差异性，那么就需要根据不同的社会情境拟订不同的解决方案。社会与政府之间进行平等合作，商讨方案并且双方共同付诸行动。这并非说不需要规则，只是，行动开始优先于制度，行动前制定的规则也就是个范围性的原则规范，具体执行细节则是在合作行动展开时逐步修订，制度只是为了合作行动更良好地开展。可以说，行动主义是合作治理的神髓。

在社会治理行动者的多元构成中，政府由于具有丰富的社会治理经验和完备的各种资源支持，不但不可或缺，还需要担任引导社会良性自治的重担。从某种程度上来说，合作治理模式能否成功构建关键取决于政府的转型是否成功。或者说，我们至少要从最根本的政府职能和组织架构两个面向进行重新考察。在管理行政的治理模式里，政府主要承担管理型职能。在新型的合作治理模式之中，平等是合作的基石，政府高于社会的管理者地位显然不利于建立合作关系。在合作治理的框架之中，"今天的"治理理念与许多实践支持通过不同的制度框架来促进集体行动。这不同于20世纪大部分的意识形态时期，当时，世界上的大部分地区都偏好大型的控制型政府。直到20世纪80年代后期，许多政府仍然决定、承担和控制了许多集体行动，并例行公事地支配着人们、社区、组织以及市场。也就是说，政府需要促进和引导社会开展理性的自治行动，政府的管理型职能转向促进型职能。政府不再是独立于社会之外一种存在，社会也不再把政府看为对立面。社会组织需要把政府纳入支持其开展治理行动的力量中，通过与政府的沟通和互动获得政府对其行动的资源和政策支持。

当政府主动把社会纳入社会治理体系之中时，政府的封闭性被开放性所替代，政府各部门之间的内部关系中又混合着政府与社会组织的合作关系，官僚制自上而下的组织形态很难处理这种复杂的关系。无论是自上而下还是自下而上，或者是近年来的扁平化改革，都没有脱离线性的组织形态。由于合作治理不再停留在"语言讨论"阶段，而是直接进展到治理行动之中，即有的线性组织结构不能很好地适应合作治理模式需求。如在我国，目前政府与社会既定正式沟通渠道有各级人大会议、部分政策咨询性会议，一般而言，这些会议发言都较具有话语权，能够期待部分讨论内容可能会被落实为相关政策、制度而最终得以执行。可官方指定方式都需要固化沟通者的身份，并且准备大量前期程序性工作，所付出的时间和物质成本都较为昂贵。所以，在社会组织与政府展开合作治理行动时，显然无论时间还是精力所限，都不能允许完全受制于这种沟通方式。为此，多样化的沟通方式兴起，可能是社会组织行动者与政府行动者之间的非正式沟通，商讨具体实施方案，或者在行动中规则制度才被慢慢总结和制定。也就是说，在无边界的合作治理体系里，政府内各部门之间、政府与社会组织之间的沟通会以网络的形式代替线性，这种灵活的交流方式，才能使得双方的合作治理行动顺畅进行。由于组织架构形态的彻底改变，官僚制组织形式不再适合合作制治理模式。

三 合作治理雏形的实践探索

基层政府行政人员会直接面对行政相对者，政府与社会组织的合作治理行动更多地发生在基层政府层面。故选取了贵州省遵义市凤冈县"议事会"组织的实践探索进行分析，其所展现出的合作治理模式雏形值得我们关注，尝试以此为实验范本，从政府与社会的角色认知、职责担任方面剖析合作治理模式的构建历程。在管理行政治理模式中，政策执行一般通过上传下达的方式，议事会自我对功能的界定就增加了双向沟通的方式，主要也就是加入了自下而上的沟通渠道，但是上传民意不是通过各级官方代表所实现。议事会由5—8名民众代表组成，代表一般通过群众民主选举或村委会举荐的形式产生。议事会成员一般为该村的能人贤士，类似于乡绅的角色，属于群众代表。议事会成员没有职业收入，从组织性质的设置上来看，该组织不属于官方组织，是一个官方认可的民间组织，议事会可以定性为非政府组织。议事会的工作主要是完成双向沟通工作，自下而上的沟通体现在议事会定期讨论该村或该组发展的大事、各种战略规划、制定乡规村约，并将讨论结果记录在案及时向政府各部门反馈。议事会不定期召开会议，开会时，需要一名村委干部列席参加会议，保证议事会所议之事是符合政治主流方向的。议事会所关注问题十分具体，均是涉及本村发展所亟待解决的问题，如修路、修广场等事宜。通过议事会成员的讨论，再将其所认为有待解决的问题反映到村委、县委，从而争取国家相关配套政策支持。在自上而下的沟通渠道里，议事会担负了对村民解释既定政策的责任，有时还直接参与政策执行行动。传统管理行政是政府要求村民服从政策执行，政策来源一般是顶层设计，而由议事会反映问题得到政府支持，就有可能转变为政策实施方案，政策来源可能就是最基层的民众诉求，由此充分调动了村民自治行动的积极性，使其主动参与到治理行动之中。

我国治理模式的特色即无论是市场经济的兴起还是公共事务的发展都需要在政府引导下展开，但是，如果政府对社会问题定位错误时，政策推进就会陷入政令不通、难以执行的困境。议事会的关键作用是在当地群众想法与国家政策之间搭建了一个沟通桥梁。政府拟定一个大体政策框架，具体实施细节问题交由议事会讨论协商，显然社会已经参与到社会治理行动中。如果民众以个体力量开展自治行动，行动零散且力量微薄，难见成效，议事会以组织的形式，具体到哪些社会问题是需要迫切解决的。议事会成员并非上级任命的官员，而是村民自行推选的"身边人"，或者说，议事会与被治理者是一体的。因此，村民对议事会成员较为敬重，议事会成员能够充分调动村民自治行动的主观能动意识，不会认为社会治理问题只是归属于政府，与己无关的心态逐渐消融。虽然，最终的决策权还是在村委、政府，可此处政府发挥的是引导作用，促进村民开展良性自治行动。政府不再处于命令村民执行政策的立场，主客观的二元角色对立在现实中已呈松动之势。

议事会成员由当地精英或者得民心者组成，他们不属于职业官僚，没有固定职业收入。从角色界限划分而言，议事会成员与村长存在本质区别，虽然两者都是通过民主选举形式担任职位，并且两者都是由本地人才能参与选举。可前者属于社会组织成员的身份，后者扮演着政府的代言人。议事会成员更不同于政府行政人员，除了两者身份所属不同外，更关键的是，议事会成员是主权者与行动者的统一，是治理者与被治理者的合二为一。也就是说，政府行政人员对该县开展治理行动的动机是他们要执行命令、完成工作绩效，是单纯的治理者。议事会成员所治理的区域均是其生活所在地，他们既是社会治理诉求表达的主权者，又是政府治理范围的被治理者。由于担任了议事会成员，他们依靠乡俗规约、个人魅力型权威、责任感来展开治理活动，他们同时承担了治理者的责任。他们突破了治理主体与客体的界限，鉴于他们参与实际社会治理行动的特征，我们可以将其定位为行动者角色。

议事会所扮演的行动者角色已经符合合作治理的核心要件构成，因为，这个组织功能的发挥不再停留在简单的民意表达阶段，而是实际参与了治理行动。在调研中发现，某村准备修建一所供村民休闲所需的广场，经由议事会反映到上级政府后，政府给予物资支持，村民从情感认知上认为是自己的事情，热情颇高，主动捐钱出力，广场很快就修建完毕，并且修建质量还较高，因为，村民将此公共事务作为自家私事，避免了"公地悲剧"，村民主动监督施工质量，从而提高广场修建效率和质量。由于议事会站在群众组织的立场与民众进行沟通，甚至带领其开展社会自治行动，社会对自行成立的组织会生出天然的信任感，因此，修建广场的行动得以顺利开展。从表象上看，该组织能够在政府与社会之间斡旋，从而增强了社会对政府的信任度。议事会突破了行政民主的思维局限性，行政追求效率的本质决定了行政民主不可在现实中实现，可集权行政模式虽然保证了政府效率追求，却又不可避免地带来了政府与社会双方矛盾重生的问题。议事会组织直接越过了通过第三方客观收集民意的环节，由议事会成员带领民众主动思考该地治理方案，并且积极与政府沟通，双方以平等合作的方式开展治理行动。可以说，合作治理模式既能充分激发出社会民众自治的主动性，又能从根本上让政府摆脱总是被动、迟滞回应社会诉求的困境，这也是合作治理模式的最大优势所在。

合作治理的理论构建能否在现实中实现，关键取决于政府能否成功从管理型职能转向促进型职能。通过观察，我们发现在议事会组织的成立过程中，政府以一种特殊的低姿态发挥了其促进职能。议事会作为群众组织表达民众诉求，也就是说，议事会不代表官方意见。在整个调研过程中，当地政府工作人员明确表示该组织不具备官方性质。我们推测，或许正是由于该组织从属于民众一方，才使得该组织能够有效取得社会民众的信任，议事会也才能代表社会一方与政府开展良性合作。首先，政府主动组建议事会组织，促进社会自治行动者的形成。其次，议事会具有话语权，该组织所提出的部分社会治理方案会被拟定为政策并落实。最后，即使是基层政府执行顶层设计已制定的政策，也会将议事会纳入政策执行进程之中，甚至会直接交付议事会执行该项政策。在这个过程中，政府既赋予了社会组织以治理行动权，又减轻了政府处理程序性细节工作的负担。政府只有从烦琐的事务性工作中摆脱出来，才能集中精力考虑该县的长远发展战略和规划，以宏观的视野引导社会组织开展良性自治。

总而言之，议事会被正式纳入合作治理体系中后，政府不再对社会进行无所不包式的管理，议事会作为社会组织被赋予了部分社会治理的权力和责任。但是，这并非意味着政府在面对比较棘手的社会问题时可以推卸相关责任，以自治来解释自己的不作为。社会自治能否顺利开展的重要前提就是政府的正确引导，在合作治理体系里，政府需要具备前瞻性的特质。政府在议事会带领村民开展治理活动时，除了给予政策和物质上的保障外，调研中发现政府会制定一个粗略的行为规范。具体的行动策略可以由议事会和村民商量，灵活机动地完成治理任务。这种方式体现了合作治理的神髓所在，即行动主义在其中得以充分展现。简言之，制度主义以规则作为衡量一切行动是否合法的唯一标准，制度一定要先于行动。行动主义承认制度是维持社会有序运行的不可或缺因素，可行动优先于制度，制度需要适应于行动。我们看到，为了让议事会能够真正掌握治理行动权力，政府不再制定事无巨细的政策执行细节。而是充分调动议事会成员的主观能动性，只要在原则允许的范围内议事会就可以采取自己的合法方式执行政策。如修路占用土地所引发的拆迁矛盾，政府并未采用直接介入矛盾进行调节的常规解决路径，而是拆迁前就让议事会成员参与到拆迁政策的执行过程中，由议事会承担与村民沟通的任务，尽量在拆迁前把矛盾消弭于无形之中。从而避免政府与社会的对立矛盾，改变了以往自上而下的命令—执行的线性执政方式。行动之前并没有详细的规则，而是在行动过程中通过对具体执行场景分析，灵活制定可供执行的规则。

合作治理的理论尚处于建构阶段，凤冈县议事会作为一种新型组织的建立也处在探索时期。因此，我们看到，虽然议事会作为社会群众组织的归属问题已然明确，但是组织功能界定还不够明朗，或者说，作为合作治理体系行动者的功效并未完全发挥。目前议事会对自我的功能限定在建立与政府的自上而下、自下而上双向沟通关系，还有局限性。因为，作为从实践摸索中建立的民间组织，即使已经开始参与治理行动，但还未从根本上意识到其所具备的行动权。议事会对行动权的行使和把控还不够成熟，或者说，合作体系里的网络组织形式尚未成型。村长作为官方代表参与议事会成员对治理方案商讨的环节，对于合乎原则性要求的方案，可以逐级反映给上级领导，获得政策支持后，村民与政府对此公共项目共同进行建设。线性程序的缺陷就在于一旦哪个环节不顺畅，行动就无法展开。可见，社会自治组织形态的构建处于一种初级阶段，关于网络状组织架构的设想显得匮乏。

其实，由于议事会是由政府支持所建，作为合作治理行动者必备的独立性本质已然堪忧。如何保证议事会可以真正独立于政府存在的本质？长此以往，议事会是否会演变成政府外设的附属性组织？议事会组织的合法性地位如何保障？如何在政府支持与群众组织定位的夹缝中寻找自我独立性的实现，避免最终沦落为政府附庸地位的悲剧收场。只有真正在社会民众中生成根深蒂固的自治意识，打破既有的唯有政府负有治理之责的惯性思维。才能从根本上保证议事会作为群众组织的独立性，并且也避免了人走政息的结局。因为，当民众意识到社会治理既不能依靠个体微薄力量去与政府抗争，更不能将治理行动权完全交付于政府时，即使议事会组织不存在了，社会也会建立其他的组织形态，主动与政府展开合作治理。当然，要形成社会自治意识并落实于行动绝非一朝一夕就能解决的，但是，随着社会自治组织的兴起和成熟，这种意识和行动最终会实现。

在近百年现代社会治理的历史进程中，市场失灵有政府干预可以弥补。可面对当前的政府失灵之时，我们就必须要全面审视管理行政的治理模式了。随着社会自治行动的现象越来越多，社会自治的力量逐渐不容忽视，无政府主义和集权主义的出路显然都不能迎合社会自治的兴起。在此基础上，学者们另辟蹊径，构建了新型的合作治理模式。虽然，这种治理模式的理论构建尚欠完善，实践中也处于摸索的初级阶段，并且，历史上也从未有相关治理经验可供借鉴。但是，议事会作为最基层的草根组织已然开始组建并发挥自治作用，在理论不成熟的条件下，合作治理的实践却以不可阻挡之势汹涌而至。因此，理论工作者需要正视现实，构建出一套如何实现政府与社会良性合作的方案，以供合作治理的实践得以参考。

第二节　行政人员行动者角色的现实呈现

一　容错机制：承认行动者的自主性

我国当前处于改革深水区，改革既无既定模式可循又无相关经验可借鉴，改革者面对新局势要拥有创新能力。容错机制就因改革创新的迫切需要而提出，改革创新就是政府行政人员在面对复杂的环境时，能够自主分析和决策，创造出可供解决新问题的方案。正因如此，"容错机制"近两年已成为干部管理和治理领域的热词，党的十八届六中全会明确提出："要建立容错纠错机制，宽容干部在工作中特别是改革创新中的失误。""容错"本是计算机技术领域的术语，指"当系统在运行时有错误被激活的情况下仍能保证不间断提供服务的方法"，一般来说，程序对输入的内容都有一定的要求。比如，数学计算的程序就不能用字母来计算。这个时候，一个完善的程序就应该考虑到使用者各种可能的输入情况，并进行容错处理，而避免程序直接被卡死。以此逻辑来设计政府的容错机制，就是在可以容忍的错误范围内，继续保留该行政人员的个人权力，在已有的政策文本中明确指出，"认定符合容错免责情形的干部个人，在评先评优、表彰奖励和考核任用时不受影响和不做负面评价；干部所在单位在年度目标责任考核、党风廉政建设考核等相关工作考核中一般不受影响；如确需追责的，可以根据有关规定减责，酌情从轻或减轻处分或组织处理等"[1]。

  容错机制主要服务于结构性改革过程中对"探索性实验"里的无意过失的免责，各省、市、区、县制定的《实施方法》中都反复提及了探索性一词，在探索性工作的执行中难免出现一些偏差。"容错免责"的相关条款，这些文件多是立足于激励保护干部改革创新而发出的。因而探索建立容错纠错机制，要准确掌握容错免责的目标原则，合理设置容错免责的情形条件，政策文件规定了以下三种容错情况：执行上级改革举措中出现的无意过失；在探索性试验中出现的错误和失败；在改革中因动真碰硬而被造谣中伤乃至恶意诬告。学术界则以领导干部聚焦"容错纠错机制怎么构建"这一核心问题开展研究，认为需要解决"什么样的错可以容、如何甄别认定错误、营造良性的容错氛围"等。

---

[1] 李蕊：《容错机制的建构及完善——基于政策文本的分析》，《社会主义研究》2017年第2期。

可以看出，无论实务界还是学术界都共同关注一个问题，就是容错免责与严格的问责制之间的辩证关系。从理论上讲，政治权力由选民进行监督，但是，独立出来的行政权力则需要新的监督机制，所谓权责一致就是为了规范行政权力。在行政集权与岗位责任之间建立起了联系，只要在社会治理体系中实现"权与责一致"，基本上就能够约束行政集权。在我国，各级人大代表、党代表掌握政治权力，职责一致的理念以问责制的形式得以展现，并以此来监督政府行政人员的权力。行政人员为了避免"犯错"而被问责，就由以前的"乱作为"转变为"不作为"。"不作为"就是为了避免错误，执行者角色养成行政人员的循规蹈矩的办事方式，他们面对各种利益关系错综复杂的改革局面，所面临的处境没有规则制度可循，对于日益复杂的社会管理系统而言，只能以"懒政"的方式来保护自己的权益。

其实，容错机制与问责制可以看作规范行政行为的一体双翼，问责的界限是行政行为不可触碰的底线，容错机制则体现了政府对行政人员自主行动的一种信任。即便目前的容错机制政策文本要求基层的容错条例要细化，但是容错机制的设计者首先要相信行政人员具有为改革贡献自己力量的动机，行政人员主观认识上具有道德、责任意识。习近平总书记在省部级主要领导干部学习贯彻党的十八届五中全会精神专题研讨班上的讲话提出了"三个区分"。"三个区分"成为容错认定的总原则，三个区分是指，"干部在推进改革中因缺乏经验，先行先试出现的失误和错误，同明知故犯的违纪违法行为区分开来；上级尚无明确限制的探索性实验中的失误和错误与上级明令禁止后依然我行我素的违纪违法行为区分开来；为推动改革的无意识过失与为谋取私利的故意行为区分开来"[1]。"三个区分"的第一条就肯定了行政人员的行动自主权，因为，改革开放进入深水区即使是顶层设计也很难预测所有的发展未来，提前制定相应的发展策略，只能制定战略蓝图。那么在蓝图下的具体执行工作，就必须发挥行政人员的主观能动性。特别是某地容错机制实施细则所明文规定的"法律法规没有明

---

[1] 中共中央宣传部组织：《习近平总书记系列重要讲话读本（2016年版）》，学习出版社、人民出版社2016年版，第56页。

令禁止"的容错范围,更是充分体现了行动先于制度的优越性,因为,在高度复杂性、高度不确定性的社会里,法律可能在某时某地缺位,法律的滞后性也会时过境迁不合时宜,那么地方政府行政人员所创立的探索性方案就显得难能可贵。

我们认为,赋予了行政人员行动自主性的合法性,除了细化容错机制条例、明确容错边界和标准、完善容错审批程序、构建系统的容错、救济制度体系外,最终目的还是要激发出行政人员的道德理性,实现自我约束。具体问题具体分析的能力可以通过学习来培养,但是,行政人员正确认识自主权力的观念养成,则有待政治生态环境对行政人员潜移默化的熏陶。或者说,行政人员只有将道德理性内化于心,他们才可能成为合作的自主行动者。

二 潜规则:非正式制度的异化形态

当前,反腐行动进入到了如火如荼的深水区,将权力关进制度的笼子里是决定反腐成败的关键,也就是所谓的以制度来管理权力。从某种意义上而言,公权异化现象出现的根本原因正是潜规则替代了正式制度的行使。因为,当正式制度不再作为行政行为所遵循的唯一标准,制度沦为政府公务人员职业行为的形式主义,从而陷入了所谓的"官场潜规则"成为部分公务人员作为行政行为准则标准的怪圈,政府公务人员在展开职业行为时权力的公共性质便会沦陷。

在国外多党制背景下,为了避免因在野党变动引起社会动荡的问题,提出了政治与行政二分的框架,行政人员就是执行政策实现政治理想的事务性文官。在我国,政治体制是一种议行合一的体制,不能按照西方的标准而把中国的行政看作独立于政治之外的机构,行政人员与官僚的角色并没有完全分立,坚持共产党领导,坚持党管干部是我国目前对行政人员的主要指导原则。因此,我国政府虽然建立了西方科层制的组织形式,但是,并未对行政人员进行价值"祛魅"。由此,政府制定了颇具本土特色的行政人员正式管理制度,我们在此称为明规则。这套明文规定的行政人员管理体制主要体现在两个方面,第一,制定行政人员管理体制的目的,即追求组织效率,也正是为了实现这个目的移植了西方的科层制组织形式。在科层制政府组织中隐含的政治色彩基本被忽视,人们的主要视线基本都集中在政府如何对社会开展有序管理,这种管理的绩效成为考核政府的一个主要指标。为了实现这个目的,行政人员的主要任务就是高效率地完成被指派的行政任务。第二,行政行为规范和约束体系。一是科层制组织的职责约束方式,对照职位和职务制定相应的职责和任务,来规范行政行为。二是党的纪律与法规的约束,我国政府行政人员遵循党管干部的原则,党委、政府、纪检监察机关三者监督行政行为,党规的约束更加明显,党规党纪严于国家法律,党规党纪对党员的要求要严于国家法律对普通公民的要求。落实党委主体责任和纪委监督责任,抓好组织管理和组织纪律的执行。要求增强党的意识、责任意识,用铁的纪律打造一支忠诚可靠、服务人民、刚正不阿、秉公执纪的干部队伍,以党风廉政建设和反腐败斗争新成效取信于民。[①]由于我国的政治背景是一党领导下的多党合作制,所以党内部的自我纠错能力显得尤为重要,纪律成为明文规定的规范和约束行政人员行为的重要正式制度。

但是,目前却有各种形形色色的潜规则兴起,正式的行政行为约束体制在部分政府公务人员心里沦为形式化,如在潜规则中较为典型的拉帮结派的"圈子文化"。纵观党的十八大以来一些地方部门出现的塌方式腐败,无不与大大小小的"圈子"有关,极具代表性的有"石油帮""秘书帮""山西帮"。这种行政行为失范的现状不局限于"不正之风"的研究范畴,而是以规则的形式来发挥着行为调控的作用。潜规则很少形诸文字,积累和发展的道路自然不那么顺畅,但是,这些东西却具有极强的生命力。经过了漫长的农业社会时期,却悄然影响着今天拥有现代知识的公务人员的行为取向,这不得不让我们深思其中原因何在。潜规则兴起的关键原因就在于行政人员对权力认知的错位,这个原因主要是由于我国当前的社会背景所决定。我国社会直接从传统的农业社会向一个现代社会转型,这个转型的态势十分迅猛,乃至于把中国原有社会结构打得七零八碎,新的社会结构正

[①] 《中国共产党第十八届中央纪律检查委员会第三次全体会议公报》,《中国产经》2014年第2期。

在重构。因此，当我们把作为现代化标志性成果的科层制组织移植到政府组织形态时，其实，并未对科层制组织的生存土壤以及其本质进行过深入考察。从形式上看，我国目前的政府组织形态与全球的政府组织形态并无差异。但是，从实质上而言，尚有大部分行政人员的意识形态却仍然停留在我国传统社会时期对行政官员的认知层面。正是这种认知错位，或者说，正是行政人员对自我角色的定位与组织定位的偏差，从而引发了行政人员对权力公共性的认识深度匮乏。

具体而言，对于科层制组织的政府形态而言，政府的行政人员所拥有的执行权力是由于职位而获得，权力是与职位所固定的，权力不是拥有该职位的官员个体的私有财物。正因为权力的归属是政府组织的，所以，权力被赋予了公共性的性质。政府行政人员运用公共权力来管理社会也仅仅是他们的职业体现，这份职业与社会中的其他职业是平等的，只是性质不同而已。因为，社会中从事其他职业的人员拥有在工作领域内追求私利的合法性，但是，政府的性质决定了行政人员的职业不能在公共生活领域追求自我利益最大化。可是，对于我国传统的农业社会而言，政府行政人员绝不存在于"职业"的概念范畴内，政府官员意味着是一种高于社会其他从业者的"管理者"的身份象征。从尊贵的身份象征向平等的职业转换是思想方式的本质性转变，如果不能正确认识到这一点，依然用管理者身份的心态对待行政人员的职业，就会让行政人员产生一种严重的"高高在上父母官"的错觉，所谓"官本位"思想的兴起就是这种心态在作祟，关键是行政官员对权力的认知就会错位，权力就变成了官员自己的私有产物。在这种思想的影响下，政府行政人员的"职业性"在本土化过程中被异化和曲解。农业社会的"官员"含义却被沉渣泛起，潜规则的运行得以实现。政府行政人员对潜规则的默认，加之我国对外来引进的管理模式还缺乏配套设施支持，行政人员管理制度还不够完善，那么潜规则成了弥补正式制度漏洞的主要内容。

当然我国的传统吏治文化博大精深，绝不是上不了台面的潜规则所能涵盖的，如果没有完善的农业社会治理体系，就不会有我国农业社会的辉煌时期。农业社会的官吏显然是支撑农业社会治理体系的核心力量，在我国流传着丰富的有关吏治的道德文化。可是，在政府内部管理体系尚不完善的今天，却被潜规则填补了制度的空白，而优秀的传统道德却一直处于一种尴尬地位。如今处于中流砥柱的行政官员大多在40—50岁，他们基本都是接受着无私的共产主义教育成长起来的一代人。可是无须翻检任何古籍，部分官员无师自通就已经对我国农业社会腐朽的潜规则了如指掌，甚至还会创新各种行贿技巧并运用得得心应手。受到市场经济一些劣势文化的影响使得社会的道德感缺乏，社会背景导致政府官员的道德水平滑坡仅仅是一方面原因。关键原因还是由于政府官员本身的自我角色定位混乱，政府行政人员在心态上从身份向职业的转换中，一方面是对"官员"身份的向往；另一方面则是对行政职业的模糊认知。这种不清晰认知的主要体现就是身份是伴随一生的东西，因此，对于农业社会的官吏而言，特别是接受儒家文化影响很深的官吏而言，还是要注重为官名声以保证自己的身份。但是对于"行政职业"则不置可否，行政官员离退休后或转入其他行业，职业不同于身份是伴随一生的事情。行政人员就不再有任何身份之类的顾忌，道德的自律约束形同虚设，行政人员的"经济人"特征被充分激发和唤醒。为了获取自我利益最大化，各种丧失基本道德底线的潜规则就会被运用。

总之，由于完善的科层制制度尚未建立到位，职责约束不到位，而传统的道德约束已经沦陷。政府行政人员本身对自我的职业角色定位又比较混乱，各种潜规则逐渐腐蚀人心，使得各种纪律、党规沦为形式化的程序。

三　政治环境：非正式制度与个体社会偏好的良性互动

经济学对人性的假设为理性经济人，人际关系学说中人性假设为复杂人和社会人，但是，行为和实验经济学通过大量的实验证据发现，人的偏好就具有明显的亲社会性。具体表现为互惠和人的利他性等方面，也就是说，作为一个社会人，或多或少都会关心他人的利益，这种偏好中的亲社会性也被称为他在性或社会偏好。社会偏好主要分为利他偏好、不平等厌恶偏好以及互惠偏好。利他偏好体现在人们在主观意愿上就乐于助人；不平等厌恶偏好也可被称为公平偏好，指人们喜好公平的结果；互惠偏好认为，人们在社会互动中根据他人的态度来形成自己的态度①：如果对方施以善念，则还以善念；如果对方施以恶念，则报以恶念。

由此，个体既不是古典范式中的纯粹理性自利的个体，也不是一个纯粹的社会人，而是具有一定程度的社会性的个体，这种个体有自利的偏好，同时具有社会偏好，个体是理智与情感并存的复杂人，在行为上表现出来不同程度的亲社会性，个体也因此具有异质性。具体到每个政府行政人员个体而言，不同的行政人员也有其不同的行政行为选择，并非表象所呈现出来的整齐划一的同一化行为模式。行政人员个体具有不同程度的社会性，在偏好层面上表现为社会偏好；社会偏好与自利偏好及风险偏好构成了个体偏好的微观结构。在面对复杂的行政场景时，三种偏好会相互作用，这种互动关系会影响行政人员的合作治理行为。惩罚、奖励、晋升等正式制度会影响行政人员个体的合作行为选择，群体选择、声誉等非正式制度也对行政人员的合作行为产生作用。对于行政人员个体而言，他的公共行为在满足正式制度的要求之后，他会在有利于公共利益和实现自我利益最大化之间的博弈中进行选择。倘若依据经济人的人性假设来看待此问题，那么便陷入"权力寻租"的困境。但是，借助个体社会偏好理论的视角来分析，便可以解释行政人员所呈现出行政行为多样化的原因。行政人员作为行动者角色，正式制度作为外生的制度设计，在约束行政人员行为时能够发挥重要作用。当行政人员能够发挥自我主观能动性，来分析其所处场景时，他的个体社会偏好就会发生作用。非正式制度能够诱发行政人员个体内在的制度生成和演变，让他能够自我约束，从而做出符合公共利益要求的选择。非正式制度与个体社会偏好的相互作用，或者挤入（正向作用），或者挤出（负向作用），这种互动关系如何影响行政人员的合作行为发生，本书以我国目前的行政行为为例进行了深入探讨。

我国政府行政人员的政治背景是一党领导下的多党合作制，自党的十四大以来，党政分开就不再提及，因此，政治行政二分框架中说

---

① 周业安等：《社会偏好理论与社会合作机制研究》，中国人民大学出版社2017年版，第11页。

涉及的价值中立、工具理性并不能完全准确地描述我国政府的行政人员。反而政府对约束行政人员行为的一个主要路径就是政治控制,党管干部就是政治控制的主要思路,党性、党纪成为规范行政行为的特殊组织规则。有党性、懂政治、讲原则、守纪律等对行政人员的要求,是难以用工具理性人格对行政人员群体进行一概而论的。我国政府科层制的组织机构塑造了行政人员的理性人格,使得行政人员必须依照等级制来进行职业行动,却不能忽视我国政府特色的政治控制路径。因此,我国政府行政人员的行政行动需要在政治控制和理性制约的双重约束下展开。将行政人员置于这种政治背景下分析影响他行政行为的因素,行政人员个体也具有理论上的共同性,那就是社会偏好分析框架是适用于行政人员个体,只是,具体社会偏好内容有所不同。自利偏好会影响行政人员的行政行为选择,其中主要以政绩作为其自利获取的主要标准。可在其自由裁量权空间内,政治控制的影响则主要以非正式制度展现,如对个人政治资源、政治影响的考虑,这些层面的问题可能会对决策的影响发挥重要作用。当然,如果某个行政人员个体再选择"权力寻租"行为,他便会在风险偏好、自利偏好、社会偏好中进行博弈,做出他所认为的满意决策。

  这种情形在里格斯的行政生态学中有过生动描述,里格斯认为介于传统农业社会与现代工业社会之间的社会形态是过渡社会,由于其过渡性,所以既保持着传统社会的一些特征,又具有现代社会的一些因素,新旧并存、稻稗混杂。在行政方面,行政行为已逐渐与其他社会行为分化开来,但未完全分化;专业化的行政机构已经设立,但还不能正常运作,功能很有限;行政过程仍然受着家庭、家族等各种传统势力的制约,因而行政效率低下。这种情形,就如同光在棱柱中的折射过程,既具有融合的白光特性,又具有衍射光的因素,因此里格斯将此类型行政称为"棱柱型行政"。通过里格斯的描述我们可以看到,他认为最佳的行政状态就是政府与社会之间构建起一条泾渭分明的界限,政府内部的行政工作实现充分分工,并且明文规定行政人员的各项行动。或者说,非正式制度的影响被里格斯视为不利于有效行政的因素。当前在我国,非正式制度也被演化为潜规则,潜规则成为"权力寻租"者的"保护伞"。可如果能全面并客观地分析非正式制度对行政人员行为的影响，我们会发现非正式制度中所蕴含的我国传统文化的为官正直、良心等情感因素却能诱发出行政人员的不平等厌恶偏好和利他性特征。在目前我国明规则尚未完善的基础上，如果发挥非正式制度的良性引导作用，非正式制度就能扬长避短，在构建行政人员自我约束的德性人格方面发挥不容忽视的重要作用。

参考文献

1. 中文著作

黄小勇：《现代进程中的官僚制——马克斯·韦伯官僚制理论研究》，黑龙江人民出版社2006年版。

靳风林：《制度伦理与官员道德：当代中国政治伦理结构性转型研究》，人民出版社2011年版。

金林南：《西方政治认识论演变》，上海人民出版社2008年版。

刘俊生：《中国人事制度概要》，清华大学出版社2009年版。

李和中：《21世纪国家公务员制度》，武汉大学出版社2006年版。

刘文英：《日本官吏与公务员制度史（1868—2005）》，北京图书馆出版社2008年版。

李传军：《管理主义的终结——服务型政府兴起的历史与逻辑》，中国人民大学出版社2007年版。

李春成：《行政人的德性与实践》，复旦大学出版社2003年版。

蓝志勇：《行政官僚与现代社会》，中山大学出版社2003年版。

孙磊：《行动、伦理与公共空间：汉娜·阿伦特的交往政治哲学研究》，北京师范大学出版社2013年版。

沈传亮：《公务员群体的政治文化研究》，郑州大学出版社2007年版。

史美强：《官僚经验：对现代组织方式之批判》，五南图书出版公司1997年版。

文军：《西方社会学理论：经典传统与当代转向》，上海人民出版社2006年版。

王晓东：《西方哲学主体间性理论批判》，中国社会科学出版社2004年版。

谢新水：《作为一种行为模式的合作行政》，中国社会科学出版社2013年版。

徐顽强：《公务员职业道德修养》，科学出版社2013年版。

张康之：《公共行政的行动主义》，江苏人民出版社2014年版。

张康之、张乾友：《公共行政的概念》，中国社会科学出版社2013年版。

张康之：《公共行政的行动主义》，江苏人民出版社2014年版。

张康之：《论伦理精神》（第2版），江苏人民出版社2012年版。

张康之：《寻找公共行政的伦理视角》（修订版），中国人民大学出版社2012年版。

张康之：《公共管理伦理学》，中国人民大学出版社2003年版。

张国臣：《公务员能力建设论》，人民出版社2009年版。

2. 译著

[美] 安东尼·唐斯：《官僚制内幕》，郭小聪等译，中国人民大学出版社2005年版。

[美] A. 麦金太尔：《德性之后》，龚群、戴扬毅等译，中国社会科学出版社1995年版。

[美] 阿尔文·托夫勒：《第三次浪潮》，黄明坚译，中信出版社2006年版。

[美] 艾赅博、百里枫：《揭开行政之恶》，白锐译，中央编译出版社2009年版。

[英] 安东尼·吉登斯：《第三条道路及其批评》，孙相东译，中共中央党校出版社2002年版。

[英] 安东尼·吉登斯：《现代性的后果》，田禾译，译林出版社2011年版。

[法] 阿兰·图海纳：《行动者的归来》，舒诗伟、许甘霖、蔡宜刚译，商务印书馆2008年版。

[法] 埃哈尔·克罗齐耶：《权力与规则——组织行动的动力》，张

月译，格致出版社 2008 年版。

［美］B. 盖伊·彼得斯：《官僚政治》，聂露、李姿姿译，中国人民大学出版社 2001 年版。

［美］B. 盖伊·彼得斯：《政府未来的治理模式》，吴爱明、夏宏图译，中国人民大学出版社 2013 年版。

［美］查尔斯·J. 福克斯、休·T. 米勒：《后现代公共行政话语指向》，楚艳红、曹泌颖、吴巧林译，中国人民大学出版社 2013 年版。

［加拿大］查尔斯·泰勒：《承认的政治》，转引自汪晖、陈燕谷《文化与公共性》，生活·读书·新知三联书店 2005 年版。

［加拿大］查尔斯·泰勒：《现代性之隐忧》，程炼译，中央编译出版社 2001 年版。

［加拿大］查尔斯·泰勒：《自我的根源：现代认同的形成》，韩震等译，译林出版社 2001 年版。

［英］戴维·约翰·法约尔：《公共行政的语言与官僚制、现代性和后现代性》，吴琼译，中国人民大学出版社 2009 年版。

［英］戴维·毕瑟姆：《官僚制》（第 2 版），韩志明、张毅译，吉林人民出版社 2005 年版。

［美］郝伯特·马尔库塞：《单向度的人——发达工业社会意识形态研究》，刘继译，上海译文出版社 2005 年版。

［美］Jay. M. Shafritz 等：《政府人事管理》，彭和平等译，中共中央党校出版社 1997 年版。

［美］杰·D. 怀特：《公共行政研究的叙事基础》，胡辉华译，中央编译出版社 2011 年版。

［美］简·E. 芳汀：《构建虚拟政府》，邵国松译，中国人民大学出版社 2010 年版。

［美］罗伯托·曼戈贝拉·昂格尔：《知识与政治》，支振锋译，中国政法大学出版社 2004 年版。

［德］马克斯·韦伯：《社会学的基本概念》（第 1 版），胡景北译，上海人民出版社 2005 年版。

［德］马克斯·韦伯：《学术与政治》（第 2 版），冯克利译，生

活·读书·新知三联书店 1998 年版。

［美］麦克尔·巴泽磊：《突破官僚制：政府管理的新愿景》，孔宪隧、王磊、刘忠慧译，中国人民大学出版社 2001 年版。

［美］Michael M. Harmon：《公共行政的行动理论》，吴琼恩译，台北五南图书出版有限公司 1993 年版。

［法］米歇尔·克罗齐耶、埃哈尔·费埃德伯格：《行动者与系统》，张月译，上海人民出版社 2007 年版。

［法］米歇尔·福柯：《规训与惩罚》，刘北成、杨远婴译，生活·读书·新知三联书店 2003 年版。

［法］米歇尔·克罗齐埃：《科层现象》，刘汉全译，上海人民出版社 2002 年版。

［苏］M. A. 帕尔纽克：《作为哲学问题的主体和客体》，刘继岳译，中国人民大学出版社 1988 年版。

［美］全钟燮：《公共行政的社会建构》，孙柏英等译，北京大学出版社 2008 年版。

［美］乔尔·阿伯巴奇、罗伯特·普特南、伯特·罗克曼：《两种人：政客与官僚》，陶元华、元强国、谭一青译，求实出版社 1989 年版。

［美］乔治·H. 米德：《心灵、自我与社会》，赵月瑟译，上海译文出版社 2005 年版。

［英］齐格蒙特·鲍曼：《被围困的社会》，郇建立译，江苏人民出版社 2005 年版。

［美］特里·L. 库珀：《行政伦理学：实现行政责任的途径》，张秀琴等译，中国人民大学出版社 2001 年版。

［美］塔尔科特·帕森斯：《社会行动的结构》，夏遇南、彭刚、张明德译，译林出版社 2008 年版。

［德］乌尔里希·贝克、［英］安东尼·吉登斯、［英］斯科特·拉什：《自反性现代化》，赵文书译，商务印书馆 2001 年版。

［英］约翰·斯图亚特·穆勒：《功利主义》，叶建新译，中国社会科学出版社 2009 年版。

［德］尤尔根·哈贝马斯：《交往行动理论》（第 2 卷），洪佩郁、

蔺香译，重庆出版社1993年版。

3. 中文期刊

陈振明：《转变中的国家公务员制度与中西方公务员制度改革与发展的趋势及其比较》，《厦门大学学报》2011年第2期。

程璐：《浅析适应服务型政府新型行政人员的素质培养》，《福建论坛》2010年专刊。

高学栋、刘士竹：《建设服务型政府与公务员素质的要求》，《中国行政管理》2005年第6期。

胡琴：《浅析公务员的职业伦理内涵、困境及其培育》，《求是》2011年第1期。

蒋玉林：《公务员能力建设对评价体系的依赖》，《新视野》2005年第4期。

景亭：《服务型政府视角下公务员制度的缺陷与重构》，《江苏社会科学》2007年第3期。

贾旭东、郝刚：《基于经典扎根理论的虚拟政府概念界定及组织模型构建》，《中国工业经济》2013年第8期。

吕建华、魏岗：《服务型政府构建下的公务员角色定位的理性思考》，《湖北社会科学》2009年第10期。

李彦娅：《服务型政府中的公务员精神》，《党政论坛》2006年第7期。

李景玉：《公共服务理论视阈下的公务员角色转变研究》，《理论界》2009年第6期。

刘余莉：《高度重视公务员职业道德教育》，《长白学刊》2012年第2期。

唐亚林、鲁迎春：《基于PSG胜任力框架的英国公务员能力建设推进战略及其启示》，《中国行政管理》2011年第11期。

王强：《从西方两类公务员的区分及其角色的演变看政治与行政的关系》，《南京大学学报》1994年第2期。

武玉英：《后官僚时代的公务员核心能力：前瞻能力》，《首都师范大学学报》2007年第4期。

吴江：《服务型政府与公务员能力建设》，《中国行政管理》2004年第11期。

吴江：《提高政府行政能力　构建服务型政府》，《国家行政学院学报》2005年第1期。

王家滨：《浅谈中国公务员制度与政党制度的关系》，《广州社会主义学院学报》2012年第3期。

赵淑莉：《公务员能力素质的提高是加强地方政府行政能力关键所在》，《思政探讨》2010年第11期。

张瑾：《服务型政府目标导向下公务员素质考评内容框架研究》，《领导科学》2010年第1期。

郑钟炎、程竹松：《论公务员的角色定位和职业属性》，《上海大学学报》2004年3期。

张康之：《行政道德的制度保障》，《浙江社会科学》1998年第4期。

张康之：《全球化、后工业化时代的社会特征》，《河南大学学报》2012年第5期。

张乾友：《论政府在治理行动中的三项基本原则》，《中国行政管理》2014年第6期。

4. 博士论文

孙选中：《服务型政府及其服务行政机制研究》，博士学位论文，中国政法大学，2008年。

武志红：《中国公务员制度再发展研究》，博士学位论文，华中师范大学，2009年。

5. 外文文献

Eichbaum Chris, Richard Shaw, "Revisiting Politicization: Political Advisers and Public Servants in Westminster Systems", *Governance*, Vol. 21, No. 3, July 2008.

Denhardt, "The New Public Service: Serving rather than steering", *Public Administration Review*, Vol. 60, No. 6, June 2000.

Hajer Hammami, Habib Affes, "The Entrepreneurial Intention between Reasoned Action and Planned Behavior: Empirical Evidence in the Case of the Tunisian Public Civil Servants," *Public Administration Review*, Vol. 60, No. 6, March 2000.

Mani, "Gender and the federal senior executive service: Where is the glass ceiling?", *Public Personnel Management*, Vol. 26, No. 4, May 1997.

结　　语

公共行政无法摆脱受到立法机关等这些同样的官僚机构的控制，也就是说，另一个官僚机构的制度设计思路阻碍了公共行政开放性的实现。面对全球化与后工业化时代的来临，社会呈现出高度复杂性和高度不确定性特征，公共行政的一切行动都需要从它的开放性出发才能开展行之有效的社会治理活动。公共行政的开放性体现在行政人员的具体行动之中，行动者角色的行政人员在行动时除了考虑制度的客观性设置外，其主观价值认识也起到了非常重要的作用，晋升因素各种非正式群团的利益关系以及事情本质的发展，所处理事件涉及的人物背景等都是决策者所要考虑的因素，执行类官员在执行过程中也有所考量。越是级别较高的官员其理性与良知的博弈就会更加激烈和明显。

新型社会治理模式中的行动者角色可以从三个视角进行解读。第一个视角是主客体认识论，行动者既非主体又非客体，也不能用主体间性来解释，行动者是去主体化的真正平等身份的角色界定。第二个视角是政府中行政人员的行动体现，从对行政人员的人性假设上进行解读，行政人员是从属于复杂社会关系中的人，他们会根据具体的社会场景展开具有实践理性的行政行动。因此，行动者是对行政人员在开展具体行政活动时准确的描述，而不再局限于体制、制度的结构主义研究框架之中。第三个视角是考察行动者内涵的两个层次转变，一是从宏观到微观的研究层次转变，行政学的研究不止局限于宏观制度制定的合理性，更体现在微观层面上行政人员的具体职业行动过程中。这种过程由行动场景、民众与行政人员的互动关系、行政人员同僚之间的互动关系所建构的合作治理模式组成。二是从静态到动态研究层次转变。行动者是一个抽象的概念并非具体定位的某种形象或某种人，是对行政人员和政府的一种形象的动态描绘。政府是合作的行动者，但是具体的行动则是由行政人员所承担和体现的。行政人员的具体行政行动则是一个动态变化的过程，而非"黑箱"理论所能解释的输入指令就能照章执行的简单模式。从静态的制度、结构研究到行政人员动态行动的探讨，就是公共行政学研究层次的转型。

服务型政府与行动者角色的行政人员两者是相辅相成的关系，实现政府的转型，首要任务是需要行政人员的支撑。因为，在合作治理的模式下，政府作为合作组织中的其中一员，需要发挥服务和引导社会组织理性开展自治的职能。然而，已经被剥夺自主性的执行者角色的行政人员，除了被动地照章执行外，他们不具备参与合作治理社会的实践条件。因为，在控制行政行为导向的管理型政府中，行政人员的行动自主性特质无处安放，没有自主性的行政人员根本无法参与灵活多变的合作治理行动，更不要说发挥服务与引导的政府职能了，只有拥有主动意向性的行动角色的行政人员才能积极投入到社会合作治理之中。从这个角度而言，无论是服务型政府的组织形式，还是政府内部的行政人员管理制度道德化，都是为行政人员的行动自主性寻找合适的实践条件。

无论是政府转型，还是行政人员角色嬗变都是发生在后工业化社会的背景之中，所谓的"后"就意味着尚未发生。因此，对行政人员的行动者角色塑造也是在理论假设阶段。自主性合法化的行政人员并非生活在完全不受规则制约的自由空间中，行政人员之间的关系不是仅仅依靠信任的建立，而是指行政人员的行为不再仅受规章制度所调控，他们的行动动机除了来源于组织制度规范要求外，还源自合作治理体系里社会他者对他们行政行为的承认。或者说，制度的功效不再停留在控制行为的层面，通过制度营造政府服务理念的组织气候，以形成行政人员责任感和道德感。

在服务型政府中塑造行政人员的行动者角色，最典型的特征就是权力的变化。在合作治理的模式中，依然有权力存在。政府内部有着清晰的权力体系结构；合作组织之间也存在权力的制约。但是，权力的性质和作用方式有了根本性的变化，合作体系里的权力也会通过法律、法令来加以确定和规范,可合作治理的灵活性、适应性和回应性特征决定了权力与权威概念的重合,并成为组织成员以及组织普遍认同的结构。行政权力的赋予建立在对公共利益达成共识的基础之上,权力的强制性功能日益式微,权力的协调功能则日益加强。从根本上而言,权力不再固定在某个人身上,在处理某一行政事务时,一个人是否获得权力取决于他关于精英式劳动和权力分工的价值的观念,并且取决于他对理想价值范围内自然才智之地位的理解。由于行政人员在处理能力上的差异体现,权力属于处理此项行政事务有专业能力的人。但是,不是权力就固定在此人身上了,下一个任务出现,在新的合作治理场景中,由于需求不同又会出现新的权力掌握者。权力的强制性减弱,使得人们对权力盲目信从也有所减弱。

总而言之,由于服务型政府尚处在探索阶段,所以,与之有关的行政人员行动者角色的塑造也只能依靠理论的论证来对未来进行猜测。理论是灰色的,实践则是常青树。在后工业化社会的进程中,我们无法完全预料到即将发生的社会事实。但是,我们面对这个全新的社会形式的到来,理论的提前储备还是必要的。因为,行政人员角色转型的问题已经形成初步共识,可能并未朝向行动者,或者以其他另外的角色出现,但问题导向却已经鲜明,即为了适应后工业化社会,政府改革不能局限于政府职能和行政人员人事制度的层面,应该敢于创新地想象一个全新的政府模式和行政人员的形象。我们可以设想这样的一种情境,在这种情境下,官僚政治范围内的权力分配将不会涉及个人依赖与支配。它也许可以被称为民主情境,价值对权力的运用必须从属于那些正在此情境中工作的人,社会治理过程中的相关者和行政人员一起以民主方式建立共同目标。为了使这种场景得以实现,就要创造许多必备条件。其中一个主要的条件就是有一种独立机制可供使用,通过此种机制,该制度的所有成员都可以平等地与持续地参与到对共同目的的表达之中。我们认为,这种机制就是合作治理模式,服务型政府中行动者角色的行政人员就是合作治理模式中的主要组成人员。